浅草オペラ
舞台芸術と娯楽の近代

杉山千鶴・中野正昭＝編

森話社

［カバー・扉写真］新星歌舞劇団、大正八年（一九一九）頃

浅草オペラ　舞台芸術と娯楽の近代　［目次］

［凡例］引用文等の旧字は一部の固有名詞などを除いて現行の字体に改めた。また、引用文中の〔 〕は引用者による注記である。

1 浅草オペラという近代

中野正昭

客席の二階席から人が降ってくる——そんなことを見聞きしたことがあるだろうか。

今から百年前の、日本の、浅草の、粗末な小屋では、そうした〝熱狂〟が日夜繰り広げられていた。後に〝オペラ華やかなりし頃〟と謳われる、大正時代の「浅草オペラ」である。二〇一七年は、浅草オペラ開幕からちょうど百年の記念すべき年となる。百年前の舞台と観客に、しばし想いをめぐらせてみよう。

大正六年（一九一七）十月、浅草で最初にオペラ常設館の看板を掲げた日本館の人気は絶大で、関係者には後々までの語り草となった。

〔略〕非常な興奮裡に開場すると、〔公演を〕昼夜三回やつて大満員、椅子が壊れ、二階席から人が降るというほどのばからしい大当たりで、これが私の出演中ズーッと続いたのであるから、浅草の興行者は驚いてしまつた。

（石井漠《ばく》『私の舞踊生活』大日本雄弁会講談社、一九五一年）

消防法などまだキチンと守られていなかった時代のことだ。開場前から劇場の前には長蛇の列ができ、その行列に対して浅草の興行師は「満員札止め」なんて野暮なことはしなかった。来る客は拒まず、並んだ客を次から次へと劇場内に押し入れ、格安の二階三階は立ち見を詰め込めるだけ詰め込んで、舞台の幕を開けた。

大正時代の浅草は東洋一の歓楽郷を誇る賑わいにあふれていた。

浅草寺の観音様と仲見世を振り出しに、小芝居ながらもなかなかの風格を漂わせた歌舞伎、涙々の新派劇、大爆笑の喜劇、刃先がギラリと光る剣劇、生きているような活動写真に、ハイカラな洋楽を歌って聞かせる浅草オペラ、寄席や演芸場では落語、講談、萬歳、浪花節、昔ながらの玉乗り、猿回し、サーカス、大通りには見世物や大道芸、家族連れには地上五十二メールの高さから東京の町を眺望できる通称「十二階」こと凌雲閣や全国有数の動植物園「花屋敷」、勉強熱心な子供には水族館と昆虫館、まだ幼い子供には木馬だってある。路地の裏側まで飲食店や露店が軒をつらね、和食、洋食、中華から、なんだか聞いたこともない不思議な味の食べものまで揃っている。疲れたらひょうたん池の藤棚の下でベンチに坐って一休み、これは無料だ。そして陽が傾くと銘酒屋に妖しい女が立ち、新吉原の遊郭に男たちは消えていった。子供から大人までさあどうぞ――五十銭もあれば、一日遊んで食べて土産まで買って帰れた。浅草には何でもあった。

いや、正しくは、何でもあるのは浅草だけだった。その頃はラジオもテレビもプロのスポーツもなかった。音楽は約三分で終了のSPレコード。映画の大半は技術も内容も稚拙な日本映画で、何よりも映画館がない。ハイカラな銀座界隈でも二、三館。封切館、二番館、三番館と揃うのは浅草だけだった。浅草は唯一無二の歓楽郷であった。

だから浅草には和装の旦那衆から洋装の勤め人、軍服姿の軍人、鳥打帽の職人、菜っ葉服姿の労働者、前垂れ姿の丁稚小僧、不良少年少女、日曜祝日ともなると男女連れや家族など、老若男女、ありとあらゆる階層の人々が集まった。浅草オペラの熱心なファンは若者、特に学生が多く、自然とそれぞれに贔屓の歌劇女優ができていった。

〔略〕学生たちの声援もの凄く、ことにモリノと澄子のファンは二階左右に分れて、本人が舞台に現れると「モリノ！　モリノ！」「澄子！　澄子！」と連呼して、歌もセリフも聞こえたものではなかった。〔略〕一人一人のファンが、いつともなしに団結して、朝がくるとモリノ組は瓢箪池の藤棚の下に、澄子組は団十郎の銅像傍に集って、数十人が列を組んで日本館に入場し、左右の二階席に分れ、旗を振り扇子を翻えし、あるいは風船を飛ばし花を投げるなど、早慶戦の応援団よろしく、舞台も客席もその熱狂振りに興奮のるつぼと化した。

（内山惣十郎『浅草オペラの生活』雄山閣出版、一九六七年）

懐に余裕のある者は一階席の最前列にカブリつき、学生たちは安い二階席に陣取り、そこにまた立ち見客がどっと入ってくる。押すな押すなのうちに勢い余って二階から転落——しかし、一階も客席は満席と立ち見のすし詰め状態なので、地面に叩き付けられる心配はない。今度は一階の客たちに持ち上げられて、「ええい、邪魔だ！」とばかりに舞台の上に放り投げられるだけのことだ。

客の声援がやかましく、せっかくのオーケストラもアリアも聞こえない。いや、聞こえたところでオーケストラは四、五名から多くても十二、三名ほどの小編成だった。歌の方もバス、テノール、アルト、ソプラノと一応は分けられていたものの、歌声になっているのは指導者を兼ねたトップの数名で、ほとんどが声域やベルカント以前にまず声量に乏しかった。地声でいいから大きな声が出ていれば立派、低音から高音までそこそこ音程がとれれば実力派の歌劇俳優だった。それは舞踊も同様で、ごく一部の実力者を除けば、脚が高く上がりトウシューズでつま先立ちできれば、それでダンサーの仲間入りだった。観客の大半にしても、技巧の優劣は二の次で、流れるような旋律を耳にし、美しい男女の肢体の躍動を眼にすれば目的は充分に達せられた。

曲線美の鑑賞家が多い土地柄、舞台面に穴があらうが科白に不間が手伝はうが、そんな事は一切お構ひなし、只もう赤いのや、桃色のやが列びさへすれば大喝采大拍手と云ふのだから、此位楽な家業も尠からうが舞台で何か言葉の遣取りをして居る間、楽手は楽器を膝へあづけて、敷島を遠慮もなく喫《ふか》して居ると云ふ事からが、何処までも浅草式を発揮した自由の天地〔略〕
（山手老人「浅草歌劇のぞ記」、『文芸倶楽部』大正九年〔一九二〇〕三月号）

足を左右上下に振り回したら、それが『舞踊』なりと識《み》るべし。横に色目を使つたら、『神秘』なりと知るべし。そも〳〵オペラ、ダンスとは、『それつけ、やれつけ』でハネ廻り『チヨンキナ〳〵』で色目を使ふ事なり。〔略〕女給が立唄《プリマドンナ》なり。ヴヰオリン片手の読売りが人気役者なり。ペンキ屋が天鵞絨の服衣《き》て背景《バック》を描くなり。広告屋がネクタイを黒リボンにて結び、指揮者《コンダクター》なり。蓄音器屋上がりの作者、下足番上がりの経営者など当然たり。
（小生夢坊「浅草開花歌劇繁盛」、『文芸倶楽部』大正七年〔一九一八〕九月号）

浅草オペラとは、聴覚や視覚を通して芸術美を深く味わう鑑賞とはほど遠く、人によっては「ボール紙と白粉と埃と蓐の匂ひのする歌劇」（室生犀星「浅草公園の印象」、『中央公論』大正九年〔一九二〇〕

夏特別号）といった感じに、粗雑さや安っぽさだけが鼻腔の奥に印象として残る、そんな舞台だった。

大衆的な人気に支えられた浅草オペラの評価は、いまでも日本オペラ受容史の中で微妙な位置にある。大正デモクラシーの世相を背景に、社会の幅広い層、特に庶民層から親しまれたという点で、浅草オペラは西洋音楽とオペラの普及に大きく貢献する礎であったという肯定的な意見があれば、浅草という土地柄があまりに通俗的で、時に卑俗的なものへと堕するところがあったことから、浅草オペラは日本のオペラ濫觴の徒花に過ぎなかったという否定的な見方もある。

そもそも〝浅草オペラ〟という名称が、賛否二つの意味合いを含んでいる。浅草オペラという言い方は後世になって生まれたもので、大正時代には単に「オペラ」や「歌劇」、あるいは「浅草のオペラ」と呼ばれていた。したがって浅草オペラという名称は、良くも悪くも、これが正統なオペラや歌劇に直接的に連なるものではなく、大正時代の浅草という空間に誕生した独自のオペラという意味が込められている。

浅草オペラをめぐる賛否両論は大正期から常につきまとうものだった。たとえば当時最も力を持った演劇雑誌の一つ『演芸画報』では、特集「向上か堕落か　日本歌劇の現状」（大正八年〔一九一九〕四月号）と題してオペラ関係者やジャーナリスト、計十一人に意見を求めたところ、大半が批判的で、特に実際にオペラの仕事に携わる者からは、

然し今日わが国に行はれてる歌劇と称する低級な見世物が、純真な歌劇としての芸術的価値のないことは茲に云ふ迄もないことだ。

（小林愛雄《あいゆう》「明日の歌劇」）

全く今の歌劇役者は、ドレミー一つも知らない癖に、もう一かどの、声楽家でゞもあるやうに盲信して、舞台に立つて怒鳴りちらしてゐる有様ですから、寧ろ滑稽です。私は、是等の人達が、真に歌劇なる物を理解し、同時にまた各自が自己の天分や使命を自覚して、専心に我国歌劇の為に黽勉《びんべん》努力するやうになるのを、切に祈るものです。（清水金太郎「人格者の欠乏と歌劇の前途」）

私は、三月十日限り、断然舞台を退くことにいたします。理由は、今の歌劇に愛想がつきたからです。（原信子「舞台を退くに臨みて」）

と、手厳しい意見が寄せられた。彼らにとってオペラとは西洋に起源を持つ芸術であり、高踏的な文化エリート層が享受する〈近代〉であった。したがってオペラが、江戸奥山の猥雑さを受けつぐ浅草の見世物的な娯楽として、大衆層に享受されること、また作り手がそれに甘んじる態度は許しがたいものがあった。「一切の芸術の綜合によつて成り立つ〔略〕オペラといふオペラは、浅草の謂はゆるオペラのやうに、背景と音楽と舞踊と科白をたゞ漫然と組み合わせたゞけでは成り立」（内藤濯《あろう》「誤られたる日本の歌劇」）つはずはないと考えていた。

西洋の芸術を完成された理想の近代モデルとする視点からながめれば、確かに浅草オペラは正統なオペラ受容の「堕落」であり「徒花」だったかもしれない。しかし、そうしたオペラ受容の歴史から視野を広げると、浅草オペラの興行物としての存在意義や、浅草オペラが同時代の音楽だけでなく舞踊や演劇といった隣接分野と結びつき、旺盛な上演活動と場当たり的な離合集散を繰り返しながら、大正の芸術・娯楽だけでなく、昭和へといくつもの水脈を張り巡らしたことに気づかされるのも確かだ。

ここで日本のオペラ史を簡単にひもといてみよう。日本で最初にオペラが上演されたのは明治二十七年（一八九四）十一月のグノー曲『ファウスト』だが、この時は第一幕のみで、出演はオーストリア＝ハンガリー大使館の職員、つまり外国人だった。日本人の演者による最初の上演は、明治三十六年（一九〇三）七月、柴田環《たまき》（三浦環）、吉川やま、宮脇せんらによるグルック曲『オルフェウス』だが、この時も音楽と演出は外国人だった。その後、東儀《とうぎ》鉄笛《てつてき》曲『常闇』（明治三十九年（一九〇六）、坪内逍遥作詞）、小松耕輔曲『羽衣』（同年、小林愛雄作詞）など創作オペラがつくられたが、いずれも試演や研究会の域を出なかった。

明治四十四年（一九一一）三月、財界人の力により帝国劇場が開場、歌劇部（のち洋劇部）が設けられ、民営オペラの育成と運営に乗りだす。東京音楽学校（現・東京藝術大学音楽学部）の教師だったユンケルやウェルクマイスター、卒業生の柴田環、その後はイタリア人振付家G・V・ローシーらの指導により、石井漠、澤モリノ、高田雅夫、高田せい子、中山歌子、天野喜久代、岸田辰彌といった人物を輩出し、名作オペラ、オペレッタの上演に力を入れるも、定期公演を安定させるには至らなかった。大正五年（一九一六）五月、ローシーの契約満了と共に洋劇部が解散すると、ローシーは私財を投げ打って赤坂見附の映画館をオペラ常設館「ローヤル館」に改築し、〝ローシー・オペラ〟の名で人材育成と上演活動をつづけた。ローヤル館には音楽愛好家や外国大使館員らが馬車を連ねて見に来ることもあったが、やはり一般市民には敷居が高く、わずか二年後の大正七年（一九一八）二月に膨大な赤字を抱えてつぶれてしまう。

浅草オペラの嚆矢とされるダンサーの高木徳子とその一座が、浅草キネマ倶楽部に「世界的バラエティ」公演で登場したのは、帝劇洋劇部解散と同じ大正五年五月のこと。同年秋、徳子は元洋劇部のメンバーを加えた劇団「歌舞劇協会」を新しく組織して、川上貞奴一座と共に地方巡業へ出る。そして翌大正六年一月、浅草常磐座（のち常盤座）に出演し、喜歌劇『女軍出征』（伊庭孝作《いばたかし》）を大成功させる。浅草オペラ時代の幕開けである。冒頭に引用した浅草初のオペラ常設館の日本館が、佐々紅華《さっさこうか》率いる東京歌劇座の公演でこけら落としをするのが同年十月。ローシー・オペラはこの三ヶ月後に解散した。

これ以降、常設館を主体に浅草オペラの歴史は大きく二つに分けられ、前半は、東京歌劇座と日本館が現れ、その成功を見た他のオペラ関係者や興行主が次々とオペラ団を旗揚げしては離合集散を繰り返した群雄割拠時代で、これを〈日本館時代〉（大正六年～大正九年夏）と呼ぶ。後半は、第一次世界大戦終結に伴う経済恐慌で浅草の興行界が沈滞し、これを逆手にとった老舗の根岸興行部が、優秀な演者やスタッフを集めて根岸歌劇団を結成し、金龍館で浅草オペラ興行をほぼ独占した時代で、これを〈金龍館時代〉（大正九年夏～大正十二年）と呼ぶ。

政財界の後援を受け、文化エリート層の観客を相手とする帝劇や、ローシーの努力と犠牲によっても受け入れられなかったオペラが、形を変えたとはいえ、浅草で人気を博し、民営オペラ団が興行として成り立ったという事実は留意すべきことである。加えて浅草オペラの舞台は、外国人の手を借りず、日本人だけの試行錯誤によって上演されたことは重要である。

浅草オペラの多様な演目を見ると、これが「オペラ」「歌劇」の名を借りた西洋スタイルの舞台の饗宴だったことが分かる。たとえば浅草オペラ全盛の大正八年四月七日〜十八日の日本館における、アサヒ歌劇団・アサヒ歌劇座・オペラ座合同興行の演目（表記はプログラムのまま）は、

・アサヒ歌劇団
史歌劇『相馬御所』二場（福島英湖脚色、鈴木康義改修）
喜劇『慰安会』一場（渡邊春也改修）
舞踊（バレー）『瀕死の胡蝶』（高田雅夫案舞指導）
・アサヒ歌劇座
歌劇『マダムアンゴーの娘』二場（レコック作、原信子訳）
・オペラ座上演
大歌劇『ファウスト』二場（ゲーテ原作、グノオ作曲、若松美鳥氏訳）
舞踏『夜の精』澤モリノ

と、実に盛り沢山だ。オペラあり、喜劇あり、舞踊ありと、趣向を増やすことで観客を飽きさせないように工夫されている。これだけの演目数の中でグノー曲のグランドオペラ『ファウスト』を上演していることに驚かされるが、この『ファウスト』は全五幕を三回に分け、つづきは次回のお楽しみとばかりに連続形式で上演したものである。あくまで興行物だった浅草オペラは、こうした公演を基本的に昼夜二〜三回、十日替わり、年中無休でやりつづけた。

浅草オペラの多様な演目と消耗的な興行方法は、日本の前近代的な見世物や芝居小屋を踏襲しているだけでなく、同じ娯楽興行として十九世紀末から二十世紀初頭に欧米で台頭してきたミュージックホールのアトラクション、ヴォードヴィル、ヴァラエティといったステージ・ショウと共通する部分が見られる。高木徳子がアメリカ仕込みの「世界的バラエティ」で浅草オペラの幕開けを告げたように、浅草オペラには十九世紀の総合芸術である西欧のオペラと、二十世紀の大衆娯楽である欧米のステージ・ショウの二つの要素が混在している。図らずも興行物という制約が、片足を十九世紀の理想化された近代へ、もう片足を二十世紀の同時代へと置かせることになったのである。その意味で浅草オペラは西洋の舞台芸術・娯楽の見本市であり、実験場だった。

浅草オペラでは一部の好事家向けの高踏的・啓蒙的な上演ではなく、興行という現実で地に足を着け、不特定多数の観客の嗜好を探りつつ、自分たちの芸術としての理想と娯楽としての妥協のバランスを天秤にかけながら、休みない上演が繰り返された。それはオペラやダンス等の西洋芸術を直輸入的に受容するものではない。過去・現在の日本の文化的文脈を念頭に置き、同時代の欧米の様々な舞台を横目で眺めつつ、試行錯誤と実験性を交えて日本の土壌の中に移植していくというもう一つの芸術・娯楽の近代化の姿である。

仮想の近代的な観客ではなく、目前の生の観客と向き合う喜びは、「オペラ俳優は台本の一語と譜面の一音を外れることなく、常に作品に従順たれ」と、弟子に厳しく教える清水金太郎その人が、いざ舞台に立つと客席の雰囲気を読んで台詞や歌詞を自由に変え、内心では即興的に演じることを楽しんでいる様子だったとされることからも分かるだろう。浅草オペラには、大衆的な観客との呼応を通じて芸術と娯楽の区別を超えた日本的な〈近代〉の舞台を模索する人々の夢や葛藤、そしてその一つの結実を見ることができる。

以上の観点から、本書は、従来の浅草オペラ研究の主流だったオペラ研究とは少々異なる視点から再検証を加えている。以下本書の構成と各論について記しておこう。

第Ⅰ章「浅草オペラの源流」では、浅草オペラの誕生に重要な役割を担った二人の人物を取り上げる。

浅草オペラの人々は、⑴東京音楽学校出身の清水金太郎、原信子などアカデミックな音楽教育を受けた者、⑵帝劇歌劇部やローヤル館を通じてローシーの指導を受けた者、⑶高木徳子、伊庭孝など既に浅草以外で舞台活動を始めていた者、⑷浅草オペラで初舞台を踏んだ者の大きく四つがある。なかでも根幹をなしたのが⑵である。ローシーの本職は舞踊家・振付家で、当初帝劇へは舞踊教師として招聘され、後にオペラの指導も兼任するようになった。事実、ローシーの弟子には石井漠、澤モリノ、高田雅夫など日本の舞踊・舞踏を率いることになる人物が少なくない。上野房子「大正オペラの祖ローシーの〈空白の時代〉を探る――バランシンに繋がった波瀾万丈なる生涯」は、これまで不明とされていたローシーの海外での足取りを精緻な資料調査によって明らかにする。

また、当たり前のことで見落とされがちだが、浅草オペラは翻訳オペラである。日本の近代化にあって翻訳の重要性は言うまでもないが、その技術と方法論の確立が今日の海外オペラの国内上演の方向性を決定づけた。大西由紀「浅草の翻訳歌劇の歌詞――ベアトリツェがベアトリ姉ちゃんになるまで」は、小林愛雄の仕事を中心に、浅草オペラで最も親しまれた歌の一つ、スッペ曲『ボッカチオ』の劇中歌「ベアトリ姉ちゃん」の歌詞翻訳の変遷に迫りつつ、いかにして日本人が海外の歌を自分たちの愛唱歌に変えていったかを検証する。

第Ⅱ章「浅草オペラの女たち」では、浅草オペラを代表する女性スター二名を取り上げる。浅草オペラの舞台にあって、観客が最も魅了された女性演者だった。着物が一般的だった当時にあって、軽やかな洋服姿で歌い踊る浅草オペラの女優たちは、男性ファンから性的な眼差しで見られることも多く、世間からも非難を浴びやすかった。彼女たちは舞台芸術家として、職業婦人として、新しい女として、時代に翻弄され、時代と格闘しながらその地歩を固めていった。歌舞伎の女方に替わる女優の誕生、娘義太夫の大流行、新中間層の家庭を主な観客層とする宝塚や松竹の少女歌劇の登場等々、日本芸能の近代化を象徴したのは常に女性だったと言ってよい。

これまで浅草オペラの演者について、藤原義江、田谷力三《たやりきぞう》など男性の場合は自伝や評伝が複数出版されるほど研究の蓄積があったが、その一方で男性演者以上に観客を惹き付けた女性の演者の場合は半ば忘れ去られた形だった。笹山敬輔「高木徳子とアイドルの時代」は、浅草オペラのパイオニア高木徳子の波乱の人生を〝アイドル〟という現代的な視点で捉え直し、新たな意味づけを行う。小針侑起「澤モリノの生涯――浅草オペラの「女王」の足跡」は、愛くるしい容貌と真面目な態度から「浅草オペラの女王」とまで賞讃されながらも、数奇な運命に弄ばれて、歴史の影に埋もれてしまったダンサー澤モリノの一生を関係者への聞き書きを交えた丁寧な調査によって描き出す。

第Ⅲ章「浅草オペラの舞踊と演劇」では、ヨーロッパからの影響に束の間の空白が生じた時期にあって、浅草オペラの舞踊や演劇が西洋と日本の間を揺れながら独自の表現を手にしていった過程に注目する。浅草オペラの流行は、第一次世界大戦勃発による軍需景気を背景としている。好景気で生活が豊かになった人々は、次に生活に潤いを求めた。戦争の影響で、ヨーロッパからの映画輸入はストップし、その穴を日本映画とアメリカ映画が埋めていった。浅草オペラは、映画によって培われた外国趣味を実演という形で満たすものでもあった。

杉山千鶴「浅草オペラの舞踊」は、歌と並ぶ浅草オペラのもう一つの柱だった舞踊について、舞踊手たちの特徴と彼らに注がれた眼差しを考察する。中野正昭「オペラ座と音楽家・小松耕輔の仕事——浅草オペラにおける名作オペラのダイジェスト版」は、日本館時代を飾ったオペラ座の台本を基に、名作オペラのダイジェスト版だったとされる浅草オペラの舞台について検証する。

第Ⅳ章「浅草オペラのメディア」では、劇場以外の伝播メディアとして雑誌とレコードを取り上げた。京谷啓徳「歌劇雑誌と浅草オペラ・ファン」は、浅草オペラ専門誌『オペラ』『歌舞』が果たした機能と浅草オペラ・ファンの人物像に迫る。劇場で歌劇俳優の声援合戦を繰り広げ、公演が終わると楽屋口で出待ちをする——あまりに熱狂的なファンはオペラのジゴロ、あるいはオペラのゴロツキが転じて「ペラゴロ」、女性の場合は「ペラゴリーナ」と呼ばれた。ファンとファン、ファンと俳優の間を橋渡しするメディアである雑誌が、劇場という空間を超えて紡いだ読者の欲望は、浅草オペラの実体を外部から把握する大きな手助けとなるだろう。毛利眞人「浅草オペラから舞踊小唄まで——佐々紅華の楽歴」は、浅草オペラの生みの親の一人である佐々紅華の音楽活動に光を当てる。作曲家であり、日本蓄音器商会の社員でもあった佐々は、大正・昭和を通じてレコードでの音楽活動に力を注いできた。浅草オペラに限らず、お伽歌劇、小唄、海外ポピュラーソングなど流行音楽のプロデューサーにしてフィクサーだった佐々の音楽遍歴は、一つの時代を超えて、大正の浅草オペラから昭和の浅草レヴューやジャズ・ソングへと至る連続性のありかを教えてくれる。徒花と思われたものが、別の形で実を結んだわけである。

浅草オペラの時代は短く、経済恐慌で陰りが見えはじめたかと思うと、大正十二年(一九二三)の関東大震災のために脆くも終焉を迎えることになる。高木徳子が浅草に登場してから数えてわずか六年間に過ぎないが、それでも人々が当時を懐かしみ〝オペラ華やかなりし頃〟を記憶に留めるには充分だった。本書が、浅草オペラの多面的な芳醇さを知る一助となれば幸いである。

付記――本書はＪＳＰＳ科研費「近代日本の〈ダンス－モダンダンス〉概念の形成に関する歴史研究」課題番号２４５２０１８３(研究代表・杉山千鶴)の助成を受けた研究成果の一部である。

2——大正オペラの祖ローシーの〈空白時代〉を探る

バランシンに繋がった波瀾万丈なる生涯

上野房子

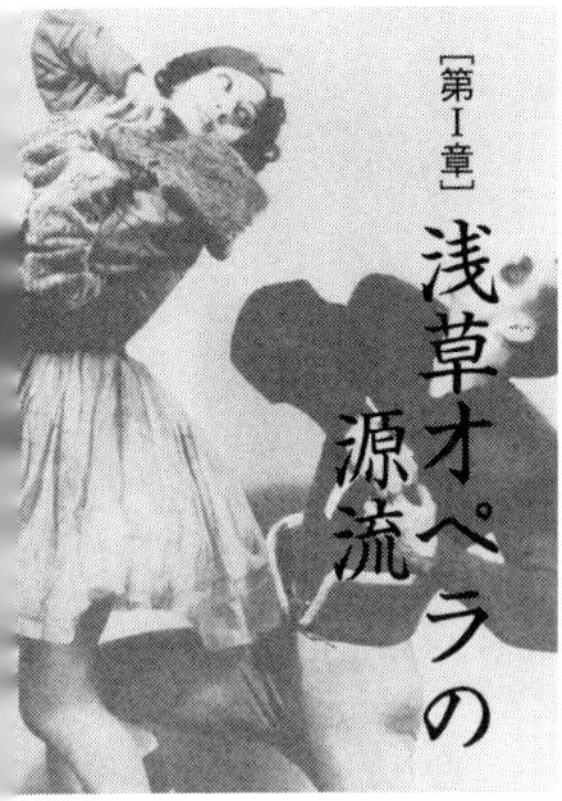

ジョヴァンニ・ヴィットリオ・ローシー（Giovanni Vittorio Rosi, 一八六七―一九四〇）は、帝国劇場に招聘され、一九一二年（大正元）から一六年（大正五）にかけて同劇場歌劇部（後に洋劇部と改編・改称）で指導にあたった、日本初のバレエ教師である。バレエ振付家、オペラ演出家としても手腕をふるい、帝国劇場との契約終了後には、浅草オペラの先駆けとなったローヤル館を東京・赤坂に設立してオペラ、バレエの上演を続けた。大正時代の日本は、西欧で育まれた舞台芸術を水先案内人ローシーの下で受容しようとしていたのだった。

では、ローシーとは、いったい何者なのか。ダンサー、教師、振付家、演出家として、どのような資質を備えた人物だったのか。

わたしはかれこれ四半世紀前に、ローシーの来日前および離日後の活動を、リアルタイムで記録された一次史料や伝聞情報ではない資料によって辿り、その概要を舞踊学会で発表した。(1) その際に、どうしても解明できない空白の時期が残っていた。誕生からミラノ・スカラ座にソリストとして出演した一八九八年まで、すなわち彼がバレエの訓練に励み、全盛期のダンサーとして過ごした三十一年間である。離日後についても、彼の教え子の存在や没年を解明できずにいた。

師事したとされる名教師エンリコ・チェケッティから何を学んだのか。イタリアのオペラ、バレエの殿堂ミラノ・スカラ座を、なぜ、早々に離れたのか。長らく活動したイタリア国外で、何を蓄積したのか。日本を離れた後は、何を為したのか。

今回、改めて彼の〈空白時代〉を探り、ダンサー、教師、振付家、演出家、私人としてのジョヴァンニ・ヴィットリオ・ローシーを俯瞰する。以下は、その探索の報告である。

1――プロローグ一八八四年、インドネシア巡業に思いを馳せる

イタリアの海の表玄関、ジェノバ港から出航して一週間、旅客と貨物を満載した大型蒸気船は地中海を横断し、スエズ運河の入口に到着した。ジョヴァンニ・ヴィットリオ・ローシーの誕生から遅れること二年、一八六九年に開通した世界最大規模のスエズ運河は、十代の少年だったローシーとおそらくは彼の父親ジョセフを含む船上の乗客たちに、「エクセルシオール」と感嘆させるにたる威容を誇っていた。

「エクセルシオール」とは、〈より優れた〉を意味するラテン語 excelsus から派生した名詞ないし感動詞である。当時のジョヴァンニ少年は、後年の自分が、スエズ運河の開通や大型蒸気船の定期運行など、近代テクノロジーを賞賛する場面を連ねた大作バレエ『エクセルシオール』に出演し、その作曲家から新作バレエの振付を委託されることを、さらには東京の帝国劇場で『エクセルシオール』の翻案版を演出することを知る由もなかった。

この巡業は、ローシーにとって忘れ得ぬものになった。『エクセルシオール』さながらの最新テクノロジーを自ら体験しただけでなく、イタリア歌劇団の一員となり、ジャワの由緒あるオペラハウスで初日の幕を開けた後、東南アジアの一帯を巡ったのだ。現地に駐在する紳士淑女は、彼の若々しい踊りをさぞや賞賛したことだろう。ローシーはバレエダンサーになった喜びをかみしめ、自分を待ち受けているだろう輝かしい未来に胸をときめかせたに違いない。

2――十九世紀後半、イタリア・オペラは国境を越えて繁栄した

ローシーの〈空白時代〉を探るにあたり、世界の主要図書館類のオンライン・カタログはもとより、思いつく限りの国内外の団体に照会を重ねたものの、実はこの巡業を解明する資料を突き止められなかった。ローシーの父親が巡業に同行していたか否かも、判別していない。前頁のプロローグは、関連情報をもとに、わたしが随意に膨らませたものである。のっけから興をそぐこととなり申し訳ない限りだが、当時のイタリアのバレエ、オペラの在り方を鑑みると、年端もいかないローシーが単身で巡業に参加したとは思い難い。(2)

蒸気機関車や蒸気船が普及し、世界規模で交通網が拡充された十九世紀、イタリアのバレエおよびオペラは国境を越えた芸術であり、国際的なネットワークに支えられたビジネスでもあった。近代化で遅れをとったイタリアの諸都市の経済は活況からはほど遠く、数多のダンサーが国外に仕事の場を求めた。(3) 当時のバレエは親から子に引き継がれる家業に近く、近親者と一座を組んで国境を越えたダンサーは枚挙にいとまがない。国外ではイタリア・オペラに対する需要が高まり、劇場芸術を楽しむ伝統と経済力を持つパリ、ロンドン、サンクトペテルブルク等は実入りの良い都市と目された。また、ヨーロッパの列強が植民地化を進めた国々の中核都市には劇場が建設され、イタリア以上の好条件で出演者を引きつけた。ローシーが長らく公演をしたとされるアルゼンチンのブエノスアイレスは、アメリカ大陸屈指の報酬を支払える裕福な都市だった。優秀な、もしくは目端のきくダンサーであれば

あるほど、ひとところには留まらなかったのである。

ローシーのプロフィールには、必ずといってよいほどに、イタリアの歌劇団の一員としてジャワ（現ジャカルタ）を訪れた旨の記載がある。〈ジャワの立派なオペラ座〉[4]、おそらく一八一四年に開場したジャカルタ最古の劇場 Military Theatre を前身とする Gedung Kesenian Jakarta（英語表記：Jakarta Art Building）で公演した後、スマトラ、インド、シンガポール、河南、バンコク、コロンボ、エジプトを巡演した[5]。バンコクを除いて、いずれもオランダ、英国の支配下にあった都市ないし国である。母国の伝統文化を懐かしむ当地のヨーロッパ人は、遠来の歌劇団を歓待したことだろう。

一方、大正時代の日本において、オペラ、バレエは目新しい舶来芸術であり、それらの鑑賞を生活の一部にする固定客はごく少数だった。帝国劇場の歌劇部は閉鎖され、ローヤル館も一年半で活動休止に追い込まれる。日本を去る間際のローシーは、こう言い残した。

「東洋の盟主たる日本の首都で、コミック・オペラが時期尚早のそしりをまねくとは誰だって考えられないじゃないか[6]」

ローシーは、かつて訪れた国々と〈東洋の盟主たる日本〉の違いを、どこまで理解していたのだろうか。植民地化を退けた日本では、日本人が社会の中核を担っていたため、オペラ、バレエの長期シーズンを成立させる環境は未整備だった。ローシーが日本で味わっただろう失意の深さが思いやられる。

3――恩師チェケッティから学んだバレエ・テクニック

ローシーが、名教師として勇名をはせたエンリコ・チェケッティ（一八五〇―一九二八）に師事したことは、帝国劇場在任中からひろく知られていた。八歳の時にミラノ・スカラ座のチェケッティの下でバレエの勉強を始め、(7)チェケッティ・メソッドの正統な継承者であることを示す証書をチェケッティ本人から授与された、数少ない生徒の一人だったという。(8)渡米後のローシーはしばしば〈スカラ座卒業生〉と名乗り、主宰したバレエスクールも〈スカラ・スクール〉の通称を持っていた。(9)

ミラノ・スカラ座博物館に照会したところ、チェケッティが付属バレエ学校の教師を務めたのは一九二五年から二八年に没するまでの三年間だった。(10)ローシーが八歳だった一八七五年または七六年に入学し、成人ダンサーとしてデビューしたとされる一八八四年に卒業(11)したことを示す資料は確認できていない。一八九九年一月から一九〇一年二月にかけて、ミラノ・スカラ座にローシー本人とおぼしき **Rosi, G. V. Rosi, Vittorio Rosi** が在籍していたので、彼はスカラ座出身者ではある。(12)ローシーが同校で一時的に学び、出演記録には網羅されない群舞で踊っていた可能性は残る。

では、ローシーは、どこでチェケッティの指導を受けたのか。ローシーとほぼ同時期にチェケッティに師事したルイジ・アルベルティエーリ（一八六九―一九三〇）を参考にしてみよう。(13)チェケッティは、八歳のアルベルティエーリに非凡な才能を認め、彼を非公式の養子として自宅に住まわせて指導した。卓越したテクニシャンに成長を遂げたアルベルティエーリは、恩師のツアーに同行し、『エクセルシオール』でチェケッティの代役を務めたこともある。

十九世紀のイタリアでは、音楽家の主な訓練の場が個人教授からコンセルバトワールといった公的機関に移行する途上にあり、教師が年少の生徒を養子に迎える例は多々あった。その生徒が職業音楽家になった暁に得る出演料から一定の歩合を教師に支払い、レッスン料と生活費を弁済する慣例が存在したのだ。昨今のサッカー界の〈連帯貢献金〉さながらに、ローシーがチェケッティに仕送りをしていたか否か、気になるところである(14)。

次に、ローシーがチェケッティから受けたトレーニングの概要を探ってみたい。チェケッティはイタリア国内外でダンサーとして地歩を固める一方、チェケッティ・メソッドと称される厳格な教授法を確立させた教師でもある。これはチェケッティ独自の教授法ではなく、彼が師事したジョヴァンニ・レプリや、レプリの師で十九世紀前半に名教師として名を馳せたカルロ・ブラシスの影響下にあったとされる。要は当時のバレエ界に浸透していたイタリア人教師の教授法の集大成であり、ローシーいわく、ヨーロッパ諸国に普及した教授法だったのである(15)。

チェケッティの直弟子、あるいは十九世紀生れのイタリア人教師たちは、往々にして上体のラインを垂直に保つことを優先し、上体を傾けてまで脚を高く振り上げることを推奨しなかった。ジャンプをして両足を素早く打ち合わせる〈バットゥリー〉や、迅速かつ複雑な連続旋回〈ピルエット〉、素早い方向転換やスピード感の鍛錬も重視した。男女の違いを明確にするため、女性ダンサーには大きく素早い跳躍の類を練習させないこともあったという。

下肢を高々と振り上げ、ダイナミックな跳躍でステージを行き交うダンサーを見慣れた今日の観客には、往時のテクニックはコンパクトで難易度の低いものに見えるかもしれない。そう思っていた矢先、チェケッティ自身が帝室マリインスキー劇場で踊った全幕作品の一節を見る機会があった。二十世紀初頭に記録されたノーテーションを基に、マリウス・プティパによる一八九〇年の原振付を復刻した『眠れる森の美女』の第三幕、オーロラ姫とデジレ王子が踊るグラン・パ・ド・ドゥである。(16) 脚を上げる高さはおおむね九〇度以下で、ブラシス教本の挿画を彷彿させた。(17) 男性のソロでは、抑制の効いた、素早く細やかな動きが目を引いた。別途、王子役を踊ったダンサーに振付の難易度を訊ねてみたところ、終始、宙に浮いているかのように跳躍し続けなくてはならず、今日の標準的な振付、すなわちソビエト時代の改編を経て、大らかなジャンプと助走の間合いが加えられた振付以上の筋力、持久力、スピードが必要だということだった。

プティパはフランス人ではあるが、青年期には著名なイタリア系教師オーギュスト・ヴェストリスの指導を仰いだことがある。一八九〇年の『眠れる森の美女』初演に主演したバレリーナは、ミラノ・スカラ座出身のカルロッタ・ブリアンツァ、チェケッティは魔女カラボスと青い鳥の役で出演した。スカラ座時代のローシーは、ブリアンツァが主演した作品でソリストを務めている。ローシーが身に付け、日本で伝授しようとしたテクニックの基盤にあったのは、十九世紀のバレエ界に普及した、正統派イタリア式テクニックだったのだろう。いにしえの『眠れる森の美女』が、ローシーを介して、日本にごく近しい作品に見えるのだった。

4——ダンサーとしての資質

十代でプロデビューを飾ったローシーは、渡米後も舞台に立つことがあり、ダンサー生活は半世紀近くに及ぶ。ダンサー・ローシーについての論評は、彼がロンドンのアルハンブラ劇場に在籍していた一九〇二年から一九〇九年にかけて、同地の日刊新聞『タイムズ』に掲載された同劇場の公演評の中に残されている。(18)

アルハンブラ劇場出演作

（初演日）	（上演期間）	（題名）
一九〇五年二月二十七日	五十五週	*My Lady Nicotine*
一九〇五年九月		*La Maxixe*
一九〇五年十月三十日	八週	*Lucertio*
一九〇七年十月七日	四十週	*Les Cloches de Corneville*
一九〇八年一月二十七日	九週	*Cupid Wins*
一九〇八年五月二十五日	三十二週	*Two Flags*
一九〇八年十月七日	二十五週	*Paquita*
一九〇九年八月十日（再演初日）		*Les Cloches de Corneville*

当時のアルハンブラ劇場のバレエは、ご多聞にもれず、女性を前面に出した演出になっており、年

の頃三十五〜四十二歳のローシーは脇役に徹した。不埒な悪役よし、どこか憎めない小悪党よし、お人好しの老け役よし。なかなかの芸達者である。

若年期のローシーを知るチェケッティが、興味深い記述を残している。

「ダンサーとしては、ミスター・アルベルティエーリのほうがおそらく優秀だった。しかしローシーのほうが、正確なテクニックを身につけていた」[19]

チェケッティのこの言葉は、彼本人がローシーを指導したことを示す数少ない拠りどころである。老師が、四十年以上前に指導した生徒の特質を記憶に留めていた事実も注目に値する。ローシーの身長は約一七〇センチ。[20]当時のイタリア人としてはけっして小柄ではない。青年時代のローシーは、器用な脇役とはまた違うタイプのダンサーだったのかもしれない。

5──ノー・オペラ、ノー・ライフ──ローシーは南米のオペラ熱の真っただ中に飛び込んだ

初の海外ツアーを終えたローシーは〈チアッキ・オペラ・カンパニー〉の一員となり、南米に赴いた。ブエノスアイレスでの公演は長期にわたったという。[21]一行を率いていたのは、フィレンツェ出身のインプレサリオ、セザール・チアッキ（Cesare Ciacchi, ?─一九一三）。一八六八年以降、数多のイタリア人歌手を南米に送り込み、種々の劇場でインプレサリオを務め、ブエノスアイレスが誇るオペラハウス、テアトロ・コロンが再築され、再開場した一九〇八年には、同劇場のインプレサリオに就任した。[22]フランスの女優サラ・ベルナールやセルゲイ・ディアギレフのバレエ・リュスの南米ツアーを

請け負ったのも、この人だった。[23]

イタリア・オペラ界でのインプレサリオは、日本でいうところの興行師とは性格を異にする。日本での興行師が、通常、特定の個人や団体による公演ないしツアーを取り仕切るのに対し、十九世紀イタリアのインプレサリオはもっぱら劇場の委託を受けて、春・夏・秋・冬および、もっとも多くの観客が来場する一〜三月のカーニバルのシーズン単位で公演を催した。劇場を所有する地元自治体や貴族、ボックス席の所有者たちはある程度の資金を提供しても、赤字の補塡はしない。興行のリスクを負うインプレサリオが売上金を持ち逃げしたり、契約通りの出演料を支払わない、といったトラブルも少なくなかった。

テアトロ・コロン広報部門に照会したところ、一九〇八年以前の公演記録およびチアッキのプロフィールは保存されていなかった。[24] 参考として、ウルグアイの首都モンテネグロのテアトロ・ソリスでチアッキが手がけたシーズンの日程と上演作品を列記する。[25] 公演頻度と期間、豊富な演目から、本格的な陣容だったことがうかがえる。ローシーの指導・演出により帝国劇場、ローヤル館で上演された作品も少なくない（両劇場で上演された作品には、以下の一覧に＊を記した）。

（日程）	（公演回数）	（公演タイトル）
一八八三年六月十四日〜二十六日	九回	Italian Opera Buffa/Operetta Season
同年八月十一日〜十月二十八日	四十六回	Italian Opera-Buffa/Operetta Season
一八八四年一月三日〜一二日	六回	Summer Italian Opera/Operetta Season
同年十月十八日〜十一月十五日	十六回	Italian Opera-Buffa/Operetta Season

一八八五年五月二十三日～八月三十日、十月十日～二十二日
　六十五回　Italian Opera Season
一八八六年七月二十四日～八月二十九日　十九回　Winter Italian Opera Season
一八八七年七月十四日～八月二十五日　二十四回　Winter Opera Season
一八八八年二月二十五日～三月二十七日　十五回　Fall Italian Opera Season
同年七月八日～八月二十五日　三十回　Grand Italian Opera Season
一八八九年一月十九日～二月三日、三月十八日～三十一日
　二十三回　Italian Opera and Operetta Season

（作曲者）	（題名）
アリエータ	『グラナダ征服』
アレヴィ	『ユダヤ人の女』
ヴェルディ	『アイーダ』[26]『イル・トロヴァトーレ』『運命の力』『オテロ』『仮面舞踏会』 *『ラ・トラヴィアータ』『リゴレット』『レクイエム』
ウシーリョ	『ソレントの先生』
オードラン	*『ラ・マスコット』
オーベール	『フラ・ディアヴォロ』
オッフェンバック	『山賊』

カニョーニ　『ドン・ブチェファーロ』『パパ・マーティン』
グノー　『ファウスト』
サリア　『ナポリの漁師』
スッペ　『ドンナ・ファニータ』『ファティニッツァ』『*ボッカチオ』
デ・ジョーザ　『カーニヴァルのナポリ』
ドニゼッティ　『シャモニーのリンダ』『ポリウト』『ラ・ファヴォリータ』『ランメルモールのルチア』『ルクレツィア・ボルジア』
トマ　『ミニヨン』
ドリーブ　『シャモニーのリンダ』『ラクメ』
ドロッティ　『皆で仮面をつけて』
ビゼー　『カルメン』
プランケット　『*コルヌヴィーユの鐘』
ベッリーニ　『清教徒』『ノルマ』『*夢遊病の女』
ボイト　『メフィストフェレ』
ポンキエッリ　『ラ・ジョコンダ』『リトアニア人』
マイアベーア　『悪魔ロベール』『アフリカの女』『ユグノー教徒』
マルケッティ　『ルイ・ブラス』
ルコック　『*アンゴ夫人の娘』『サン＝ジェルヴェの平原』

ロッシーニ　『セヴィリアの理髪師』『セミラーミデ』
作曲者不明　*Los Mosqueteros Grise*（灰色の銃士）
演奏会形式の公演

スペインから独立した一八二八年以降のウルグアイには数多のイタリア人が移住し、モンテヴィデオでは頻繁にオペラ公演が催された。その受け皿として一八五六年に開場したテアトロ・ソリスは、アメリカ大陸に現存する最古の劇場である。千五百人強の収容人員は、当時のモンテヴィデオの人口四万九千人の三％に相当する。一方、ブエノスアイレスの一八五〇年代の人口は約三万人で、一八五七年に完成した初代テアトロ・コロンは二千五百人収容。一九〇八年に開場した二代目の劇場には、同規模の座席に加えて、最上階に三千〜四千人収容可能な立ち見席が新設された(27)。広大な客席が満員になったとき、劇場はどれほどの熱気で包まれたのだろうか。某ＣＤストアの宣伝文句〈ノー・ミュージック、ノー・ライフ（音楽なしには、生きていけない）〉に喩えると、〈ノー・オペラ、ノー・ライフ〉。オペラへの需要が、それほどまでに大きかったのかと驚かされる。

テアトロ・コロンからの情報とテアトロ・ソリスの公演記録を照らし合わせたところ、前後して同一のバレエが上演されていることを確認できた。

一八八六年六月二十九日から七月十七日にかけてテアトロ・ソリスで実施された Ballet Season 全七公演のうち、五公演の演目が『エクセルシオール』。同劇場で七月二十四日から八月二十八日にチアッキのオペラ・シーズンが行われ、九日後の九月六日にテアトロ・コロンで『エクセルシオール』が開幕。モンテヴィデオとブエノスアイレスは、ラプラタ川をはさんで二百キロほどしか離れていない。

チアッキ・オペラのダンサーは、両劇場での『エクセルシオール』にも出演したのではないだろうか。ローシーがチアッキ・オペラのメンバーだったとすれば、彼がこの時期に『エクセルシオール』に出演したことはほぼ確実である。

6――『エクセルシオール』とローシーの幻の大作『エウレカ！』

ルイジ・マンツォッティ（一八三五―一九〇三）が振り付けた『エクセルシオール』は、一八八一年にミラノ・スカラ座で初演された、壮大なスケールのバレエである。かつてローシーが往来したスエズ運河をはじめ、アルプス山脈を貫くモンスニ・トンネルの開通、蒸気船、電気の発明など、近代テクノロジーを賛美する全六景で数百人のダンサーが乱舞し、空前の大ヒットを記録、二十世紀初頭までヨーロッパ、南北アメリカ、ロシアの主要都市で縮小版が上演を重ねた。一九一六年、帝国劇場で久米平内の作、ローシーの指導により上演された『昇る旭』は、『エクセルシオール』の場面を笹子トンネル、新橋停車場、横須賀ドック等に置き換えた、同趣向の作品だ。

ローシーと『エクセルシオール』の繋がりは、それだけではない。同作の作曲者ロムアルド・マレンコ（一八四一―一九〇七）が一九〇一年に作曲した新作バレエ『エウレカ！』の振付者に指名される栄誉に浴している。「エウレカ」、すなわちアルキメデスが王冠の金の純度を計測する方法を発見した際に発した叫びを冠した全三幕十八場の本作は、一九〇二年にミラノおよび万国博覧会の開催を控えたトリノ、ジェノバで上演予定だった。台本の序文には、文明の素晴らしさをローシーの振付に

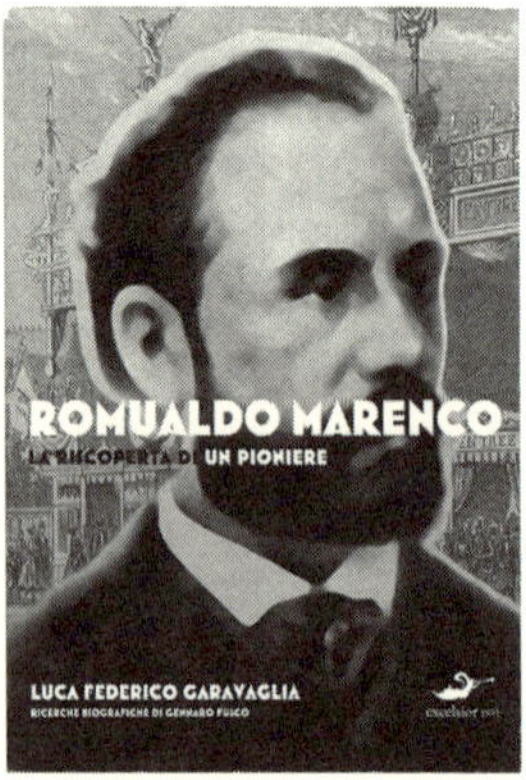

図①『エクセルシオール』作曲者マレンコの伝記 *Romualdo Marenco; La Riscoperta di un Pioniere* 表紙。ローシーは、作曲家マレンコの新作バレエの振付者に指名された

よって描き出す、といった文言が踊っている(28)［図①］。ローシーは、第二の『エクセルシオール』を生み出す好機を手にしたのだった。バレエ音楽の第一人者が、見知らぬ新人を起用するとは考え難い。南米時代のローシーがすでに振付を手がけていた、という推測が浮上する。また、ミラノ・スカラ座が一九〇〇年にマレンコのバレエ *Sieba o la Spada de Freia*（『シーバ、またはフレイアの剣』）を改訂上演した際、ローシーはソリストの一人だった。この公演を機に、マレンコの信頼を得たのかもしれない。

結局のところ、『エウレカ！』は上演に至らなかった。経緯は不明で、ローシーが振付を始めていたか否かも、分からない。しかし、著名作曲家から振付を依頼された事実と、ダンサーとしては体力が低下し始める年齢だったことを勘案すると、振付家として名をなすことが、その後のローシーの最重要課題になったのではないかと思われる。

一九〇二年にローシーはロンドンに活動の場を移し、アルハンブラ劇場とエンパイア劇場に所属した。いずれも専属バレエ団が上演するバレエを呼びものにする、同地屈指のミュージックホールである。ロンドンでの十年間については多分にリアルタイムの資料が残されており、性格的な役柄を演じつつ、振付を手がけたことが分かっている。俳優ハーバート・トリー（Herbert Tree）が主宰するヒズ・マジェスティ劇場では、演劇作品とオペレッタのダンス場面を振り付けた。同劇場は専属バレエ団を擁していなかったので、そのつど集めたダンサーの稽古も、ローシーが受け持っていたのだろう。
（初演日・公演期間）（上演回数・期間）[29]（作品名・振付場面）
・アルハンブラ劇場
一九〇四年一月二十一日　五十六週　*All the Year Round* 第一場、第四場、第七場[30]
一九〇五年十月三十日　八週　*Lucertio*[31]
・ヒズ・マジェスティ劇場
一九一一年九月五日―十二月十三日　百一公演　*Macbeth* 第二幕第二場「宴会場」[32]
一九一一年十二月二十日―一九一二年二月十七日　九週　*Orpheus in the Underground*（邦題『天国と地獄』[33]）
一九一二年四月九日―六月一日　四十三公演　*Othello* 第二幕第三場「キプロス港」[34]

ローシーが、ヨーロッパ視察中だった帝国劇場の元専務・西野恵之助の知遇を得て、歌劇部教師に任命されたのは、ヒズ・マジェスティ劇場で仕事をしていた折のことである。

その三年前にパリで旗揚げ公演を行ったセルゲイ・ディアギレフのバレエ・リュスが名声を欲しいままにしていた時代ゆえ、ローシーは傍流の存在だったと言わざるを得ない。とはいえヒズ・マジェスティ劇場で順調に仕事をこなし、劇場側の信頼を勝ち得ていたようだ。『タイムズ』紙は、ローシーが振り付けた『マクベス』の宴会場面について、「家臣たちの激しいダンス他には粗野な美しさが漂い、バンクォーの亡霊までもが美しかった。リズミカルに動きながら優雅に身をかわし、翻弄するかのようだった」と高評している。[35]『天国と地獄』の同紙評も総じて好意的で、いわく、ヴィーナス役を演じた「ミス・〔ヒルダ・〕アントニーのダンスを見るだけでも劇場に行く価値がある」(36)。ダンス作品に加えて、劇中シーンを的確に振り付ける才覚があり、オペラに造詣が深く、ヨーロッパ圏外で仕事をした経験が豊富な人物となれば、ローシーは帝国劇場歌劇部の教師にうってつけの人材だったといえよう。

一九一二年八月五日、東京に到着したローシーは、帝国劇場歌劇部員にバレエを指導するだけでなく、オペラを演出し、バレエを振り付け、外部団体の演劇公演にも関与した(37)。オペラ、バレエ黎明期の日本で余人をもって替え難い奮闘をしたにもかかわらず、帝国劇場歌劇部は閉鎖され、ローシーが私財を投入して設立したローヤル館も集客がふるわず、閉館した。ローシーの指導を受けたダンサーは、一様にバレエの世界から離れている。その顚末を記した同時代および離日後間もない時期の文章にはローシーを侮蔑するような筆致が目立ち、愕然とさせられる。

渡米後のローシーも黙ってはいなかった。

「〔帝国劇場歌劇部員は〕無能だ。未熟だ。私は愚かにも、彼らを教化しようとした。彼らの芸術に対する考えと理想は、ヨーロッパの芸術とは相容れない。たとえば彼らは感情表現が不得手だ。悲劇を演じると滑稽になり、喜劇を演じると深刻になりすぎる。論外だ！(38)」

ローシーの下でオペラ、バレエが浸透し得なかった主因を、彼の力不足や人望のなさ、あるいは日本人の資質の欠如とする論旨に、わたしは同調できない。確かに、ローシーは〈六尺棒〉の異名をとった長い杖で生徒の体を叩いて不評をかったが、これは当時のバレエ教師が生徒の動きを正すために用いたレッスン用具である。チェケッティも愛用者の一人で、晩年は足腰が弱り、体を支えるための杖を併用する〈二刀流〉だった。なまけている生徒を厳しく叱り、生徒を叩き、杖を投げつけることすらあったという。生徒が熱心に稽古に励んでいると上機嫌になるのも、両者に共通している。チェケッティの熱血指導に倣って、ローシーも直情径行のスパルタ教師になったのかもしれない。

それはさておき、来日以前にローシーが身を置いていた環境と日本の実情の落差は、あまりにも大きい。ローシーが日本で仕事をしていた間、彼の周囲には、観客が欲する作品を選別する辣腕インプレサリオが不在だった。不特定多数の観客が存在しなかった。然るべき水準に達した演技者が不足していた。オペラ、バレエを受容するには、劇場を設立し、演技者を養成し、公演を行うだけでなく、長きにわたって社会全体で継承し、支えるシステムを必要とする。受容の成否の原因を、個人にのみ帰することはできない。

7——振付家ローシー、アメリカで奮闘する

ローシーと妻ジュリア、息子ヴィットリオを乗せて日本を発ったコリア丸は、一九一八年四月七日、サンフランシスコ港に到着した。入国時の所持金は五百ドル[39]、日本円で千円程度、当時のアメリカ人の平均年収に相当する。書類に補記がなく、一家の総額なのか、各人の所持額なのかは判別できないとはいえ、当面の生活に窮することはなかっただろう。帝国劇場で月給四百円、作品ごとの演出料千〜千五百円ほどを得ていた彼が、三万六千円もの大金をローヤル館に投入した、との風評に信憑性をもたらす金額でもある[40]。やがてローシーはロサンゼルスに住まいを定め、したたかに新天地に根をお

ろしていった。ダンス教師をしながら、公演を企画し、自作の上演を試み、振付家であろうとする気概を見せる。ローシーの新たな冒険が始まった。

その第一歩が、*The Discovery of America by Christopher Columbus* 全七場の企画書である。[41] 台本と振付は G. V. Rosi、音楽は Julian Jones。多くのローシー作品の例にもれず、先行作品の改作だったようだ。原典と目されるのは、アルベルト・フランケッティ（Alberto Franchetti, 一八六〇―一九四二）が作曲、一八九二年にジェノバで初演、同年にミラノで再演されたオペラ『クリストファー・コロンブス *Christoforo Colombo / Christopher Columbus*』。コロンブスのアメリカ大陸発見四百年を記念した新作で、アメリカの新聞でも記事が散見された。[42]

全十九頁の企画書に記された台本によると、前半はおおむねオペラに準じて展開し、コロンブスがスペイン女王の支援を受けて出航するまでの奮闘、陸地を見つけた際の歓喜、ネイティブ・アメリカンとの交流、失意の晩年を描いて、いったん幕。後半はローシー独自の場面であるらしく、映像で清教徒の入植以降のアメリカの歴史を紹介した後、各国代表団による歌とダンスで締めくくる。『エクセルシオール』ばりの大作である。

ダンサー百四十八人、六千四百人収容の会場で八週間の上演を想定した収支計算も添付されている。会場名と日程の記載はない。時代設定が一四九二～一九一八年、前所有者セルジュ・レスリーの蔵書目録では発行地はロサンゼルスと記されているので、一八年のコロンブス・デー（十月第二月曜日）頃にロサンゼルスでの上演を見込んだのだろう。実現したか否かは不明ながら、渡米から間もない時期にこのような公演を立案する行動力には頭が下がる。

インターネット上のフリー百科事典『ウィキペディア』のローシーの項目には、彼がアルハンブラ劇場在籍中だった一九〇四年頃に振り付けた『クォ・ヴァディス *Quo Vadis*』の細目を記したノート他の資料を、テキサス大学オースティン校（Harry Ransom Center, the University of Texas at Austin）が所蔵している、との記述がある。一九一九年秋の時点で、ローシーはこの作品や、前述した『クリストファー・コロンブス』他を記録した十冊の大判ノートを所持していた。いずれも振付を克明に記述し、楽譜には振付の図説が描き込まれていたという[43]。ロンドン時代、すでに振付家として野心を燃やしていたことを示唆する資料である。

ロサンゼルスでのローシーの行動を探るにあたり、日刊紙『ロサンゼルス・タイムズ』が重要な情報源となった。初めて生徒募集の広告を掲載したのは、一九一九年二月[44]。バレエ学校を第三者と共同運営した時期もあった。一九二一年十一月下旬以降に単身でメキシコに渡り、メキシコ国立自治大学の芸術学部や国立音楽舞台芸術学院、テアトロ・イダルゴ等で仕事をした[45]。

一九二三年十月にメキシコからアメリカに帰国した後[46]、ロサンゼルスでバレエ学校を再開し、一九二五年十月以降、ふたたび『ロサンゼルス・タイムズ』広告欄の常連となる。

学校の再開と前後して、また新たな足跡が見つかった。以下の振付作品の著作権登録である。

(1) *Languid step waltz*. Catalog of Copyright Entries, Part 4, Works of Art, Etc. New Series, 1925.

(2) *Pierrot; history of a pierrot, pantomime in 3 acts*. Catalogue of Copyright Entries, Part 3, Musical Compositions, 1928.

(3) *King of Mayo; a musical romance of the late seventies in 3 acts and a prologue*. Catalogue of Copyright

Entries, Part 1, Group 3, Dramatic Compositions, Motion Pictures, 1929.

(4) *Mon reve: ballet by G. V. Rosi, m J. Jones.* Catalogue of Copyright Entries, Part 3, Musical Compositions, 1932, New Series, Volume 27, No.4.

(2)はローシーの創作ではなく、一八九四年にパリで初演された*Histoire d'un Pierrot : pantomime en trois actes*という先行版が存在する。ピエロが狡猾な商人にだまされて放蕩し、妻子を残して出奔するも、友人や息子に助けられて元の鞘に収まる、という物語を描いた一時間ほどの作品だ。[47] 一九一三年には、イタリアで無声映画が制作された。登場人物はコメディア・デラルテ風の類型的な老若男女だが、マリオ・コスタの甘美な音楽と相まって、コメディア・デラルテ特有の賑やかさよりも、ほのぼのとしたユーモアと哀感が前面に押し出されている。[48] 先行作品の改訂版を自作と称することは、今日の観点では問題を生じるとしても、ローシーが既存の作品を出演者の技量に合わせて改訂する手腕を持っていた、と理解することもできる。

一八九七年には、イタリア中部トスカーナのテアトロ・ジーリオで、ローシーとおぼしきダンサーが出演した、また別の版が上演された。プログラムには**Joulot**（商人）：**Rosi, Giovanni**との記載がある。[49] なお、この版で友人の**Pochinet**を演じたロドヴィコ・サラッコ（Lodovico Saracco）は、一八九二年に全十場からなるバレエ*Wanda: gran baile en diez cuadros*（『ワンダ、十一場からなるグランド・バレエ』）を振り付けている。[50] ブエノスアイレスで印刷されたプログラムによると、出演者の一人は、**Vittorio Rosi**。この人物がローシーであれば、これまでに判明した、もっとも古い彼の足跡である。

以上を総合すると、ローシーは、きわめて多くの引出しを持った振付家だったということができる。

まず、十九世紀後半のイタリアを代表する振付家マンツォッティの作品に精通し、同趣向の作品を創作ないし改訂、企画する手腕を持っていた。

アルハンブラ劇場で名脇役として脚光を浴び、ピエロを題材にした一連の作品に関与していたように、パントマイムも得意とした。帝国劇場で上演した〈無言劇〉〈黙劇〉は、この範疇に分類できる。

南米時代に出演しただろうオペラのバレエ化にも長けていた。その好例が『コルヌヴィーユの鐘』で、帝国劇場では彼の指導により『古城の鐘』の題名で上演、ローシーも出演した。

図②　1920年2月8日付『ロサンゼルス・タイムズ』掲載広告

日本では夢幻的バレーの題目で上演された、ロマンチック・バレエの幻想シーンを思わせる作品群もある。アルハンブラ劇場で手がけた『オール・ザ・イヤー・ラウンド』は、同様の場面を含んでいる。

渡米後、彼の作風はいちだんと多様になる。隣接するハリウッドの映画産業に可能性を感じると語り、〈ステージ・映画向けのダンスを提供する〉と広告で謳って生徒を募集した［図②］。interpretive こと、モダンダンスの先駆者イサドラ・ダンカン風のダンスを教え、ショービジネス寄りのダンスを教える学校と提携し、ボードヴィル劇場を巡演するツアーを実施したこともある。[51] バレエの指導・上演に固執していないのだ。

一九二九年にパサデナ・プレイハウスで公演した際のプログラムが、

興味深い[52]。渡米以前に関与した作品と、バレエに馴染みのない地元観客の関心をひきそうな作品が組み合わされている。

前半は、前年に著作権登録をした *Pierrot's Life*。後半は小品集。トゥシューズを履いて踊るバレエが珍重された時代とあって、*Novelty Toe* なるソロがある。サン＝サーンスの音楽を用いた *Toe (Classic)* は、アンナ・パヴロワの十八番『瀕死の白鳥』だろうか。*Tarantella* は帝国劇場他でローシーの夫人ジュリア・リーヴェが踊った、イタリアの民俗舞踊に由来する小品。*Arlequin* はコメディア・デラルテ風の作品のようだ。オペラ『ジョコンダ』のマーチに振り付けた *Furlana*、ミュージカル映画で活躍したナシオ・ハーブ・ブラウンの音楽を用いた *Jazz* など、変化に富んでいる。

カリフォルニアに移り住んだ当初、ローシーは米国西海岸で唯一のイタリア人バレエマスターと名乗っていた[53]。ところが一九二〇年代後半になると、ロサンゼルスのバレエ地図は大きく変化する。アドルフ・ボルム、テオドール・コズロフを始めとするバレエ・リュス元団員や、アンナ・パヴロワの許で踊っていたマリエル・スチュアートがロサンゼルスに進出し、学校を開設し始めた。比類のない知名度を誇るバレエ・リュスとパヴロワ関係者の台頭を、〈チェケッティの直弟子〉〈スカラ座卒業生〉はどのような思いで見ていたのだろうか。振付家ローシーの変貌は、権勢をふるうロシア・バレエ出身者と、躍進するハリウッドの映画界のはざまで生き残るための方策だったのかもしれない。

8——ローシーとバランシンが繋がった！

図③　『セレナーデ』初演地。バランシンがアメリカで初めて振り付けた本作は、1934年6月10日、NYCBの支援者でもあった篤志家フェリックス・ウォーバーグがニューヨーク近郊に所持するこの邸宅で、初めて上演された。カッチアランザを含む出演者は、向かって右端、白い扉の奥のスペースで支度をした（筆者撮影）

一九二五年のとある日、十歳の少女がローシー・バレエ・スクールに入門した。この生徒の才能を見抜いたローシーは、彼女をミラノ・スカラ座付属バレエ学校で勉強させるべく、推薦状を持たせてミラノに送り出した。三年にわたり校長のチェケッティの許で学んだ彼女は、帰国後、ジョージ・バランシン（一九〇四―一九八三）が創設したニューヨーク・シティ・バレエ（NYCB）の前身団体〈アメリカン・バレエ〉〈バレエ・ソサエティ〉他に在籍、『セレナーデ』『アルマ・マター』を始めとするバランシン作品に出演した［図③］。同僚ダンサーのルー・クリステンセン（一九〇九―一九八四）と結婚し、四三年以降はサンフランシスコ・バレエ（SFB）でも踊り、五三年に舞台を退いた後は、同団および付属学校で後進の指導にあたった。

ついにローシーの教え子を見つけ出すことができた。彼女の名は、ジゼラ・カッチアランザ（Gisella Caccialanza, 一九一四―一九九八［図④］）。安定したテクニックと敏捷さ、チェケッティが彼女をバレエ学校に受け入れる際

図④『アルマ・マター』で女性主役 The Heroine に扮したジゼラ・カッチアランザ。右は、The Hero 役のチャールズ・ラスキー（Christensen Family Digital Archive, Museum of Performance + Design）

の決め手となった跳躍力を併せ持った、バランシン・バレリーナの草分けである。

　余談ながら、わたしはバランシンの心酔者であることをかねて公言しており、スキ・ショーラー著『バランシン・テクニック』（大修館書店、二〇一三年）を日本語に訳し、NYCB公演をニューヨークと東京で百四十回以上鑑賞、彼の生家をこの目で見るべく、サンクトペテルブルクを訪れたこともある。金の純度の計測方法を発見して「エウレカ！」と叫んだアルキメデスさながらに、感極まった次第である。

　チェケッティはいたって筆まめな人で、カッチアランザに書き送った手紙の一部が出版されている。残念ながら、書簡集に残されたローシーについての言葉は、およそ好意的ではない。一九二八年八月二十九日付の手紙で、チェケッティはローシーが最低最悪の教師だと言い放ち、カッチアランザにローシーの許に戻らないように厳命したほどだ[54]。

ただし前後の事情を踏まえると、その頃のチェケッティがローシーを冷静に論評していたとは見なし難い。この手紙から先立つこと数週間、七月上旬にカッチアランザは同行していた母親と共に帰国した。カッチアランザの父親ロメオが別居生活に耐えられなくなり、母娘をアメリカに呼び戻したのだ。前述の手紙には、ローシーを含むアメリカ在住の弟子たちの〈無能さ〉が滔々と綴られている。孫のように溺愛していた秘蔵っ子を失った悲痛のあまり、弟子たちをめった斬りにしているように読み取れるのである。

書簡集はチェケッティの手紙だけを収めているので、カッチアランザがローシーをどう思っていたのかは分からない。『バランシン・テクニック』の著者スキ・ショーラーを介して、書簡集の編者サリー・ベイリーに連絡を取った。世間は狭いもので、二人はSFBの同僚だったのだ[55]。

ベイリーは、SFB付属バレエ学校でカッチアランザの指導を受け、後にSFB団員として同じ舞台に立っている。その間、カッチアランザがローシーの名を口にすることはなく、彼女がローシーを恩師と仰いでいた様子はなかったという。さらにベイリーは、書簡集には記されていない情報を提供してくれた。ジゼラをミラノ・スカラ座付属バレエ学校に入学させ、最高の教育を受けさせるべきだと熱弁をふるい、彼女の父親を説得したのは、ローシーだった[56]。ローシーは、バランシン・バレリーナの誕生の一端を担ったのである。ベイリーを介して、カッチアランザの子息クリス・クリステンセンにも照会したが、新たな情報は得られなかった。

一九三八年夏には、ローシーがニューヨーク市内で教える機会を持ち、バランシンに限りなく接

図⑤　The American Dancer 1938 年 6 月号掲載広告。ローシー、ドナルド・ソーヤーのスクールのバレエ部門主任教師に迎えられる

近した［図⑤］。社交ダンサー Donald Sawyer が主宰するそのスクールの所在地は、マディソン街六三七番。[57] そこには、もうひとつ、ダンススクールが入居していた。バランシンが設立したスクール・オブ・アメリカン・バレエ（SAB）である。

一九二八年にカッチアランザがミラノから戻った時、ローシーは彼女が自分の許に現れないことを不服に思い、非難めかした手紙をカッチアランザに書き送っていた。そのような経緯があったので、二人が旧交を温めることはなかっただろう、とベイリーは推測する。とはいえ、ダンサーの公私に目配りを欠かさなかったバランシンのこと、カッチアランザがスカラ座に入学した経緯を把握していたとしても、不思議ではない。ひょっとするとローシーとバランシンが、カッチアランザについて立ち話をしたことぐらいはあったのではないだろうか。

9――二人の夫人と、ローシーの意外な終焉の地

離日後、日本の関係者とは没交渉だったローシーの近況を伝える手紙が、帝国劇場の機関誌に掲載

された。ローシー本人が綴った一九二七年五月五日付の文面いわく、「私の娘は大きくなって、よい踊手になりました(58)」。

ローシー夫妻の子供は、一九一一年にロンドンで誕生したヴィットリオだけである。〈私の娘〉がいったい誰なのか、積年の謎解きを試みた結果、粋な事実にたどり着いた(59)。

まず、妻のジュリア・ローシーについて。日本でローシーと行動を共にした彼女も公人とみなし、主に国勢調査と本人の意思で公表された情報を通して、彼女のその後を追った。

一九二〇年〜二三年の間にローシーと離婚し(60)、しばしロサンゼルスに留まった後、二八年〜三二年の間は **Julia Rosi, Mme. Revera Rosi** と名乗り、カリフォルニア州サンディエゴ、アリゾナ州チャンドラー、カリフォルニア州ベーカーズフィールドに転居しながら、バレエ教師として生計をたてた(61)。**Revera** は、彼女の芸名ないし旧姓 **Reeve** をイタリア風にもじったものであろう。一九四〇年の国勢調査によると、居住地はロサンゼルス、世帯主はアサ・チャス・マーシャル（Asa Chas Marshal）、ジュリアは彼の妻、職業は主婦(62)。七〇年、同地で他界した(63)。享年八十五歳だった。彼女の最後の日々が平穏だったことを祈っている。

ローシーとジュリアの息子ヴィットリオ、改め、ヴィクター（Victor）は、一九三〇年の国勢調査時にはローシーと同居、四〇年にはマーシャル家で世帯主の義理の息子として暮らしていた。前述したローシーの手紙にヴィクターが士官学校に通っていると記されていたが、職業軍人にはなっていない。職業はクラリネット奏者。父親似の面差しと艶やかな髪を持つ、なかなかの好男子であったようだ(64)。母と同じく七〇年にロサンゼルスで死去(65)。

一九四三年、もう一人のローシー夫人 **Rosi Melba Mrs dramatic tchr** が、カリフォルニア州パサデナのシティ・ディレクトリーに出現した(66)。職業別電話帳を兼ねたシティ・ディレクトリーには、通常、世帯主の名前を掲載する。つまり、この時点で彼女は未亡人になっていたのである。一八六七年十月二十一日にローマで誕生したローシーは(67)、一九四〇年九月六日、ニューヨークで波瀾に満ちた生涯を閉じた(68)。同年の国勢調査には世帯主として記録されている。その後、急に病を得たのだろうか。合掌。

一九四〇年度の国勢調査からローシーの最晩年の暮らしぶりを読み取ることができる。その概要を記しておく。住まいは、ニューヨーク市クィーンズ郡ヒルサイド。前年に開通した地下鉄の新路線に乗ればニューヨーク市内まで三十分ほどの、閑静な住宅街である。同居人は、四十歳の妻と四歳の娘。**Giovanni** がアメリカ風に **John** と表記されていることに加え、出身地がニュージャージーとなっているなどの齟齬も散見されるが、諸々の情報を照らし合わせると、この人物はローシーその人である。

Rosi, John　世帯主、男性、七十二歳、既婚、ニュージャージー生まれ、五年前の住所：ジャージー、一九四〇年三月二十四日～三十日の就労時間：四十時間、職業：教師、業種：ダンス、前年の就労期間：五十週、前年度本業収入：なし、副収入：あり。

Rosi, Melba　世帯主の妻、女性、四十歳、バージニア生まれ、五年前の住所：ウェストバージニア、主婦。

女児　世帯主の娘、四歳、カリフォルニア生まれ、五年前の住所：ニューヨーク。

時計の針を戻すと、離婚後のローシーの周辺には二人のメルバが存在した。一人は、ローシー・バ

図⑥ *The American Dancer* 1927年9月号掲載写真。ローシー・バレエ・スクールでアシスタント・ディレクターを務めるメルバ・ガーン。『タランテラ』の衣裳を着用している

レエ・スクールのアシスタント・ディレクターで、一九二七年秋にローシーが行ったツアーに参加したMelba Garne(69)［図⑥］。ローシーの前述の手紙で言及された〈私の娘〉は、彼女だった可能性がある。

もう一人のメルバは、一九三三年六月、Mintz & Dinus Dance Studio のバレエクラスでローシーの助手を務めたMelba Page。二人は七〜八月の夏期集中講座で教え、八月二十七日に掲載された同スタジオの広告に名を連ねたのを最後に、ロサンゼルスから共に姿を消した(70)。

10――エピローグ

ローシーの〈空白時代〉を解明すべく、わたしはインターネット上の地図やストリート・ビュー等を介して、イタリアを彷徨い、スエズ運河、紅海、インド洋経由でインドネシアを訪れ、大西洋を越えてブエノスアイレスやモンテヴィデオにも足を伸ばし、ロサンゼルスをつぶさに見てまわった末、彼の人生の終着地となったニューヨークにたどり着いた。

一九三〇年以降のローシーは、二九年の大恐慌の余波を受けたのか、バレエ学校を閉じ、ショービジネス寄りの学校でバレエを教えていた。尾羽打ち枯らした姿が見え隠れしていたのだが、懸念は杞

憂に終わった。彼は三十二歳年下の女性と再婚し、可愛い盛りの娘とニューヨークで生活していたのだった。ロマンチックな恋愛映画のような人生最終章である。わたしがキャスティング・ディレクターなら、ローシー役にはイタリア系俳優ダニー・アイエロを起用したい(71)。

ローシーが他界した時の愛嬢は、四、五歳。父の面影を辛うじて記憶に留めている年回りだろう。未亡人となったメルバから、亡き父について、壮年期の彼が過ごした日本について、何を聞かされていたのだろうか。

日本での六年間は、振付家ローシーのキャリアのなかで、もっとも多作の時期だった。帝国劇場という日本に冠たる西洋式劇場で専属ダンサーを掌中におさめ、オペラ、バレエ、演劇の公演に携わった。彼の目から見れば十分な成果をあげていなかったとしても、洋装で生活することにすら不慣れだったダンサー、歌手、俳優たちは、ローシーの指導を貪欲に吸収した。イタリア、東南アジア、南米で培ったローシーの知識がこれほどまでに必要とされたことは、後にも先にもない。来日以前のローシーがすでに撒かれた種を育てることに専念していたのに対し、日本での彼はつねに開拓者だった。教え子が浅草オペラの〈芸人〉になったと嘆いたこともあったが(72)、この〈芸人〉たちはやがて日本のモダン・ダンスとオペラの礎になった。彼の耕した土壌に撒かれた種は、大きな果実を実らせたのである。いつの日かローシーの末裔を訪ねあて、そう報告できることを願っている。

1――上野房子「日本初のバレエ教師G・V・ローシー　来日前の歩みを探る」、『舞踊学』第一四号、一九九二年。同「G・V・ローシー、日本初のバレエ教師 離日後の歩み（1918—1938）」、『舞踊学』第一六号、一九九四年。

2——*Pasadena Community Playhouse News*, January 1929.

3——十九世紀のイタリアおよび南米のオペラ情勢については、主に John Rosselli による次の三著を参照した。*Singers of Italian Opera; The History of a Profession*. New York: Cambridge University Press, 1992. *The Opera Industry in Italy from Cimarosa to Verdi*. New York: Cambridge University Press, 1984. *Music & Musicians in Nineteenth-Century Italy*. London: B. T. Batsford Ltd, 1991.

4——松居松翁『劇壇今昔』中央実業社、一九二六年、二八三頁。

5——*Pasadena Community Playhouse News*, January 1929. 松居『劇壇今昔』二八八頁。

6——松居『劇壇今昔』二八三頁。

7——*Los Angeles City Directory*, 1925, p.197 [Advertisement].

8——*Los Angeles Times*, 6/5/1932, p.42.

9——Ann Barzel, *European Dance Teachers in the United States*. Dance Index, Volume 3, 1944, p.90.

10——Matteo Sartorio, Archivio del MuseoTeatrale alla Scala e Biblioteca Livia Simoni, E-mail, 5/27/2016.

11——*Los Angeles Times*, 2/15/1920, III p.14.

12——Carlo Gatti, *Il Teatro Alla Scala Cronologia Nella Storia E Nell'arte (1778-1963)*. Milano: Ricordi, 1964. Cambiasi Pompeo, *La Scala 1778-1906, Note Storiche e Statische*. Milano: Ricordi, 1906. Walter Toscanini Libretti de ballo.（New York Public Library 所蔵プログラム）。

13——チェケッティおよびイタリア人教師の教授法については、次の三著を参照した。Jessica Zeller, *Shapes of American Ballet; Teachers and Training before Balanchine*. New York: Oxford University Press, 2016 [Kindle版]. Cyril W. Beaumont and Stanislas Idzikowski, *The Cecchetti Method of Classical Ballet; Theory and Technique*.

New York: Dover Publications, 2003 [Kindle 版, 2012]. Carlo Blasis, *The Code of Terpsichore*. New York: Dance Horizons, n.d.

14——国際サッカー連盟の規約 Regulations on the Status and Transfer of Players によると、サッカー選手が国際移籍した際に生じる移籍金の一部は、その選手が若年期に所属した育成機関やクラブチームに分配される。

15——*Los Angeles City Directory*, 1925, p.197 [advertisement].

16——二〇一六年七月二十四日、東京文化会館「オールスター・ガラ」。二〇一五年にアメリカン・バレエ・シアターとミラノ・スカラ座バレエ団が共同制作し、復刻振付はアレクセイ・ラトマンスキーが手がけた。

17——アメリカン・バレエ・シアターのプリンシパル・ダンサー、マルセロ・ゴメス。同団が復刻版『眠れる森の美女』を初上演した際に、王子役を踊った。

18——上演期間は、Ivor Guest, *Ballet in Leicester Square, The Alhambra and the Empire 1860-1915*. London: Dance Books, 1992, p.151 による。

19——Sally Bailey, ed., *Letters from the Maestro: Enrico Cecchetti to Gisella Caccialanza*. Dance Perspectives 45, Spring, 1971, p.39.（日本語訳は筆者による。以下同）。

20——List or Manifest of Alien Passengers for the United States Immigration Office at Port of Arrival.

21——*Pasadena Community Playhouse News*, January 1929.

22——Michael E. Henstock, *Fernando de Luca: Son of Naples, 1860-1925*. Portland, Oregon: Amadeus Press, 1990, p.44-5.

23——Virginia S. Bushnell and David Bushnell, *The Teatros Colon of Bogota and Buenos Aires: A Tale of Two Theatres*. Latin Americanist, No. 50, 2006, pp.41.

24——Daniel Varacalli Costas, Publications, Teatro Colon, E-mail, 6/28/2016.

25——Susana Salgado, *The Teatro Solis: 150 Years of Opera, Concert, and Ballet in Montevideo*. Middletown, Connecticut: Wesleyan University Press, 2003, pp.256-67.

26——ローシーが帝国劇場で手がけた無言劇『犠牲』の一部の役名や物語の概略は、『アイーダ』と重なる。本作の翻案版かもしれない。

27——Bushnells, *The Teatros Colon of Bogota and Buenos Aires*, p.33.

28——Luca Federico Garavaglia, *Romualdo Marenco; La Riscoperta di un Pioniere; Ricerche biografiche di Gennaro Fusco*. Milano: Excelsior 1881, 2010, p.214.

29——上演期間は、Guest, *Ballet in Leicester Square*, p.151による。

30——振付担当場面は、New York Public Library 所蔵プログラムで確認した。

31——Guest, *Ballet in Leicester Square* は、interpolated dance（改訂作品）と記している。ローシーが演じて人気を博した *La Maxixe* を改作して挿入した可能性がある。

32——劇場提供による公演プログラム。

33——J. P. Wearing, *London Stage, 1900-1909*. New Jersey: The Scarecrow Press, 1982, p.196. *Times* [London], 12/11/1911, p.6; 2/17/1912, p.6 [advertisement].

34——劇場提供による公演プログラム。

35——*Times* [London], 9/6/1911, p.6.

36——*Times* [London], 1/11/1912, p.9.

37——帝国劇場での活動については、山田小夜歌「G・V・ローシー[Giovanni Vittorio Rosi]（1867―?）の帝国劇場におけるバレエ指導と上演作品」（『人間文化創成科学論叢』第一八巻、お茶の水女子大学大学院人間文化創成科学研究科、二〇一五年、五九―六八頁）に詳しい。

38——*Los Angeles Times*, 10/10/1919, III p.29.

39——List or Manifest of Alien Passengers for the United States Immigration Office at Port of Arrival.

40——松居『劇壇今昔』二七九頁。

41——Wurttembergische Landesbibliothek（シュツットガルト公立図書館）所蔵。

42——OPAC SBN - Istituto centrale per il catalog unico 書誌情報。*The San Francisco Call*, 5/1/1892, p.11. *New York Times*, 8/15/1892, p.3.

43——*Los Angeles Times*, 10/10/1919, III p.29.

44——*Los Angeles Times*, 2/18/1919, p.8 [advertisement].

45——Victor Carmona, Centro Nacianal de Investigation, Documentation e Information de la Danza（メキシコ国立ダンス調査資料情報センター）の調査による。

46——National Archives and Records Administration; Naturalization Records of the U.S. District Court for the Southern District of California, Central Division (Los Angeles), 1887-1940. オンライン・データベース Ancestry Com による。

47——WorldCat 書誌情報。

48——オーケストラ演奏を重ねた YouTube 映像を視聴。

49——OPAC SBN - Istituto centrale per il catalog unico 書誌情報。

50——同右。

51——*Los Angeles Times*, 10/10/1919, III p.29; 1/18/1920, III p.26 [advertisement]. *The American Dancer*, September 1927, p.25.

52——公演プログラム、一九二九年一月十四日（Beverly Hills Library 所蔵）。

53——*Los Angeles Times*, 2/8/1920, III p.22 [advertisement].

54——Bailey, *Letters from the Maestro*, p.40.

55——ベイリーは一九四七—六七年に、ショーラーは一九五六—五九年にＳＦＢに在籍。

56——Sally Bailey, E-mail, 7/5/2016.

57——*The American Dancer*, June-August, 1938 [advertisements].

58——『帝劇』一九二七年七月号、四七—四八頁。

59——以下の部分を調べるにあたり、故人の私生活をどこまで詮索すべきか逡巡していたところ、アメリカの国勢調査が実施から七十二年を経ると第三者に開示されることを知り、背中を押された。さすがに全米の公文書館や図書館を訪れることはできず、オンライン・データベース Ancestry Com を利用した。原本をあたっていないので、以下は参考情報として記す。データベースからの情報には、[db] を付した。

60——Naturalization Records of the U.S. District Court for the Southern District of California, Central Division (Los Angeles), 1887-1940 [db].

61——各々の地域のシティ・ディレクトリー [db]（一部、原本）を参照した。

62——United States Census, 1940 [db].

63——California Death Index, 1940-1997 [db].

64——California, Prison and Correctional Records, 1851-1950 [db].

65——United States Social Security Death Index [db].

66——Pasadena City Directory, 1943 [db].

67——Social Security Applications and Claims, 1936-2007 [db].

68——Death, New York City, Queens, New York, United States, New York Municipal Archives, New York [db].

69——*The American Dancer*, September 1927, p.25.

70——*Los Angeles Times*, 6/25/1933 [advertisement]; 7/23/1933; 8/27/1933 [advertisement].

71——ニューヨークを舞台にした映画『月の輝く夜に』(一九八七年)で、婚約者にふられる男性に扮した。『迷子の大人たち』(一九九二年)でマルチェロ・マストロヤンニが演じた、シャーリー・マクレーン扮する女性に求婚する初老の男性がローシーを想起させる。

72——松居『劇壇今昔』二七九頁。

3——浅草の翻訳歌劇の歌詞

ベアトリツェがベアトリ姉ちゃんになるまで

大西由紀

1――浅草の翻訳歌劇の源流

浅草オペラには、石井漠《ばく》（一八八六―一九六二）や清水金太郎（一八八九―一九三二）・静子（一八九六―一九七三）夫妻など、かつて帝国劇場に所属していた音楽家や舞踊家たちが、多数流入している。G・V・ローシー（Giovanni Vittorio Rosi, 一八六七―没年不詳）指揮下の帝劇のプリマドンナであった原信子（一八九三―一九七九）が、田谷力三《たやりきぞう》（一八九九―一九八八）や柳田貞一《ていいち》（一八九五―一九四七）などローヤル館の後輩たちを引き連れて、浅草の観音劇場に登場したのは大正七年（一九一八）春のこと。雑誌『音楽界』は、観音劇場に信子を訪ねたインタビュー記事を載せている。(1) ローヤル館を献身的に支えた信子にローシーが手ひどい仕打ちをしたことや、信子が舞台を退いて自身の勉強に専念したいと希望しつつも後輩たちのために浅草の舞台に立っていること、しかし海外留学の夢を諦めてはいないことを、同情的に書いたものである。

その中で信子はこう語っている。帝劇の派遣でアメリカに短期留学した際に「コミツクオペラの本」を探し集め、「二十冊以上も」ローシーに貸してあったのだが、催促しても返してくれないばかりか、「日本文に直ほした其台本までも」持って行かれてしまった。おそらくローシーには「私共が再び歌劇の舞台に立つ事の出来ない様に」してしまおうという魂胆があったに違いない(2)……。

この年の二月、信子は楽譜の返還を求めて離日直前のローシーを相手に訴訟を起こしているので、(3) 事情を説明して自身を正当化しようとしたものであろう。はたしてローシーに、自身にメリットのない、そのような嫌がらせをするほどの悪意があったかどうかは不明だが、ともかくこの記事では信子は、ローシーに裏切られた被害者として描かれている。

しかしその翌月、同じ雑誌にこの記事に反駁する投稿が掲載される。前号の楽屋訪問記事の筆者が「黒頭巾」を名乗っていたのに対し、この投稿子は「白頭巾」を自称する。「堕落せる六区の歌劇／原信子を難ず」というタイトルのとおり、この投稿は、浅草の「歌劇」の芸術的価値を否定し、そこに身を投じた信子のことも攻撃するものだ。

白頭巾はまず、信子の一座が、浅草の慣例に従って十日ごとに演目を変えて興行していることについて、それでは稽古の期間がほとんど取れないはずだとして、信子の「芸術的良心」を疑ってみせる。続いて白頭巾は、信子の一座の上演台本にも批判の目を向ける。

原信子が浅草に籠つたのは三月であつた。その後すでに数回の興行をした。曰く『アルカンタラの医師』曰く『マスコツト』曰く『ボツカチオ』曰く『セヴイラの理髪師』曰く『女公殿下』と、これらを十日目毎に演じてゐる。〔略〕然も聞く所によれば此等の脚本は実に悉く小林愛雄氏が苦心の訳作に成つたものであるのを、原信子は同氏に一言の断りも無く、全く無断で改作と称して上演してゐるのだといふことだ。然し事実は原作その儘であつて少しも改作の事実を示してゐない。(4)

引用文中、『アルカンタラの医師』『セヴイラの理髪師』とあるのは、順に大正六年（一九一七）十月、十一月のローヤル館興行で上演された演目である。『マスコット』『ボッカチオ』『女公殿下』は、帝劇で初演され（初演年月は順に大正二年九月、四年九月、四年六月）(5)、その後ローヤル館でも再演されている。いずれも小林愛雄《あいゆう》（一八八一―一九四五）が上演用台本を翻訳したものだが(6)、原信子はこれを訳者に無断で使用しており、しかもこれまでの上演から何も変えていないのに「改作」と称している、というのである。

なお、白頭巾の文章はこの後、原信子の人格を攻撃する方向へ進んでいく。訴訟の一件では、弟子が師匠を訴えたことを指摘するとともに、ローシーと信子とが、かつては「単なる師弟の間柄以上の関係」(7)であったとの風聞をも伝えている。つまり、信子は師匠と不倫の関係を持ち、しかも関係が破綻すれば相手を訴訟にかけるような人物であると、読者に印象づけようとしているのであろう。さらに白頭巾は、信子の実父が収監中であることまで持ち出している。浅草オペラとその出演者を否定する同時代の言説として、この投書は興味深くはあるが、本稿ではこれ以上掘り下げない。

白頭巾の投書の中で名前の挙がった台本訳者の小林愛雄も、著書『現代の歌劇』（学藝書院、大正八年）の中で、信子の浅草での興行に言及している。この本は歌劇というジャンル全体を概説した入門書だが、愛雄はその巻末に「日本歌劇史」の項目を設け、明治三十六年（一九〇三）に東京音楽学校で行われた『オルフォイス』の試演に始まる、日本における歌劇の受容史を、そのほとんどに立ち会ってきた者の立場から描いている。その最後の二節「ローシー・オペラ」と「浅草」には、ローシーと原信子への怒りが滲んでいる。ローヤル館の閉鎖からほどなくして信子が起こした訴訟と、その後の信子の浅草への出演を関連づけて、愛雄はこう書く。

原信子嬢はその後間《ま》もなくローシーを訴へて、その荷物を差押《さしおさ》へた。其の中には楽譜があつた、不幸にして私の著作物も入つてゐた。彼女はそれを持つて、三月一日から浅草の観音劇場に現はれた。然《しか》も作詞者たる私に一言《ごん》の断りもなく、曾《かつ》てローヤル館に出した歌劇を取り換へ引き換へ出した。(8)

愛雄の主張に従うならば、信子は自身が購入に関与した楽譜を取り返すための訴訟のどさくさに紛れて、愛雄の手になる翻訳台本をも入手し、それらを浅草にもたらしたということになる。黒頭巾のインタビュー記事では、信子は自身の楽譜を取り返せたかどうかも明確にしていないので、両者の言い分から受ける印象には相当な開きがある。

もっとも愛雄の翻訳台本は、歌詞とあらすじだけの簡易なものならば公刊されていたし（後述）、ローシー門下の歌手たちは、信子のほかにも多数、浅草に流入していた。出版台本と、各人の記憶を突き合わせるだけでも、以前の上演を再現することは、おおよそ可能であったはずだ。であれば、愛雄の翻訳台本を誰が浅草に持ち込んだのか、そもそも愛雄旧蔵の台本が本当に浅草に持ち込まれたのか、を追求することに意味はない。ここで確認をしておきたいのは、浅草での信子の一座の興行は、その演目の選定も、歌詞とセリフの文言も、小林愛雄の翻訳台本をそのまま使用していると疑われるほど似ていた、ということである。

ではその小林愛雄の翻訳台本とは、どのようなものだったのであろうか。そしてそれは本当にそのまま、浅草で使用されたのであろうか。

2――小林愛雄の業績と帝劇歌劇部の軌跡

小林愛雄は早くから歌劇の移入に積極的で、東京帝国大学在学中の明治三十九年（一九〇六）には、「楽苑会」を結成して日本語による歌劇の上演に取り組んでいる。当時は若者を中心とした熱狂的なヴァーグナー・ブームの最中で、[9]その影響でオペラへの関心も高まっていた。

楽苑会は二度の公演を行い、愛雄も創作歌劇と翻訳歌劇一作ずつの台本を手がけたが、この団体は結局、資金難と精神的疲労を理由に、[10]わずか一年で活動を休止してしまう。坪内逍遙（一八五九―一九三五）らによって同時期に結成された文藝協会（前期）の活動内容にも、日本語創作歌劇の上演が含まれていたが、これも長くは続かなかった。[11]

それほど、当時の歌劇上演は手探りで、困難の多い試みだったのである。録音・録画技術の未発達であった当時、憧れのグランド・オペラを実際に見聞きするには洋行するしかなかった。横浜などの外国人居留地の劇場で、バンドマン喜歌劇団などの旅回りの一座が音楽劇を上演することはあったが、その多くはオペレッタなどの気楽な演目であった。楽苑会や前期文藝協会で日本語歌劇の上演に携わった人々の大半は、書物を通じてしかグランド・オペラを知らなかったのである。

有志団体による歌劇上演が行き詰まる中の明治四十四年（一九一一）三月、東京・丸の内に帝国劇場が開場する。帝劇では女優の育成に力を入れ、セリフ劇のほか、和洋の舞踊作品を上演させた。特に「西洋舞踏」の評判が良かったことから、開場の年の夏には、新たに歌劇部が設置される(12)。

声楽教師兼専属歌手として柴田環《たまき》（のちの三浦環、一八八四—一九四六）を招いて発足した帝劇歌劇部は、月例興行の一演目として、まずは『胡蝶の舞』（明治四十四年十月、松居松葉《しようよう》作詞、ヴェルクマイステル作曲）、続いて『熊野《ゆや》』（明治四十五年二月、杉谷代水《すぎたにだいすい》作詞、ユンケル作曲）という、二つの創作日本語音楽劇を上演するが、これらはいずれも不評であった。多くの劇評が指摘した問題は、外国人に作曲を依頼したために歌詞と曲とがちぐはぐであったことと、特に『熊野』の場合は、同名の能楽作品のイメージが強いために、観客に強い違和感をもたらしたことの二点であった。

こうした批判を受けて、歌劇部の三作目『釈迦』（明治四十五年六月、松居松葉作詞、ヴェルクマイステル作曲）は舞台をインドに移して比較的好評を得たが、歌詞と曲の対応をめぐる不満は残った。そしてこの頃から、多くの劇評(13)が、帝劇歌劇部にコミック・オペラの翻訳上演を勧めるようになる。今は歌劇の表現に慣れることが、出演者にとっても観客にとっても必要な時期なので、重厚なテーマの日本語歌劇の創作に挑戦するよりは、既存の海外作品の中から、肩肘の張らない楽しい作品を上演するべきだ、というわけである。この頃には先述のバンドマン喜歌劇団が東京でも公演を行うようになっていた(14)ので、コミック・オペラの観劇経験のある好劇家が増え、こうした意見が出やすくなったのであろう。ちなみに、中央文壇ではまだ無名だった二十五歳の萩原朔太郎（一八八六—一九四二）も、帝劇歌劇部にコミック・オペラの上演を勧める劇評(15)をこの時期に発表している。

大正改元（一九一二年七月三十日）と前後して、帝劇歌劇部は大きな変化の時を迎える。というのもこの七月、プリマドンナの柴田環が、男女関係のもつれから突如海外に逃亡してしまったのである。

環に代わって帝劇が新たに雇い入れたのが原信子であった。

翌八月にはG・V・ローシーが着任する。ロンドンのミュージック・ホールでバレエマスターを務めていたローシーは、もともとは「西洋舞踏」の教師として帝劇に招かれたのだが、ほどなくして、歌劇部の上演作品についても、今で言う演出のような役割を負うようになる。(16)(17)

このローシー体制下で、歌劇部はそれまでの創作日本語歌劇路線を放棄し、既存の海外作品の翻訳上演に乗り出すこととなる。まずはフンパーディンク作曲の『ヘンゼルとグレーテル』に基づく『夜の森』(大正二年二月)が、続いてモーツァルトの『魔笛』(同年六月)が上演された。いずれも、典拠となった作品を大幅に縮小再編成したうえで、日本語訳詞をつけている。ドイツ語圏の名作歌劇が続けて選ばれたのは、おそらくヴァーグナー・ブームの影響であろう。

小林愛雄が帝劇歌劇部の上演台本を手がけるようになったのは、この『魔笛』からである。その前年の大正元年(一九一二)九月に、愛雄は雑誌記事の中で、それまでの帝劇の創作歌劇の問題点を複数指摘し、「歌劇の創始時代は、どうしても外国歌劇の移植に始まらなければならない」との方針を打ち出していた。それぞれいったんは日本語創作歌劇の上演を試みて挫折した愛雄と帝劇は、ここで手を携えて、海外作品の翻訳上演に踏み切ったのである。(18)

ところが二作品とも観客の反応は今ひとつで、帝劇は再度の軌道修正を迫られる。「芸術的な歌劇」の上演をいったん諦め、気楽なコミック・オペラを翻訳上演することにしたのである。ミュージック・ホール出身のローシーが、こうした娯楽性の強い作品を得意としていたという事情もあったのだろうが、結果的には、明治末年からの劇評子の提案を、劇場が容れた形になっている。(19)

こうして帝劇歌劇部では、大正二年（一九一三）九月の『マスコット』（二宮行雄訳詞、オードラン作曲）を皮切りに、大正三年（一九一四）二月に『連隊の娘』（小林愛雄訳詞、ドニゼッティ作曲）、同年十月に『天国と地獄』（小林愛雄訳詞、オッフェンバック作曲）と、およそ半年に一本のペースで、コミック・オペラの日本語訳詞上演に取り組んでゆく。『連隊の娘』以降、日本語の上演台本はすべて小林愛雄が手がけた。

観客にあまり受けなかったためか、『マスコット』以降の歌劇部の演目は、一晩に複数の演目が上演される月例興行の一番目に固定され、観客が集まりきらない夕方の早い時刻に幕を開けるようになった。大正三年五月には、歌劇部は洋劇部へと名称を変更される。さらに『天国と地獄』を最後に、洋劇部の演目は月例興行から外されてしまい、以降は月例興行が終わった後の月末に、数日間のみ公演を行うようになる。帝劇に比べて小規模な、数寄屋橋の有楽座で興行をする場合もあった。

劇場からは冷遇されつつも、洋劇部はほぼ隔月で新作を舞台にかけ、意欲的に活動していた。数少ない劇評からは、上演の質が着実に向上し、少数ながらも熱心なファンを獲得していったさまが窺える。しかし大正五年（一九一六）夏にローシーの契約が満了すると、帝劇はこれを更新せず、洋劇部も解散を余儀なくされる。

ローシーはその後、赤坂にオペラ専用劇場としてローヤル館を設立し、帝劇時代の教え子らとともに歌劇の上演を続けるが、そこでの活動も一年ほどで行き詰まる。大正七年（一九一八）二月の興行を最後にローヤル館は閉じられ、翌三月にローシー夫妻は日本を去る。愛雄は大正六年（一九一七）末までローシーと行動をともにし、ローヤル館での興行のために翻訳台本の提供を続けた。

愛雄がローシー指揮下での歌劇上演のために用意した翻訳台本は、帝劇時代とローヤル館時代を合わせて全十四作品におよび、大半は気楽なコミック・オペラである。次節からは、愛雄の帝劇時代の作品のうち、喜歌劇『ボッカチオ』(大正四年九月初演、スッペ作曲)を取り上げて、その翻訳の特徴を検討するとともに、その台本が浅草ではどのように上演されたかも確認していく。

3——喜歌劇『ボッカチオ』、作品と関連資料

スッペのオペレッタ『ボッカチオ』(**Franz von Suppé**, *Boccaccio.*)は一八七九年(明治十二)にヴィーンで初演された。台本は、ヴィーンのオペレッタのいわゆる「金の時代」を支えたジェネ(**Richard Genée**, 一八二三—九五)とツェル(**F. Zell**, 一八二九—九五)の合作により、ドイツ語で書かれている。フィレンツェの詩人ボッカチオが若い頃、街の人々の行状を本に書き立てて騒動を起こしていたという設定で、ボッカチオの恋愛を軸に、三組の夫婦(床屋、桶屋、雑貨商)と、人妻に横恋慕する学生たち、街を訪れたパレルモの王子が絡む。ボッカチオはもともと女性歌手の役柄だったが、戦間期以降のヨーロッパでは男性が歌った例も多い[20]。

この作品を取り上げて検討するのは、帝劇時代と浅草オペラ時代、それぞれの上演に関する資料が、比較的豊富に残っているためである。

帝劇での邦訳初演は大正四年(一九一五)九月二十六—三十日。タイトルロールは原信子が男装して演じた。当時の帝劇では、森律子(一八九〇—一九六一)ら専属女優も作中で男装することが多く、

それが好評であったことが、この配役決定を後押ししたのであろう。

この帝劇初演時に来場者に配布された「番組」は現存する。[21]全配役と、詳細なあらすじを記載したものである。

これに加えて、愛雄が帝劇で担当した翻訳歌劇作品は、すべて台本冊子が出版されている。奥付には「愛音会出版部」の発行とあるが（『魔笛』のみ「魔笛会」の名義）、住所が愛雄の個人宅と同じであることから、愛雄がなかば個人的に出版したものと思われる。ただし帝劇では、歌劇台本を印刷して提供することは、愛雄参加以前の日本語創作歌劇時代から行われていた。おそらく歌詞が聞き取れないという苦情を見越した対応であろう。

こうしたわけで、『ボッカチオ』についても、帝劇初演前日の大正四年九月二十五日印刷、二十八日発行という慌ただしさで、台本が出版されている。[22]菊判本文二八頁、楽譜を含まない文字だけの簡素なものである。作中で歌われる二十四曲の歌詞を収録しているが、セリフは記載せず、ト書きの中で内容を説明するに留めてある。

さて、この作品は浅草オペラでも繰り返し上演された。原信子の一座が浅草でこの演目を上演したことは先述のとおりである。また、大正九年（一九二〇）以降の浅草では唯一のオペラの常打劇場となった金龍館のレパートリーの中でも、この演目は重要な位置を占め、関東大震災までの三年間の興行記録において、最多の上演回数を記録している。[23]

浅草オペラの関連資料は散逸が激しいのだが、『ボッカチオ』は人気の演目であったため、この時期の上演の実態を知る手がかりも、さまざまな形で残されている。

まず、美しい装丁で人気を博したピース譜のシリーズ「セノオ楽譜」では、『ボッカチオ』の劇中歌のうち、現在判明しているだけで以下の四冊七曲を出版している。(24)

妹尾幸次郎（編）『歌劇「ボカチオ」恋はやさしい野辺の花よ！／付桶屋の唄』（セノオ楽譜一三番、セノオ音楽出版社、大正五年）。

小林愛雄『喜歌劇「ボッカチオ」伊太利亜わが祖国』（セノオ楽譜一九五番、セノオ音楽出版社、大正九年）。

小林愛雄『喜歌劇「ボッカチオ」小夜楽『歌はトチチリチン』／付『快活な学生』』（セノオ楽譜一九六番、セノオ音楽出版社、大正九年）。

小林愛雄『喜歌劇「ボッカチオ」酒と媚／付愚かな問ひ』（セノオ楽譜一九七番、セノオ音楽出版社、大正九年）。

ただしこれらの楽譜は、いずれも浅草での上演の実態を反映したものとは考えにくい。浅草で翻訳歌劇の上演が始まる以前に出版された大正五年の一冊はもちろん、大正九年出版の三冊五曲についても、「小夜楽『歌はトチチリチン』」（現在では「ベアトリ姉ちゃん」の題名で知られる）の一曲を除いては、大正四年の出版台本の場合と、歌詞にほとんど異同がないためである。楽譜の冒頭に「小林愛雄訳詞（著作権所有）」の記載もあり、訳詞者の許諾を得て、正規に出版されたものと見られる。

録音資料に目を転じると、『ボッカチオ』の劇中歌は、「恋はやさしい野辺の花よ」と「ベアトリ姉ちゃん」をはじめ複数の楽曲が、さまざまな歌手によって繰り返し録音されている。しかし、浅草オペラの全盛期に、実際の出演者によって録音された音源となると、現存するものはあまり多くない。

ＣＤに復刻されて比較的手軽に聞けるものとしては、安藤文子（一八九五―没年不詳）による「トスカーナの二重唱」（オリエント一五九一―Ａ）と、安藤と戸山英二郎（のちの藤原義江、一八九八―一九七六）による「恋はやさしき野辺の花」（同―Ｂ）がある[25]。同じＳＰレコードの表裏として大正八年（一九一九）十月に発売された。歌唱技術については、ここでは論評しない。

清水金太郎の独唱による「ベアトリ姉ちゃん」（オリエント四一二八―Ａ）[26]は、昭和三年（一九二八）二月の発売で、ＣＤ化された音源の中では比較的古いものである。

浅草オペラの舞台を収めた映像は現在のところ発見されていないが、『ボッカチオ』の場合は、主に「ベアトリ姉ちゃん」と「恋はやさしい野辺の花よ」の二曲の歌われる場面が、浅草オペラを描いた後年の映像作品の中で、繰り返し再現されている。これらの復刻上演は参考の域を出るものではないが、関係者の多くが存命のうちに作られた作品や、浅草オペラの経験者が制作に参加したものならば、時代の空気をある程度伝えてくれるものと期待してよいだろうか。

この条件に該当するものとしては、島津保次郎（一八九七―一九四五）監督の『浅草の灯』（松竹、昭和十二年）、およびオムニバス映画『四つの恋の物語』（東宝、昭和二十二年）の中から、山本嘉次郎（一九〇二―七四）が監督した第三話「恋はやさし」という、二つの映画を挙げられる。前者には清水静子が「歌劇指導」として参加しており（金太郎はすでに亡くなっていた）、後者には榎本健一（一九〇四―七〇）を筆頭に、柳田貞一、北村武夫（一九〇三―没年不詳）ら金龍館出身者が複数出演している。ただし榎本は、金龍館時代にはまだ大きな役柄にはついていない。

こうした手がかりを元に、愛雄の翻訳の特徴と、その訳詞の浅草での展開を探っていきたい。なお、以降の議論の中では、登場人物の役名は大正四年の出版台本の冒頭の配役表の表記に従う。

4――愛雄の翻訳台本の特徴と、その問題

愛雄訳の『ボッカチオ』では、一部の役柄の設定がドイツ語台本とは異なっている。「原作」の語を避ける翻訳論の用語法に従って、以下の分析では、このジェネとツェルの台本を「ソーステクスト」と呼ぶ。ソーステクストには三組の夫婦が登場し、それぞれの妻が浮気をするのだが、愛雄の台本ではこのうち床屋スカルザの妻ベアトリツェが「娘」に、雑貨商ラムベルトゥチオの妻ペロネラが「妹」に変更されている。このため、すでに何度か言及している「ベアトリ姉ちゃん」は、ドイツ語台本では夫が妻にセレナーデを捧げる場面であったのが、愛雄の台本では父親が友人たちを従えて娘にセレナーデを捧げる奇妙なものになっている。ソーステクストでは妻たちが夫の目を盗んで不貞をはたらくのに対し、愛雄の台本では未婚の娘たちが保護者の目を盗んで自由恋愛を楽しんでいることになる。なるほど姦通罪の定められていた当時、ソーステクストの設定どおりの上演は憚られただろう。だが桶屋ロッテリンギの妻イサベラだけは、愛雄の台本でも妻という設定のまま、パレルモの公子との逢瀬を楽しんでいる。ならば、改変の理由は別のところにありそうだ。

これと同じ設定変更は、米ディトソン社から出版されたデクスター・スミス（Dexter Smith, 一八三八?―一九〇九）による同作品の英語版にも見られる。(27) どうやらこの人物関係の変更は、愛雄がスミスの英語版(28)を直接の翻訳底本としたことから生じたものであるようだ。

愛雄の台本はさらに詩形の上からも、スミスの英語版に依拠したものと判断できる。スミスの英語版には、楽曲の音楽的な切れ目と、歌詞の意味上の切れ目の一致しない箇所が散見されるのだが、この不一致が、愛雄の翻訳台本にもそのまま踏襲されているのである。[29]

たとえば作品の冒頭、祭りで賑わう広場に現れる学生たちの合唱の冒頭部分を見てみよう。以下に、ドイツ語のソーステクスト、スミスの英語台本、愛雄の出版台本のテクストを順に示す。欧文テクストの下のカッコ内は拙訳である。

〔ドイツ語〕

Flotte Studiosen,　〔気ままな学生たち、〕
Hier gibt's Rosen in der herrlichsten Pracht!　〔ここではバラが美しさの盛り！〕
Den Jubel zu teilen　〔喜びを分かつことを、〕
Ohne Weilen sind wir bedacht![30]　〔僕らは絶えず気にかける！〕

〔英語〕

Vieing for roses fair,　〔美しい花を競い合って、〕
Students are here;　〔学生たちはここにいる。〕
Let each young heart take care,　〔若い人は皆、用心するがよい、〕
For Cupid's ever near!　〔キューピッドがこんなに近くにいるのだから！〕

Oh, what pleasure we have to-day![31]

〔ああ、今日は何と楽しいことか！〕

〔愛雄〕

花を目標《めあて》の我等《われら》ぞ！　娘達は用心したまへよ。今日は何と楽しい！[32]

これら三通りの歌詞を一枚の楽譜に載せて編集したものが譜例[33]である［図①］。英語歌詞の譜割りはディトソン社の英語楽譜を参照した。日本語歌詞の譜割りは、『伊太利亜わが祖国』の題でセノオ楽譜から出版されたこの曲の楽譜に倣った。

ここで、独英日それぞれの言語における付曲の原則を確認しておくと、ドイツ語および英語では、原則として音符一つに一つの音節（syllable）を当てる。音節とは、母音一つを核とする音のまとまりである。ところが日本語では伝統的に、音節によって音を区切る習慣はない。日本語で音の数を数える時には――俳句や短歌を作る時の数え方を思い出していただきたいのだが――母音を含まない「っ」や「ん」も一つの音として扱っている。この分節単位を、韻律論ではモーラ（mora）と称する。幕末以降、西洋音楽の旋律に日本語の歌詞をつけて歌う試みの始まった早い段階で、日本語の歌詞では音符一つに一つのモーラを当てるという原則が確立された。

譜例について、まずドイツ語と英語の歌詞を確認すると、いずれも音符一つに一音節が当てられている。三小節目と十小節目ではドイツ語歌詞に比べて英語歌詞の方が一音節ずつ多くなっているが、そこは音符を分割して処理している。

図①　譜例（学生たちの登場の合唱）

そのうえで愛雄のテクストを確認すると、英語歌詞に合わせて一部の音符を分割したディトソン社版の楽譜に、おおむね音節数を合わせて訳されている。モーラでなく音節と書いたのは、九小節目の「用心」（四モーラ）を「よー・じん」の二音節として、十二小節目の「今日」（二モーラ）を「きょー」の一音節として、十三小節目の「何と」（三モーラ）を「なん・と」の二音節として扱っていると判断できるためである。ただし、この短いフレーズだけを根拠に、愛雄がモーラによる音の分節を行わなかったと即断してはならない。同じ曲の中でも、別の箇所では「ん」を単独で一つの音符に当てた例がある。「ん」や「っ」や長音記号のように、単独では音節を構成しないモーラをどう扱うかについて、愛雄の態度は流動的である。

スミスの英語歌詞も愛雄の日本語歌詞も、一見するとドイツ語歌詞と同じ楽譜にうまく割り当てられているのだが、実際に歌ってみるとどうも歌いにくい。この理由は、歌詞の意味上の切れ目が、曲の音楽上の切れ目と一致しないためである。ドイツ語のソーステクストでは、全四行のうちの二行目の終わりに意味上の切れ目が来て、曲もそこでちょうど八小節の区切りを迎えるのに対し、英語の歌詞は五小節目の終わりという中途半端なところに意味上の切れ目が来ている（ディトソン社の台本冊子では、この意味上の切れ目にセミコロンを置き、改行を入れている）。そして愛雄による日本語の歌詞は、この、五小節目の終わりに歌詞の切れ目が来てしまうという点で、スミスの英語歌詞を踏襲している。

この曲の日本語歌詞は、おそらく耳で聞いただけでは意味を理解しづらいものとなっているのだが、その原因の一端は、スミスの英語歌詞にとらわれすぎてしまったことにあると言えそうである。

さて、この曲は、映画『四つの恋の物語』の中でも演奏されている。第三話は『ボッカチオ』上演中の舞台袖を描いたバックステージものなので、この喜歌劇の幕開きから幕切れまでの主な場面が、ひととおり再現されているのである。先に三か国語の歌詞を対照した同じ箇所の、この映画における演奏の実態を、以下に大西の聞き取りによって示す。

花のような／きれいな乙女たちは／〔七音節ぶん、聞き取り不能〕／今日は何と楽しい

愛雄の出版台本の「花を目標《めあて》の」という歌い出しは、楽譜に対して字余りになっていた。それがこの版では、楽譜どおりのモーラ数に収められている。さらに、高音から始まる印象的な歌い出しの「花」の語を残しつつ、愛雄の出版台本に比べて、耳で聞いただけで意味の分かりやすい詞章に書き換えてある。この改変によって、歌詞の内容は、ドイツ語版からも英語版からも遠ざかってしまった

かもしれないが、少なくとも、曲の切れ目と歌詞の切れ目が一致しないという愛雄訳の問題は解消された。それでもなお、聞き取り不能の箇所は生じているわけだが、この映画の場合、舞台の音声はしばしば舞台袖の座員たちのセリフにかき消されるので、聞きとりにくさの原因を歌詞のみに帰することはできない。

この箇所に限らず、大正四年の出版台本の歌詞と、後年の演奏の歌詞が異なっている場合のほとんどは、内容的にはソーステクストから遠ざかってしまった代わりに、観客にとっての聞きとりやすさ、歌手にとっての歌いやすさは向上している。

広く愛唱された「恋はやさしい野辺の花よ」では、大正四年の出版台本の歌詞がほぼそのまま現在まで歌い継がれているのであるが、一箇所だけ変更されている。一番の歌詞を出版台本から引用する。

恋は優しい野辺の花よ、夏の日のもとに朽ちぬ花よ。熱い思ひを胸にこめて、疑ひの霜を、冬にも置かせまい、わが心の唯《たゞ》一人よ。(35)

「置かせまい」の箇所は、翌大正五年のセノオ楽譜で「置かせぬ」と改められ、(36)現在までこの形で歌い継がれている。「置かせまい」と意思を示すほうがスミスの英語版のニュアンスには近いのだが、楽譜のこの箇所には音符が四つしかない。日本語の母語話者にとって、より歌いやすく聞き取りやすい形へと、早い段階で改変され、それが定着したのであろう。

5――愛雄のテクストが大きく書き換えられた「ベアトリ姉ちゃん」

これに対し、「ベアトリ姉ちゃん」の場合は、資料ごとの異同が大きい。まず、帝劇初演で桶屋ロッテリンギとしてこの曲を歌った清水金太郎の昭和三年(一九二八)頃の録音について、歌詞のすべてを大西の聞き取りによって引用する。

娘よ、ベアトリーチェ、なぜそんなに寝坊なんだ。さあ早く起きないか、もう夜が明けてるぜ。歌はトチチリチン、トチチリチンツン、歌はトチチリチン、トチチリチンツン、お聞きペロペロペン、歌をペロペロペン、さあ早く起きろよ。〔哄笑〕

おいベアトリーチェ、起きないか、お父《とっ》ちゃんが今帰った。飛び起きて出てこないと、また大目玉だぞ。〔リフレイン省略〕〔哄笑〕

ベアトリ姉ちゃん、まだ寝んねかい、鼻から提灯を出して。ねぼすけ姉ちゃん、何を言ってるんだい、ムニャムニャ寝言なんか言って。〔リフレイン省略〕〔哄笑〕

全三番の有節歌曲を、清水は最初から最後まで独唱している。特徴的なリフレインは、口三味線を取り入れたものである。後ほど帝劇初演時の出版台本を引用するが、この曲はギターを弾く真似をしながら歌うよう指示されているので、同じ撥弦楽器である三味線の擬音が連想されたのであろう。この録音は歌唱の合間に酔っ払いじみた哄笑が入るのが特徴で、清水の芸風の一端が偲ばれる。

しかしこの曲は、喜歌劇の作中では、男性登場人物三人で歌うものであった。そこで、三人で歌う場合について、昭和十二年（一九三七）の映画『浅草の灯』を確認してみよう。この映画でも、清水の録音とほとんど同じ歌詞が、三人の男性ソリストによって斉唱されている。三人の後ろには街の人々らしい男女が並んでいて、リフレインの部分にのみ、彼らも二部合唱で参加する。リフレインの歌詞は清水の録音と異なるので、やはり大西の聞き取りによって引用する。

歌はペロペロペン、ペロペロペンペン、歌はペロペロペン、ペロペロペンペン、お聞きペロペロペン、歌をペロペロペン、さあ早く起きろよ。

「トチチリチン」が消え、「ペロペロペン」だけを繰り返すようになっている。

昭和二十二年（一九四七）の『四つの恋の物語』では、この場面を柳田貞一、中村是好（一九〇〇―八九）、榎本健一の三人が演じている。ここでは全三番の有節歌曲を、一人が一番ずつ受け持つ形で交代しながら歌っており、間奏の間には「おーい、お次の番だい」などと、歌唱者の交代を確認するセリフが交わされている。一番から三番までの歌詞が、清水の録音とは違った順序で登場するほか、リフレインは『浅草の灯』とは逆に、「ペロペロペン」を用いず、「トチチリチン」だけを繰り返すようになっている。

昭和四十年代に浅草オペラのリバイバル・ブームが起きた際(37)にも、三人の歌唱者が一番ずつ交代して歌う形式が多く採用され、全三番の歌詞の演奏順は流動的であった。

このように昭和期の演奏は、歌詞の文言や、歌唱者の人数と振り分けに細かな異同はあるものの、おおむね同傾向である。ところが大正四年の出版台本には、この曲の歌詞はだいぶ違った形で掲載されていた。以下に、初演時の愛雄による翻訳を、ト書きまで含めて引用する。


〔略〕三人傘をギダー〔ママ〕のやうに持ち寝てゐるスカルザの娘を起《おこ》さうと次の唄をうたふ。）

五　小夜楽《さよがく》（三部合唱）

スカルザ。好《い》い娘《こ》よ、お起きなさい、私《わたし》の愛の唄を、唄は、トチチリチン‥‥

ラムベルトウチオ。娘を愛するは、お前の親父さま！‥‥唄は、トチチリチン‥‥

（この時、スカルツエ〔ママ〕の家からベアトリツェの「お父さま」と呼ぶ声聞える。）

ロッテリンギ。お嬢さん、目をお醒《さ》まし、唄をお聞きなさい、‥‥唄は、トチチリチン‥‥

一同。反響《こだま》するまでは(38)！


後年の演奏のようなくだけた言葉遣いでなく、折り目正しく訳されているのが目につくが、それについては後ほど検討することにする。まずはこの略記された歌詞が、実際にはどのように歌うことを期待されているのか確認しておこう。

この出版台本には「・・・・」の記号が頻繁に登場するが、これは直前の歌詞の繰り返しを示すものと推定される。そして慌ただしく出版されたこの冊子には誤植が多く、特に記号類の抜けが多い。それを踏まえてこの歌詞を楽曲に当てはめるなら、まず思いつくのは以下の形ではないだろうか。曲の一番について、歌い方を推定によって示す。

〈仮説⑴〉
スカルザ。好《い》い娘《こ》よ、お起きなさい、私《わたし》の愛の唄を、好《い》い娘《こ》よ、お起きなさい、私《わたし》の愛の唄を、
唄は、トチチリチン、トチチリチンツン、唄は、トチチリチン、トチチリチンツン、唄は、
トチチリチン、唄は、トチチリチン、
全員。反響《こだま》するまでは！

一番のソロはスカルザが担当し、出だしのフレーズを二回繰り返したのちに、「唄は、トチチリチン」のリフレインに入る。最後に「反響《こだま》するまでは！」という結びを入れ、ここだけは三人で歌う。この調子で二番はラムベルトウチオが、三番はロッテリンギが歌ったのちに、最後の一行を全員で合唱する。後年の演奏を聞いたことがあれば、まずはこのように考えるのではないだろうか。

しかし、この箇所の歌い方には、もう一つ別の可能性がある。というのも、スミスの英語台本では、同じ曲の歌詞が、こう書かれていたのである。紙幅の関係で、ここでは一番の歌詞のみを引用するが、この台本には二番までの歌詞しか記載されていないことを、最初に指摘しておく。

LOTTER. From thy dreaming, waken, sweet maiden;
Hear my song that with fond love is laden.
LAMB. 'Tis thy father early returning,
With deep love for his dear child yearning!
LOTTER. Hear my sang [sic] — firu-liru-li, firu-liru-le-ra!
LAMB. Come out strong — firu-liru-li, firu-liru-le-ra.
LOTTER. Hear my song, firu-li-ru-li.
LAMB. Let us sing — firu-li-ru-la.[39]
ALL. Let us sing till the echoes ring!

歌詞の内容はひとまず問わないとして、ここでは歌唱者の交代に注目してほしい。ロッテリンギとラムベルトウチオの二人が、一番をこまめに交代しながら歌い、スカルザはリフレインの最後にのみ混じっている。二番についても同様である。ジェネとツェルの台本では、この曲はベアトリツェの夫であるスカルザが独唱するものとして書かれていたのだが、英語台本ではベアトリツェにとって父親の友人に当たる二人が主に歌う形に変えられている。

これを踏まえて、改めて愛雄のテクストを見た場合、もう一つ別の歌い方の可能性が浮上してくる。

〈仮説(2)〉
スカルザ。好《い》い娘《こ》よ、お起きなさい、私《わたし》の愛の唄を、
ラムベルトウチオ。娘を愛するは、お前の親父さま！
スカルザ。唄は、トチチリチン、トチチリチンツン、
ラムベルトウチオ。唄は、トチチリチン、トチチリチンツン、
スカルザ。唄は、トチチリチン
ラムベルトウチオ。唄は、トチチリチン
全員。反響《こだま》するまでは！

このように歌唱者をこまめに交代させながら歌い、二番までで歌い終える、という意図であった可能性もある。むしろ、スミスの英語版をそのまま訳せば、そうなる。もっとも、スカルザにソロを与えている時点で、愛雄訳は英語台本をそのまま訳しただけではないのだが、ベアトリツェを起こすためのこの曲を、父親であるスカルザが歌わないのは不自然だと判断したのかもしれない。

さて、この曲は「小夜楽『歌はトチチリチン』」として大正九年（一九二〇）にセノオ楽譜からピース譜が出ているが、すでに指摘したとおり、セノオ楽譜の『ボッカチオ』劇中歌のうち、この曲だけは、大正四年の出版台本から大きく改稿されている。この大正九年のセノオ楽譜の巻末に記載された歌詞を、冒頭のト書きを除いて全文引用すると、以下のとおりである。

歌はトチチリチン（小夜楽）

ロッテリンギ
ベアトリねえちゃん、まだねんねかい、
鼻から提灯出して。
ラムベルトウチオ
娘を愛するは、おまへの親父さま！
ロッテリンギ
歌は、トチチリチン、トチチリチリチンツン。
ラムベルトウチオ
歌は、トチチリチン、トチチリチリチンツン。
ロッテリンギ
歌は、トチチリチン。
ラムベルトウチオ
歌は、トチチリチン。
一同
反響《こだま》するまでは！

ロッテリンギ
ベアトリねえちゃん、何云ってるの？
ムニャ、ムニャ、寝言なんか云って！
ラムベルトウチオ
善《い》い娘《こ》よ、お聞きなさい、わたしの愛の歌を。
ロッテリンギ
歌は、トチチリチン、トチチリチリチンツン。
ラムベルトウチオ
歌は、トチチリチン、トチチリチリチンツン。
ロッテリンギ
歌は、トチチリチン。
ラムベルトウチオ
歌は、トチチリチン。
一同
反響《こだま》するまでは！(40)

二番までの有節歌曲で、一番と二番、それぞれの中で歌唱者が交代している。ロッテリンギとラムベルトウチオが交互に歌っているのは、スミスの英語版の歌唱者の割り当てと同じである。ということは、大正四年の初演時の出版台本は、やはり仮説⑵のように読むべきだったのであろうか。

もう一つ注目したいのは、ロッテリンギの歌う歌詞は現在に伝わる、くだけた調子のものに近いのに対し、ラムベルトウチオの歌詞は大正四年の出版台本のものに近い、ということである。その結果、曲全体のバランスはあまり良くない。

ここで思い出されるのが、帝劇からローヤル館にかけての『ボッカチオ』の三度の上演で、ロッテリンギは常に清水金太郎が歌っていた、ということである。帝劇の翻訳歌劇の初期から、こうした庶民的役柄で経験を積んできた清水が、愛雄が初演時に用意した堅苦しい訳詞を書き換えてしまった可能性はないだろうか。あるいは愛雄自身が、歌唱者の清水に合わせて訳詞を修正したのかもしれない。ともかく、大正九年の楽譜出版の時点までに、現在に伝わるこの曲のくだけた歌詞の原型はすでに生まれていて、それは原訳詞者の愛雄も認めざるを得ないものだった、ということは間違いない。

とはいえ、大正九年の楽譜はまだ途中経過と言うべきもので、昭和期の清水の独唱や、二つの映画での上演形態とは違う点がある。この後さらに、すべての歌詞が口語的になる、歌唱者のこまめな交代がなくなる、二番までで終わるのでなく三番まで歌うようになる、リフレインの文句や、一番から三番までの順序が流動的になる、という変化が生じたはずである。それがいつ、どの順で、誰によって行われたかを特定することは、同時代資料がほとんど残っていない以上、不可能であろう。だが、そうした変化がなぜ起こったかについては、ある程度は推測できる。

まず、歌唱者のこまめな交代がなくなった理由であるが、歌唱によるかけ合いは、日本の歌劇上演の初期には難しいことであったらしい。帝劇の初期の翻訳歌劇では、独唱曲と全員の合唱を中心にした抜粋再編成が行われていて、二重唱は清水など実力のある一部の歌手しか歌っていない。(41) 浅草で新たに加わった出演者の中には洋楽の基礎が怪しい者もいたし、養成の余裕もなかったから、出演者の水準に合わせて、歌いやすく書き換える必要があった。(42)『浅草の灯』で、曲の最初から最後まで三人で斉唱しているのも、『四つの恋の物語』で、三人が一番ずつ歌って間奏の間に交代しているのも、おそらくそのほうが、歌唱者をこまめに切り替えるよりは歌いやすいからであろう。

歌詞の口語化も、帝劇時代からその傾向はあった。愛雄自身が雅語や漢語の使用は不自然だという立場で、『天国と地獄』（大正三年）で口語訳に挑戦している。(43) それでも愛雄による翻訳は、全体的な傾向として、一定の品位が保たれている。それに帝劇の客層も、くだけた口語表現をあまり歓迎はしなかった。農民や職人といった役柄の登場人物の鄙びた言葉遣いに、違和感を表明した劇評(44)は少なくない。それが浅草に移って、愛雄以外の人材が台本を担当するようになり、客層も変わったことで、歌詞に日常言語を取り入れる傾向が強まった可能性がある。

もう一つ指摘しておきたいのは、後年の歌詞が、ことさらに「ベアトリ姉ちゃん」ことベアトリッヱの寝汚《い》さを強調している点である。ドイツ語のソーステクストでは、この曲は夫が妻に捧げるセレナーデであったから、甘美な愛が歌われている。ところがスミスの英語台本では、ベアトリッヱをスカルザの娘としている。父親が年頃の娘に向けてセレナーデを歌うとなると問題があるので、スミスは歌唱の主軸をスカルザから、その友人二人にずらしたのであろう。

愛雄の出版台本では、スカルザが独唱する箇所を作っているが、その内容はスミスの英語台本でロッテリンギが歌っていたものとほぼ同様である。訳詞が折り目正しいことも相まって、ほとんど求愛の歌のように聞こえてしまう。

おそらくその気まずさを回避するためであろう、後年の歌詞は「鼻から提灯を出して」「ムニャムニャ寝言」を言う、寝汚い娘をからかってみせることで、相手を性愛の対象とは見ていないことを、ことさらにアピールしているように感じられる。「寝んね」という幼児語は、慣用的には、性的に未熟な女性を揶揄する意味で使われる場合もあるから、「まだ寝んねかい」という詞章には、まだ寝ているのかという文字通りの意味に加えて、人目を気にせず眠りこける娘の、色気のなさをからかうニュアンスも含まれているであろう。

だが、娘がいつまでも「寝んね」だと思うのは、父親世代の願望にすぎないのかもしれない。ソーステクストでは、この次の場面でベアトリツェの真実の姿が明かされる。予定より早くに帰宅したスカルザは、家の中にいるはずのベアトリツェが返事をしないので、寝ているものと思い込んで、家の外からセレナーデを歌っていた。しかしこの時、ベアトリツェは眠ってなどいなかった。スカルザの留守宅に、複数の若い男性を連れ込んでお楽しみ中だったので、すぐには返事をせずに時間を稼ぎ、その場を切り抜けようとしたのだ——ということが、続く場面で明らかになる。

ドイツ語のソーステクストの場合は、夫の一途な愛をよそに妻が浮気をしていたことになる。スミスの英語版や愛雄の出版台本では、父の親心をよそに娘は恋人を作っていたという話になる。いずれも、男たちの間抜けさが笑いを誘う場面である。だがもし、ベアトリツェを「寝んね」とからかう後年の歌詞のあとで、彼女が実は父親の留守宅に複数の恋人を連れ込むほどの〝発展家〟である、と明かされたとしたら、父親の認識の甘さが際立ち、この場面はいっそう、ほろ苦いおかしみを増したであろう。もっとも、浅草オペラでは話の筋が辿れないほどの短縮・抜粋上演も珍しくなかったため、セレナーデに続く種明かしの場面が、省略されずに上演されていたかどうかは不明である。

6――むすびに

「ベアトリ姉ちゃん」の今に伝わる歌詞は、いつ誰が完成させたものなのか、それはおそらく確認のしようがない。この作品が浅草で人気を博していた頃の上演形態も、後年の資料を元に推測で示すことしかできない。それでも、大正四年の出版台本と後年のさまざまな資料を比べることで、この翻訳歌劇を帝劇の舞台から浅草に移すために、どのような工夫が必要であったかが見えてきた。

一つ目は、歌唱者の交代の仕方について確認したように、技術的な要求水準を下げ、誰にでも歌える形にすることである。曲を歌いやすくすることは、未熟な出演者にとってはもちろん、劇中歌を自分でも歌いたい熱心な観客にとっても、好都合であったに違いない。

次に、庶民的な言葉遣いを採用することが挙げられる。もちろん、すべての曲を卑俗な言葉に書き換えれば良いというわけではない。現にヒロインの歌うアリア「恋はやさしい野辺の花よ」に関しては、歌詞の大幅な書き換えは行われなかった。だが少なくとも、熱烈な恋の歌を歌う主人公格ではない、年配の脇役などには、浅草の観客にとって等身大の、くだけた言葉遣いが好まれたようである。

さらに、性的なほのめかしや、ユーモアとペーソスも、観客の受けを狙ってか、ふんだんに盛り込まれている。

直接の翻訳底本である英語台本に忠実であろうとするあまり、時に歌いやすさや聞き取りやすさを二の次にしてしまうことのあった小林愛雄の翻訳台本は、帝劇とローヤル館、そして浅草で繰り返し上演されるうちに、より歌いやすく聞き取りやすい、一般の観客にとって親しみやすく、楽しめる形へと生まれ変わったのであった。

1――黒頭巾「プリマドンナ原信子」、『音楽界』一八年第一九九号、大正七年五月。

2――黒頭巾、二六頁。

3――「ローシー荷物を差押《さしおさへ》らる／原信子より」、『読売新聞』大正七年二月二十七日朝刊五面、「ロシーを訴ふ／原告は原信子」、『都新聞』大正七年二月二十七日など（引用文中の改行は／で代替した）。

4――白頭巾「堕落せる六区の歌劇／原信子を難ず」、『音楽界』一八年第二〇〇号、大正七年六月、三三頁。

5――『女公殿下』はオッフェンバックのオペレッタ『ジェロルスティン女大公殿下』（Jacques Offenbach, *La Grande-Duchesse de Gérolstein.* 1867.）を指すが、大正四年（一九一五）六月の帝劇初演時には『戦争と平和』、大正六年（一九一七）六月のローヤル館再演時には『ブム大将』の外題が用いられた。

6――『マスコット』のみ、初演時には帝劇の作者主任の二宮行雄（一八八一―一九六二）の翻訳台本が使われたが、ローヤル館での再演に当たって小林愛雄が新たに台本を訳したと本人が証言している（小林愛雄『現代の歌劇』学藝書院、大正八年、一一三頁）。

7――白頭巾、三三頁。

8――小林愛雄『現代の歌劇』一一四―一一五頁。

9――竹内亨『明治のワーグナー・ブーム』中央公論新社、二〇一六年。

10——小松耕輔『音楽の花ひらく頃——わが思い出の楽壇』音楽之友社、一九五二年、六一頁。

11——増井敬二『日本オペラ史〜一九五二』水曜社、二〇〇三年、四二—四六頁。

12——増井敬二、五九—六〇頁。

13——さつき女史「帝劇の歌劇を観て（寄書）」、『音楽界』第四巻第一一号、明治四十四年十一月、齋藤佳三《かぞう》「私の見た『熊野』」、『歌舞伎』第一四二号、明治四十五年四月、杏三「歌劇『釈迦』を観て」、『演藝画報』第六年第七号、明治四十五年七月など。

14——増井敬二、五六—五八頁。

15——萩原朔太郎「歌劇「釈迦」の感想」、『読売新聞』明治四十五年六月二十五日、朝刊五面。

16——オペラ劇場ではなくミュージック・ホールと呼ばれるタイプの興行施設については、井野瀬久美恵『大英帝国はミュージック・ホールから』（朝日新聞社、一九九〇年）に詳しい。

17——（無署名）「帝劇ダンスの先生／ロシー氏夫妻来朝」、『読売新聞』大正元年八月六日、朝刊三面。

18——小林愛雄「歌劇と歌優」、『音楽』（東京音楽学校）第三巻第九号、大正元年九月、八頁。

19——二宮行雄「『マスコット』《（ママ）》に就き和辻君に」、『演藝画報』第七年第一一号、大正二年十一月、一四六頁。標題に「和辻君」とあるのは哲学者の和辻哲郎を指す。この『演藝画報』の前月号の中で、当時二十四歳の和辻が、帝劇歌劇部のコミック・オペラの第一弾であった『マスコツト』について、「非芸術的」で「愚劣」であると評した（和辻哲郎「帝国劇場の『マスコット』と『三七信孝』」、『演藝画報』第七年第一〇号、大正二年十月）のを受けて、上演の日本語台本を担当した帝劇作者主任の二宮が反論した記事である。記事の中で二宮は、まずはコミック・オペラの上演によって観客と出演者を育て、その後に「もっと芸術的な歌劇の上場を試」みるという方針を説明している。

20——伊藤直子「スッペ《ボッカッチョ》の成立と受容について」、『研究紀要』（国立音楽大学）第四一集、二〇〇六年、九頁。

21――『洋劇部劇／番組』帝国劇場（日付記載なし）。（電子化資料）早稲田大学演劇博物館デジタル・アーカイブ・コレクション『演劇上演記録』、上演IDNo. 08295-30-1915-09。

22――小林愛雄『ボッカチオ』愛音会出版部、大正四年。大西が確認したのは新国立劇場情報センター所蔵の再版本（大正四年十一月）である。

23――増井敬二、一四三―一四四頁。

24――大西が確認したのは、大正五年出版の一冊については東京文化会館音楽資料室所蔵の資料、大正九年出版の三冊については阪急文化財団池田文庫所蔵の白井鐵造（一九〇〇―八三）の旧蔵書である。以下、これらの楽譜から引用する際は、脚注内ではセノオ楽譜の楽譜番号によって文献を指定する。

25――CD『復刻盤　浅草オペラの世界』（浅草オペラの世界製作委員会、二〇一四年）には二曲とも収録され、CD『六区風景　想ひ出の浅草』全二枚（ぐらもくらぶ、同年）には後者のみが収録されている。レコードA面は「二重唱」というタイトルであるが、女声の独唱曲として演奏されている。

26――CD『浅草オペラ　華ひらく大正浪漫』（山野楽器、一九九八年）に収録されている。このCDには安藤文子の独唱による「恋はやさしい野辺の花よ」も収録されており、歌詞カードには、使用音源は「オリエント一五九一―A」であると説明されているのだが、それでは前述の「トスカーナの二重唱」と番号が重複してしまう。安藤文子の独唱による同曲の録音としては、ニットー八三〇―A（大正十二年五月）というレコードもある（未聴）ので、あるいは実際の使用音源はこちらで、出典を誤って記載したものかもしれない。ただし大正期には、レコード番号を変えずに録音だけ差し替えた例もなくはない。

27――伊藤直子「大正期のオペレッタ受容――《ボッカチオ》を例に」、『研究紀要』（国立音楽大学）第四二集、二〇〇七年、二〇頁。

28――ピアノ譜（Franz von Suppé, *Boccaccio: or The Prince of Palermo: Comic Opera in Three Acts: with English Translation and Adaptation by Dexter Smith.* Boston: Oliver Ditson & Co. 1880.（電子化資料）*The Internet*

Archive. https://archive.org/details/boccaccioorprinc00supp2）と、文字テクストだけのもの（Franz von Suppé, *Boccaccio: or The Prince of Palermo: Comic Opera in Three Acts: With English Translation and Adaptation by Dexter Smith.* Boston: Oliver Ditson & Co. 1909.（電子化資料）*The Internet Archive.* http://www.archive.org/details/boccaccioorprinc00supp）の、少なくとも二種類の出版物が確認できる。以下、注の中では、前者を Smith, *Score.* 後者を Smith, *Libretto.* と記載する。

29――伊藤由紀「小林愛雄の歌劇翻訳――《ボッカチオ》の方法」、『比較文学』第五一巻、二〇〇九年、一〇六―一二〇頁。

30――Franz von Suppé, *Boccaccio.* Dichtung von F. Zell und R. Genée, Reclams Universal-Bibliothek Nr. 6739, Stuttgart: Reclam. 1952. S. 11.

31――Smith, *Libretto.* p. 6.

32――小林愛雄『ボッカチオ』一頁。

33――ドイツ語歌詞による現代のピアノ譜（Franz von Suppé, *Boccaccio. Musikalische Einrichtung von Carl Michalski; Klavierauszug mit Text.* Wien: Josef Weinberger. 1959. S. 16-17.）から声楽部分を抜き出して、Smith, *Score.* pp. 20-21 の英語歌詞と、セノオ楽譜一九五番二―三頁の日本語歌詞を大西が書き加えたもの。言語によってリズムが異なる箇所は、符尾の向きを上下に分けて二通りのリズムを併記した。

34――訳詞家の堀内敬三（一八九七―一九八三）も、歌詞の翻訳に関する雑誌記事の中で、この曲の訳詞は「何の事だかさつぱりわけが分らない」との評価を下している（堀内敬三「歌詞雑感（三）」、『音楽界』一八年第一九九号、大正七年五月、二八頁）。ただし堀内はこの文章において、愛雄の訳業全般を高く評価しており、この曲は一部の残念な例として引き合いに出されたにすぎない。

35――小林愛雄『ボッカチオ』八頁。

36――セノオ楽譜一三番、七頁。

37――この当時の録音のうち現在CDに復刻されているものとしては、CD『懐かしの浅草オペラ』全二枚（キングアーカイブシリーズ四、キングレコード、二〇〇八年）、CD『日本における歌劇・歌曲の創唱者たち　あの頃の歌』全二枚（日本ウエストミンスター、二〇〇六年）の二タイトルを挙げられる（ただし後者は、浅草オペラに限らず、広く戦前期の声楽家を集めて、かつてのレパートリーを歌わせたもの）。前者では友竹正則（一九三一―九三）、榎本健一、楠トシエ（一九二八―）の三人、後者では内田栄一（一九〇一―八五）、久富吉春（一九一〇―七三）、増田晃久（一九〇九―）の三人がこの曲を歌っており（後者は「三馬鹿の歌」の題）、いずれも三人が一番ずつ交代する形での演奏である。

38――小林愛雄『ボッカチオ』三―四頁。

39――Smith, *Libretto*. p. 13. 資料の劣化による難読箇所は、Smith, *Score*. pp. 53–55. も適宜参照した。

40――セノオ楽譜一九六番、七頁。

41――森佳子「日本の歌劇事始め百年――帝国劇場の《マスコット》初演（一九一三年）をめぐって」、『文学』第一四巻第六号、特集「この百年の文学」、二〇一三年十一月、一六八―一七一頁。

42――増井敬二、一三五頁には、レチタティーヴォをセリフで置き換える、合唱をほぼユニゾンにするなどの工夫が紹介されている。

43――小林愛雄「喜歌劇『天国と地獄』」、『音楽界』一四年第一五七号、大正三年十一月、四〇頁。

44――木内錠子「帝劇の二月興行」、『演藝画報』第七年第三号、大正二年三月、一七一頁など。

4——高木徳子とアイドルの時代

笹山敬輔

［第Ⅱ章］浅草オペラの女たち

1——浅草オペラの Pioneer

永井徳子が「発狂」した——と、東京の新聞各紙が報じたのは、大正八年（一九一九）三月三十日のことだった。徳子は、前年十二月に浅草の駒形劇場へ出演し、その後地方巡業に出て、二月末には九州入りしていた。記事によると、持病のヒステリーが悪化し、さらには心臓病を併発して入院中だという。「世間は皆敵だ、皆で妾を殺すのだ」(1)と叫び、暴れまわるような状態で、全快したとしても再び舞台に立つことはできないだろうと報じられた。

その日の午後、演出家の伊庭孝《いばたかし》は、いつものように浅草伝法院の傍にあるカフェ・パウリスタに顔を出した。パウリスタは、銀座に本店を構える日本初のコーヒー・チェーンで、大正期には全国に二十店以上を出店していた。「ブラジル移民の父」と言われる水野龍《りょう》が、ブラジル政府からコーヒー豆の無償提供を受けたことで、一杯五銭という安価でコーヒーを出す店だ。当時のカフェは、インテリが集まるサロンのような雰囲気があり、多くの有名人が通っている。銀座店が、佐藤春夫や久保田万太郎といった『三田文学』のメンバーを常連としている一方で、浅草店は、浅草オペラ俳優からダダイストや社会主義者までがたむろする、少し怪しげな場所だった(2)。

店内にいたのは、画家・小生夢坊《こいけむぼう》、作曲家・竹内平吉、劇作家・獏与太平《ばくよたへい》といった常連たちである。話題の中心はもちろん、徳子の「発狂」についてだ。数日前には、徳子が男に殺されるかもしれないという噂が流れていた。そんな中での「発狂」報道に、周囲の人々は伊庭の胸中が気になっていただろう。彼が、徳子の「元カレ」であることは、周知の事実である。小生は、そのときの伊庭の発言を次のように記している。

『狂つたのは遺伝だ、常に然うした発作がある』と云つた『……ある男の彼の女を批判した言葉に、彼の女の霊魂は浮動して居る、足の爪先へ行つたかと思ふと頭の中へ這入り込んでゐる、とあつたが本当に其の通りだ』と思ひ出すやうに笑つて云つた。淋しい皮肉であつた。(3)

二年半前の大正五年(一九一六)十月、伊庭の作品『海浜の女王』に、徳子が初めて出演した。劇場は、甲府の桜座で、川上貞奴一座との共演である。徳子より四歳年長の伊庭は、それまで新劇の劇団で活動しながら、音楽劇の可能性を模索していた。このとき、彼はのちに「歌舞劇」と名付ける「ミュージカル・コメディ」を日本に興したいと考えていた。彼の考える「歌舞劇」とは、「歌唱も舞技もひどく専門的の奥義を要せず、むしろ俳優の喜劇的技倆を主要とするもの(4)」であった。その看板女優として、ヴォードヴィル全盛のアメリカで舞台経験を積んだ徳子は、最適だった。一方、徳子も、夫・高木陳平と離婚するための裁判を抱えながら一座で地方を廻っていたが、興行師たちに翻弄されて解散し、心身ともに疲弊していた。離婚問題も泥沼化しつつあった彼女は、公私ともに守ってくれる存在を必要としていた。

コンビを組んだ徳子と伊庭は、翌年、浅草の常盤座で公演を打ったところ大盛況となり、いよいよ浅草オペラの幕が開いた。その後、二人は数々の作品を生み出し、私生活では紆余曲折があったものの、次第に恋仲となっていった。だが、そうであるが故に、伊庭は徳子の悪い部分もたくさん見ただろう。徳子の生涯は、被害者として描かれることが多く、それは紛れもない事実なのだが、彼女も決して無垢な人間ではない。自らすすんで泥沼に入っていった側面もある。二人の関係も長くは続かなかった。大正七年（一九一八）十月、離婚問題がようやく解決し、高木徳子から旧姓・永井徳子へと名前を変えた直後、破局を迎える。徳子が「発狂」したのは、それから四ヵ月後のことだった。

午後七時、パウリスタにいる伊庭たちの元へ、第二報が届いた。それは、徳子の死を伝えるものだった。彼女は、朝方すでに死んでいた。あまりにも急であり、忌まわしい噂まであったことから、様々な憶測が飛び交ったが、診断結果は心臓麻痺である。まだ二十九歳。その場にいた者は悲しみの声をあげ、パウリスタには浅草オペラの関係者が続々と集まってきた。追善興行をしようという話が自然と持ち上がったが、実際になされた記録はない。ただ、浅草オペラにとって、彼女の存在は間違いなく大きかった。のちの藤原義江である戸山英二郎は、同年一月に縊死した松井須磨子を持ち出し、「今の演劇界に須磨子様を失つた事は、さほどでも有りませんが、歌劇界から徳子様を失つた事は大きな事です(5)」と書いている。

浅草オペラの元祖とも言える高木徳子の数奇な人生については、曽田秀彦の評伝『私がカルメン——マダム徳子の浅草オペラ』に詳しく書かれている(6)。あらゆる同時代資料を渉猟して書かれたこの著作に対して、私が付け加えることはない。本稿の目的は、その著に依拠しながら、少し視点を変えて彼女の人生を見ることにある。曽田は、大衆文化が台頭する大正モダニズムとしての浅草オペラを論じ、そこに生きた徳子を魅力的に描き出した。それに対して、私はもっと俗っぽく、言うなれば下世話に徳子を眺めてみたい。それは、当時、客席から徳子を見ていた青年たちと同じ視点である。ルックス・スキャンダル・アイドル――テレビもＳＮＳもない時代から、大衆が「芸能人」を見る視線は何も変わっていなかった。

2――ルックスがアドヴァンテージ

徳子が、日本で初めて舞台に上がったのは、二十四歳のときだった。帝劇の二月興行の一演目で、ローシー作・演出『夢幻バレー』への出演である。彼女の姿を初めて目にしたときの印象について、「五黄生」という筆名の人物は、次のように記している。

図①　帝国劇場の高木徳子（松本克平『日本新劇史』筑摩書房、1966年）

> 小柄で、きりつとして目鼻だち、おまけに愛嬌たつぷりで、例の舶来式の歯をむき出した笑顔といふやつ、〔略〕徳子には甚だうつりよく、原信子や松井須磨子が美人番附にはいる程、美人の相場の暴落してゐる現代に於ては、美人も美人も、素的な美人といふ事になつてしまつて、これは飛んだ見附物だわいと思はした。(7)

「五黄生」によれば、「女は何といっても御面相が第一の関所」というのが日本の風習だという。日本だけかどうかはともかく、今も昔も「美人」はみんな大好きである。興味深いのは、徳子を褒めつつ、原信子や松井須磨子を貶していることだ。はたして、この見方は同時代の人々から共感を得られたのだろうか。

そんな下世話な興味に応えてくれるのは、大正四年(一九一五)五月から大正十年(一九二一)八月まで刊行された女性誌『女の世界』である。尾形明子が、「ひとりの人間が本質的に持っている猥雑さ、真面目さの双方を並べた[8]」雑誌と書くように、扱っている内容は、社会主義者による貧困問題から、有名人のゴシップまで幅広い。男性の読者もついており、「従来「女の世界」と云へば、父子互に隠れて愛読する雑誌だ[9]」と批判されることもあったという。女性誌が次々と創刊されていた時代の中でも、ひときわ異彩を放つ存在である。

『女の世界』の特異さは、発行元である実業之世界社社長の野依秀市によるところが大きい。彼は、渋沢栄一や三宅雪嶺から大杉栄や堺利彦まで幅広く交流した人物である。その一方で、恐喝容疑で何度も逮捕された経験もある。実業之世界社は、当時の出版界をリードしていた実業之日本社に対抗して名付けられ、『女の世界』も、実業之日本社が発刊していた『婦人世界』を意識していた。近年、野依についての詳細な評伝も出ている[10]。突如浄土真宗に帰依したと思えば衆議院議員になり、戦後は紀元節復活運動を展開するなど、容易には捉えられない人物である。彼を論じる上でも、大正期の時代状況を知る上でも、『女の世界』は非常に有益な雑誌である。

この雑誌の人気企画のひとつが、「番附表」および「点取表」であった。様々なテーマで有名人にランキングをつけようというもので、たとえば、「政治家好男子番附」や「新橋四十六名妓点取表」など、大衆の好奇心を刺激する企画である。その中のひとつに、「当代女優四十三名家点取表」があった(11)。有名女優たちを「容貌」「技芸」「人気」といった項目で採点していく企画だ。そのために、「有識者」が編集部に集まって議論しているのだが、その参加メンバーが非常に興味深い。のちに新劇女優の花柳はるみと結婚する倉若梅二郎、宝塚少女歌劇の女優である瀧川末子の絶賛記事を連発する青柳有美、そして伊庭孝もいた。要するに、「女優」がらみで有名になるような「美人」好きばかりである。議論はさぞ盛り上がったことだろう。伊庭に関しては、まだ徳子と結ばれる前なので、徳子をどのように採点したかが気になるところである。

結果は、次のようになった。四十三名の中から、比較的現在も知られている人物を抜粋して掲げよう。

女優名	容貌	押出	技芸	才気	熱	品行	貫目	学問	人付合	舞踊	音色	人気	合計	平均
森　律子	76	85	78	100	69	100	85	89	99	53	62	95	991	82.5
高木徳子	98	83	90	72	75	75	60	60	90	100	82	97	982	81.8
川上貞奴	97	87	82	93	75	50	100	42	7	93	86	98	910	75.8
原　信子	70	75	71	85	55	52	62	83	75	65	82	90	865	72
松井須磨子	85	85	100	32	100	48	95	78	0	−5	95	100	813	67.7
松旭斎天勝	100	81	42	53	25	55	75	5	85	—	62	100	683	62

現在、新劇女優・松井須磨子は日本初の「近代女優」として、オペラ女優・高木徳子や奇術師・松旭斎天勝《しょうきょくさいてんかつ》とは一線を画した存在とされる。しかし、こ

のような表を見ると、当時の感覚では、同列に並べられていたのではないかと思えてくる。現代で言えば、舞台出身の女優とアイドルから転身した女優の違いくらい、と言ったら言い過ぎだろうか。女優が「近代」か否か、に固執するのは演劇史家だけで、人々の関心は「容貌」だとか「品行」「人付合」といったプライベートに向いていたのである。

この表は、人々が個々の女優にもっていたイメージについて、多くを教えてくれる。森律子の「品行」と「学問」が高いのは、代議士の娘で女学校出身だからだろうとか、須磨子の「技芸」と「熱」が百点で「人付合」がゼロなのは、「お騒がせ女優」のようなイメージなのだろうとか、天勝の「容貌」が百点で「学問」が五点なのは、「おバカタレント」のようなものだろう、などなど想像は尽きない。

では、徳子はどうだろうか。他と比較すると、「舞踊」が百点で「技芸」も高く、実力が認められていたことが分かる。また、「容貌」も九十八点で、天勝・徳子・貞奴がベストスリーである。秦豊吉は、明治・大正の芸能界三大美人として、天勝と貞奴の名をあげている。(12)もう一人は、娘義太夫の豊竹呂昇だが、一般には、徳子も同等の美人だと見られていたのだろう。

『女の世界』では、大正六年一月に「美人号」という特集が組まれたこともある。口絵に「当代四十二美人」の写真が掲載され、目次では、次のような文章で大いに煽った。

巻中天下の美人の写真を挿入すること百、繚乱として眩目す。読む雑誌にして見る美人帖を兼ぬ。新年雑誌界の偉観！　快楽を想ふ人は読め！(13)

雑誌は、発売後すぐに売り切れて再版されたという。中身は、青柳有美らが美人論を展開したり、女優たちが化粧法を教えたりといった内容だ。その中に、前述の「点取表」の類似企画「当代四十二美人点取表」がある。同時代の名立たる美人を選び出し、さらに細かく採点しようという企画で、選ばれたのは、芸者をはじめとして、「大正三美人」と称された九条武子や日向きむ子（林きむ子）の名前もある。女優ももちろん入っており、先にあげた中では、「容貌」が七十点代だった森律子と原信子が圏外となり、四人が入った。今回の採点項目は、体のパーツである。結果は、以下の通りになった[14]。

採点基準は不明なので、個々の項目の妥当性を考えてもあまり意味はなく、ほとんど採点者の好みだろう。全体的に見て、総点は芸者の方が高い傾向があり、一位は新橋芸者の老松である。佐伯順子は、明治期において、「名妓」へのメディアの注目度は高く、その経歴や動静も頻繁に報じられ[15]ており、現代の「タレント」のような位置を占めていたと論じている。大正時代は、「女優」の

姓名	松井須磨子	松旭斎天勝	高木徳子	川上貞奴
眼	92	86	93	100
眉	87	90	86	100
唇	100	97	75	82
鼻	70	81	42	100
耳	98	82	91	46
頤	98	77	100	96
髪	80	92	86	89
肉附	100	87	100	58
表情	100	100	100	100
化粧	88	100	100	83
姿	83	100	98	100
皮膚	80	89	100	78
額	89	78	72	78
声	100	96	100	93
総点	1265	1255	1243	1200
平均	90.4	89.6	88.7	85.7

登場によって、芸者が前景から退く過渡期にあった。上記の表も、そんな時代状況を映している。

この段階では、女優たちの総点はまだ低く、須磨子で四十二人中十八位である。ただ、「表情」だけは四人とも百点なのは、さすが女優といったところだろうか。その他、天勝十九位、徳子二十七位、貞奴三十六位であった。いずれにせよ、徳子は圏内に入るだけの実力があったのは事実である。彼女が短期間で有名になれたのは、美人だったことが間違いなく大きい。

だが、もちろん、それだけではない。世間的な知名度が一気に上がるきっかけは、今と同じだ。スキャンダルである。

3――スキャンダル成金

大正五年五月十六日、高木徳子一座は、横浜・伊勢佐木町にある記念電気館へ出演するにあたって、新聞広告に大きく「問題の女」と記した[16]。三月に、徳子が夫に対して離婚請求訴訟を起こしており、それ以来、新聞では両者の言い分が連日掲載されていた。六日前には、裁判所で第一回公判が開かれ、その内容も報じられた。「問題の女」は、その状況を大いに利用した惹句である。発案者は、一座の経営に関わっていた、松旭斎天勝一座から来た男かもしれない。天勝一座は、興行のたびに派手な宣伝をすることを得意としていた。ただ、徳子も須磨子や貞奴より天勝に敬服していたというので、興行の論理を理解していたはずだ。その惹句にも同意していたのだろう。アントニオ猪木は、「スキャンダルを次の興行に繋げられないヤツは二流」と言ったそうだが、徳子の短い女優人生は、その意味でも一流だった。彼女の人生を、スキャンダルを軸に見ていくことにしたい。
明治二十四年(一八九二)二月十五日、徳子は東京・神田に生まれた。本名は、永井とくである。小学校卒業後、日本銀行で給仕として働きながら、裁縫学校に通っていたとき、縁談が持ち込まれた。相手は、宝石店の次男・高木陳平である。彼は、アメリカで事業を営むも失敗し、帰国していた。明治三十九年(一九〇六)、二人は結婚する。陳平二十七歳、徳子十五歳のときだった。
結婚してすぐ、陳平は再起を期して、徳子を連れてもう一度アメリカへ渡った。それから八年間、二人は異国の地で過ごすことになる。かの地での生活は、「放浪」という言葉が相応しい。生活の困窮とそこから脱するための旅芸人修業という物語は、帰国後に散々喧伝されることになる。大笹吉雄は、アメリカで徳子が飛び込んだ芸能の世界について、ラッセル・ナイの著書を引きつつ、次のように論じている。

各地に林立したヴォードヴィル劇場の出しものは、歌と踊りのチーム、歌手、コメディー寸劇、看板スター、楽団演奏、動物曲芸、自転車乗り、曲芸、ローラー・スケート、手品師、奇術師等の特殊芸で、徳子の手品はまさにそういうものの一つであった。つまり、高木徳子はアメリカにおけるヴォードヴィル全盛期の大衆芸能の世界にデビューしたということになる。しかもきわめて低いギャラの下級芸人として出発した。(17)

「下級芸人」として、手品や日本舞踊を実演した徳子は、「エロティシズム」や「オリエンタリズム」を大いに利用したことだろう。彼女にとってみれば、生活がかかっているのだから、当然のことである。帰国後の彼女は、西洋で学んだ「バレーの名手」として売り出されるが、興行の泥臭い部分も熟知していたはずだ。その後発揮される彼女のたくましさやしたたかさは、アメリカ仕込みだとも言える。

大正三年（一九一四）十月に帰国し、翌年二月に帝劇出演するにあたって、『万朝報』紙上で徳子の経歴が連載された[18]。増井敬二が推定するように、帝劇による工作だろう[19]。だが、帝劇は歌劇部を縮小する方針だったため、徳子の出演は続かなかった。その後、何度か舞台に立つ機会を経て、彼女が再び人々の注目を集めたのは、陳平との離婚裁判に関する報道だった。

大正五年三月八日、徳子は東京地方裁判所に離婚請求の訴訟を起こした。理由は、陳平の暴力や生活能力の欠如、芸能活動への妨害などである。その事実は、すぐに新聞各紙で大きく報じられることになった。さらに、徳子と陳平がそれぞれインタビューに応じて暴露合戦を繰り広げたことで、報道はますます過熱していった。『東京毎日新聞』では、「徳子の涙物語」と題して彼女の言い分を連載した直後に、「陳平の弁解」が掲載された[20]。二人の主張は、真っ向から対立している。正直に言って、関係ない者にとって、これほど面白いものはない。裁判は、進捗があるたびに、詳しく報道された。そんな中で「問題の女」と広告を打つのだから、効果は抜群である。一座は連日満員となり、次々と興行師が買いにくるほどの大成功を収めた。

一方、裁判の結末は、離婚請求が却下される一方で、陳平が訴えていた同居請求は認められるというもので、徳子の全面敗訴であった。だが、徳子は従わない。同居義務には強制力がなかった。しかも、裁判のさなかに、伊庭と活動をともにしはじめ、しばらくして同棲報道がなされるようになる。今度は、徳子・陳平・伊庭の三角関係で話題沸騰となった。

浅草オペラの開幕となる常盤座公演が行われたのは、そのような状況下だ。しかも、当時の常盤座は、隣接する金龍館・東京倶楽部と三館共通の入場券となっており、金龍館では、曽我廼家五九郎《そがのやごくろう》一座の中幕に陳平が出演していた。観客は、問題の夫婦を同時に見ることができたのである。このことが偶然だとは思えない。画策したのは、五九郎ではないだろうか。

五九郎は、曽我廼家五郎一座出身の喜劇俳優で、東京で一座を旗上げし、その後浅草に進出していた。そこで、彼のプロデューサー能力が開花し、話題の人物を次々と舞台に上げていった。須磨子の『復活』ブームの折には、女性解放運動家で心霊術師でもあった木村駒子を口説き落としている。[21] 彼は、女優のスキャンダルが客寄せになることを経験から知っていたのである。正岡容《いるる》は、五九郎のことを「満身是れ、山ツ気[22]」と書いているが、その通りだろう。そんな五九郎が、渦中の三角関係を利用しない手はない。[23] 浅草オペラは、最初からスキャンダルと隣り合わせだったのである。

図②　素顔の高木徳子（松本克平『日本新劇史』）

徳子のスキャンダルはその後も続き、恐喝事件の被害者となり、法廷に立ったこともある。また、伊庭以外にも艶話は絶えず、「時々横浜から二人の外人が日を極めて来ては泊つて行き外人が来ると徳子は入口に出迎へ濃厚なキッスをする」[24]と書かれたこともある。彼女は、絶えず新聞や雑誌のターゲットになっていた。

もちろん、徳子の人生に寄り添えば、離婚問題をはじめとした数々の事件は、心痛極まりない出来事だったろう。そのことが寿命を縮めたのも事実だ。一方で、スキャンダル報道がなければ、徳子がそこまで世間の注目を集めることができたかどうかは、疑問である。興行における成功と私生活のスキャンダルは、表裏一体の関係にある。今で言えば、新作映画やドラマの発表時に、出演者の恋愛ネタを週刊誌に流すようなものだ。浅草オペラの時代に、意図的な情報リークがあったとは思わないが、スキャンダル報道は、いつの世も客足に直結するのである。

最終的に、離婚問題は、陳平に手切れ金を払うことで解決したが、徳子は、そのときも「改名披露」を看板にして、興行を打った。そのことを新聞は、「戯気《ふざけ》てゐる」と書きつつ、「暗黒《くらやみ》の恥を明みへ」持ち出して売り物にする徳子には、陳平も歯が立たないだろうと揶揄している[25]。傍からみて、彼女の人生は、決して幸せなものではない。男たちからの理不尽な要求や暴力は、あまりに過酷で、そのことを時代状況の違いで済ますことはできない。だが、被害者として同情するよりも、「暗黒の恥を明みへ」もたらすだけの強さを持っていたことを称える方が、徳子には相応しい。彼女なりのやり方で、時代と戦ったのである。

徳子は、道半ばで力尽き、その死は「狂死」と言われることになった。さらに、スキャンダルとの関係も、死後もなお続いた。一ヵ月後、『狂死せる高木徳子の一生』[26]という題で、陳平の語りおろしが出版されたのである。今で言えば、「緊急出版」ということになり、それだけ売れる見込みがあったのだろう。死後も徳子は金になったのだ。

同様のことは、松井須磨子にもあった。彼女も、死後二十日ばかりで『恋の哀史――須磨子の一生』が出版されている[27]。そこには、須磨子の残した三通の遺書までが収録された。小山内薫は、須磨子の死に関して、次のように書いている。


松井須磨子が死んでから、新聞に雑誌に或は単行本に、随分多くの文字が費された。併し、どれもこれも彼女の私生活に関したものばかりであつた。彼女が死んでから、彼女の技芸に就いて、一つも纏つた研究の発表されないのを、私は不思議に思つてゐる。

須磨子は私生活にのみ生きてゐた女優だつたのだらうか[28]。


徳子に対しても、全く同様のことが言える。彼女は、初舞台に立ってから死後に至るまで、私生活ばかりが注目された。もちろん、小山内はこの状況を批判しているのだ。それは紛れもなく正論で、反論することは難しい。

しかし、二十一世紀になってもなお、私を含めて大衆の興味は下世話である。

4――次世代エースの三銃士

曽田秀彦は、大正九年（一九二〇）六月の日本館オペラ消滅を境として、浅草オペラの歴史を「日本館時代」と「金龍館時代」に区分し、「日本館時代」を次のように論じている。

　徳子から東京歌劇座時代の河合澄子、そして旧徳子一座の後身のアサヒ歌劇団とその若いスターたちへ、というい わば浅草オペラにおける徳子系水脈というものが、浮びあがってくる。日本館時代を考える場合、この徳子系水脈を太い線にして、その構図を描かねばならないのではないか(29)。

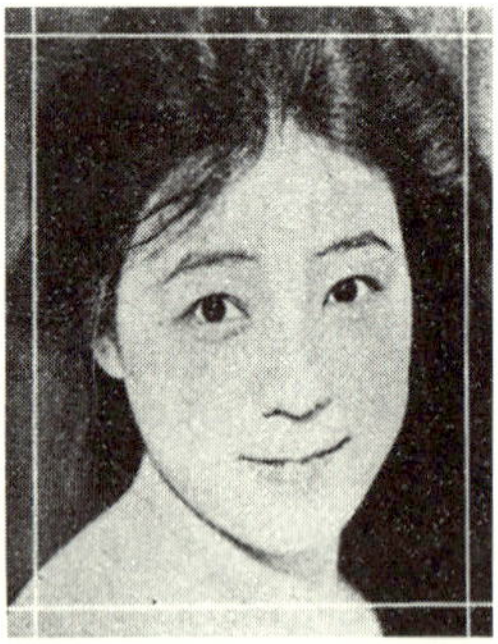
図③　河合澄子（森富太『日本歌劇俳優名鑑』活動倶楽部社、1921年）

常盤座興行を起点とすると、浅草オペラにおける徳子の活動期間は、わずか二年しかない。しかも、長く地方巡業に出ているため、浅草での興行は少ない。それでも徳子が「元祖」だと言われるのは、彼女の元から多くの女優が育ったからである。彼女たちもまた、美貌とスキャンダルで華々しく活躍した。最後に、浅草オペラを彩った女優たちを見ておこう。

浅草オペラの名場面の一つは、「ペラゴロ」たちの熱狂だろう。河合澄子〔図③〕と沢モリノが出演した日本館の光景は、内山惣十郎や青柳有美、今東光の著作から繰り返し引用されてきた(30)。毎日劇場に通って客席から好きな女優の名を叫び、競ってラブレターやプレゼントを贈り、少しでも自分の存在を「認知」してもらおうと、必死に旗や扇子を翻す。それは、現在のライブアイドルの現場のようだ。徳子は、端から「人妻」だったため、若者たちの恋愛対象になったというエピソードはないが、後続の女優たちは、「ガチ恋」の対象だった。彼女たちは、当時の若者たちのアイドルだったのである[31]。その代表格が、河合澄子であり、アサヒ歌劇団の少女たちだ。

河合澄子は、ローシーのローヤル館や高木徳子一座に短期間在籍した後、東京歌劇座に参加して一躍人気者となった。舞台経験の少ない無名の彼女が、帝劇歌劇部出身の沢モリノと互角の人気を得たことは、浅草オペラを象徴する出来事だろう。実際、澄子は「何も芸がうまい訳でもなく、歌が唄へた訳でもない」が、「始めから不思議な人気があつた」と書かれている[32]。川端康成をはじめとした当時の若者は、歌やダンスの実力とは関係ないところの魅力にやられたのである。一方で、スキャンダルも人一倍多く、「問題の女」や「発展女優」という呼称がついてまわった。三ヵ月ほどで東京歌劇座を退座してからは、浅草を離れるようになり、人気は下降していった。自分自身で「泡のやうな人気[33]」と語っていたように、一瞬の輝きを放ったアイドルである。

彼女が去った浅草で、次にアイドル的人気を獲得したのは、アサヒ歌劇団の少女たちだった。アサヒ歌劇団の前身は日本歌劇協会で、宝塚で振付師をしていた西本朝春《ちょうしゅん》と、徳子一座で楽長だった鈴木康義が、大正六年に旗上げしている。劇団は改名を繰り返しながら各所に出演していたところ、東京歌劇座が地方巡業に出たことで日本館が空くことになり、興行主から声が掛かった。のちに東京少女歌劇団と名乗ることからも分かるように、活躍の中心は「少女」たちであり、彼女たちの人気が浅草オペラを引っ張っていく。

その中でも、「三つの光[34]」と期待されたのが、一條久子・白川澄子・貴島田鶴子である。彼女たちが日本館で活躍した大正七年時点で、久子十四歳、澄子十八歳、田鶴子十九歳で、澄子と田鶴子は徳子一座の出身である。若くてカワイイ少女は、青年たちをたちまち虜にした。「チャボ」という愛称で親しまれた久子は、「兎角センチメンタルなものに憧《あこが》れる若い観客連は『一條々々』と云つて、久子に随喜の涙を流す」(35)と書かれている。一方、澄子についても、「美貌は、日本館を中心として集合する多くの中学生程度の青年には、一番に輝ける者として映ずるのだ」(36)という。河合澄子は比較的セクシー路線を歩んでいたが、アサヒ歌劇団の少女たちは、ファンの年齢層も若かったようである。

若者たちがどれほど熱狂したかを見るために、久子に送られたファンレターの一部を抜粋しよう。

私の側の学生が、遠慮のない大きな声で、チヤボなどと、やたらに、無意義の野次をする度に、私はハラ〳〵してゐました。スタイルに、表情に、泪ぐまれる様な、心よき感傷の中に、うつとり、貴嬢の芸に魅せられて、遂に讃美の声を放たづにはおられないのでせう。然し私等は少くも、貴嬢方の芸術に相当の理解を持ち、敬虔の態度で、批判する観客でなければいけません。〔略〕私は少でも、無意味に、貴嬢を褒め様とは思ひません。〔略〕無邪気と快活とそして自由は、貴嬢に与へられた賜です。貴嬢の有していらつしやる、その天分を、あくまで失はずに、真直に進んで戴きたいです。(37)

一見すると、盲目に褒めるのではなく、「芸」を厳しく評価しようという「真っ当な」態度のように見える。しかし、それは、自分のことを他のファンとは異なる存在として印象づけようとする、よくある手口だ。昨今のSNSを見れば、言葉は違えど、似たようなコメントは容易に見つけることができる。「アイドルヲタク」のアピール方法は、いつの時代も同じなのである。

大正九年十一月七日、浅草オペラの関係者に再び動揺が走った。興行先の京都で、久子が急死したのである。まだ十六歳だった。名古屋での公演中に体調を崩し、京都の病院で治療したものの、再び舞台に立つことはできなかった。姉妹のように付き合ったと語る白川澄子の悲しみは深かったようで、久子の最後の舞台を次のように書き残している。

> 想へば名古屋の中央劇場の舞台で、恰度曽我物語の二幕目のこと幕開の前に旺《さかん》に吐いて苦しんで私達が介抱し労はり乍ら出場を気遣つてゐた時性来気丈夫な久《チャー》チヤンは苦痛を耐へて舞台へ立ちました。そして中途で急に引込んで胸の裡からこみ上げて来るものを吐いて、再び舞台に現はれ遂々終り迄完全に勤め、幕が降りると同時に其処で衣裳を脱がして貰ひ乍ら大つぶの涙をポロ〳〵流して泣きました。(38)

死因は、鉛毒だった。徳子にしろ久子にしろ、それぞれ死因が異なるとはいえ、あまりにも早い。その要因には、浅草オペラの労働環境の悪さも関係しているだろう。華やかな芸能の世界には、今もなお影の部分が残っている。

絶頂期を過ぎた河合澄子も、波乱の多い後半生を生きた。昭和のレヴュー時代に入ってから、澄子は広告に「エロ」を掲げ、「エロ」路線を突き進んだ。芸能の世界をたくましく生き抜こうとしたのである。しかし、次第にその名前を見ることはなくなっていった。彼女の名前が最後に確認できるのは、正岡容が、昭和二十一年（一九四六）に書いた文章の中である。澄子の名は、次のように記されている。

さるにても一条久子をはじめ私の一と目惚れした沢モリノも、天華を襲つた小天勝も、トーダンスの高木徳子も、いづれも、未だ冴えずして青春の名声と栄華をよそに、多くは陋巷に窮死、もしくは巡業途上で狂死さへしてしまつてゐる。偶々今日いのち永らへてゐるものも木村時子、河合澄子など、殆んど往年の全盛には比す可くもない、寥々の有様であるとはいへよう。(39)

澄子は、まもなく五十歳になろうとしていた。もちろん、「寥々の有様」とあるからには、楽な生活ではないのだろう。それでも、彼女は戦火を生き残ったのである。そして、戦後の浅草は、彼女が見せた「エロレヴュー」よりもさらに過激なストリップの時代に入っていった。その時代の変化を、彼女はどのような思いで見ていたのだろうか。

5――世界で一番孤独な dancer

徳子は、永井姓に戻り、伊庭と別れた後、何を思っていたのだろうか。それまで、帰国後はアメリカでの体験を、裁判時には夫の不行状を饒舌に語っていたが、晩年は語る場がなかった。残されている言葉は、須磨子の死を聞かれたときの談話である。徳子は、次のように語った。

実に御気の毒と申上げる外ありませんが松井さんとしては死花を御咲かせになつたので此点では実に御羨ましゅ存じます、同じ舞台生活をやつてる妾は松井さんの御心中も或程度迄は御察し申上げ得ることですから失礼ですが我身に引き比べていろ〳〵の感に打たれてをるのです(40)

このとき、彼女は苦しんでいた。

最後の浅草出演となったのは、大正七年十二月十七日から二十二日まで、六日間の駒形劇場への出演である。伊庭の脚本で再演となる『カルメン』や『沈鐘』は、好評だった。公演期間中、原信子が楽屋を訪ねてきたことがあった。信子は、徳子と交わした会話について、次のように書き記している。

最後に会ひましたのは駒形の楽屋でした。何かの話からお徳さんが、ふと想ひ出した様に、『伊庭さんの説によると女はだれでもみんなカルメンですつて』

そして又

『私は今自由でい丶気持ちよ、やつぱり舞台に出る時には一人の方が好いわ』

と淋しそうに伊庭さんの話をしてゐました。其時内弟子が舞台用のピンを忘れて来たのに、あまり小言を云はず、いつもの徳子さんよりおとなしく見えました。(41)

徳子の言葉を強がりと見ることもできるだろう。だが、舞台に一人立つときだけは、彼女は自由だったのだ、と私は思いたいのである。

1――『中央新聞』一九一九年三月三十日。

2――長谷川泰三『日本で最初の喫茶店「ブラジル移民の父」がはじめた――カフェーパウリスタ物語』文園社、二〇〇八年。

3――小生夢坊「永井徳子の狂死した日」、『東京毎日新聞』一九一九年四月一日。

4――伊庭孝「流行の芸術としての歌劇・喜歌劇・歌舞劇」、『新小説』春陽堂、一九一九年三月、九五頁。

5――戸山英二郎「徳子様を憶ふ」、『オペラ』一九一九年五月、一六―一七頁。

6――曽田秀彦『私がカルメン――マダム徳子の浅草オペラ』晶文社、一九八九年。

7――五黄生「高木徳子一座の世界的ヴァラエティ」、『新小説』春陽堂、一九一六年八月、四四頁。

8――尾形明子「『女の世界』資料研究」、『日本近代文学館年誌――資料探索』日本近代文学館、二〇一四年、六〇頁。

9――「編輯室より」、『女の世界』実業之世界社、一九二一年八月。

10――佐藤卓己『天下無敵のメディア人間――喧嘩ジャーナリスト・野依秀市』新潮社、二〇一二年。

11――「当代女優四十三名家点取表」、『女の世界』実業之世界社、一九一六年九月、一一八―一一九頁。

12――秦豊吉『芸人』鱒書房、一九五三年、一七一頁。

13――『女の世界』実業之世界社、一九一七年一月。

14――表を計算すると、川上貞奴の総点は一二〇三点となるが、そのまま転記した。

15――佐伯順子『明治〈美人〉論――メディアは女性をどう変えたか』ＮＨＫ出版、二〇一二年、三七頁。

16――『横浜貿易新報』一九一六年五月十六日。

17――大笹吉雄『日本現代演劇史』大正・昭和初期篇、白水社、一九八六年、四六頁。

18――「舞踏《ダンス》の夫人――新帰朝の高木徳子」、『万朝報』一九一五年一月二十―二十二、二十四、二十六―二十八日。

19――増井敬二『日本のオペラ――明治から大正へ』民音音楽資料館、一九八四年、三三五頁。

20――「徳子の涙物語」、『東京毎日新聞』一九一六年三月十四―十六日、「陳平の弁解」、『東京毎日新聞』一九一六年三月十八、十九、二十三日。なお、「徳子の涙物語」は、第二回から「徳子の告白」という題に変わる。

21――藤田富士男『もう一人の新しい女――伝記小説・木村駒子』かたりべ舎、一九九九年。

22――正岡容『随筆　百花園』労働文化社、一九四六年、七五頁。

23――静少納言「公園の花形――曽我廼家五九郎論」(『家庭と趣味』家庭倶楽部、一九一七年三月)には、噂として以下のように書かれている。「今年の正月芝居に、常磐座《ママ》には高木徳子を、金龍館には陳平を並べて興行させる計画を立てたそうだが、それだけは幸か不幸実現されずに終つたが、これなども、彼の面目を語るものであると云はねばならぬ」。実際は実現しているので、この記事は、五九郎が計画を立てているという噂があったことを示唆している。

24――『中央新聞』一九一八年九月十四日。

25――『東京朝日新聞』一九一八年十二月十五日。

26――高木陳平述・黒木耳村編『狂死せる高木徳子の一生』生文社、一九一九年。

27――秋田雨雀・仲木貞一『恋の哀史――須磨子の一生』日本評論社出版部、一九一九年。

28――小山内薫「この頃の感想」、『演芸画報』演芸画報社、一九一九年三月、五四頁。

29――曽田秀彦『私がカルメン――マダム徳子の浅草オペラ』三二六頁。

30――内山惣十郎『浅草オペラの生活』（雄山閣出版、一九六七年）、青柳有美「日本歌劇小史」（『東宝』東宝発行所、一九三五年十二月）、今東光『十二階崩壊』（中央公論社、一九七八年）などを参照。

31――アイドルの定義については、拙著『幻の近代アイドル史――明治・大正・昭和の大衆芸能盛衰記』（彩流社、二〇一四年）を参照。

32――三楽流子「浅草女優太平記（一）」、『女の世界』実業之世界社、一九一八年四月、五〇頁。

33――三楽流子・小生夢坊・小ぐら生『女盛衰記――女優の巻』日本評論社、一九一九年、一八六頁。

34――『東京毎日新聞』一九一九年八月二十三日。

35――三楽流子・小生夢坊・小ぐら生『女盛衰記――女優の巻』二〇三―二〇四頁。

36――同書、一二七頁。

37――「好きな俳優への注文」、『オペラ』一九一九年五月、九一頁。

38――白川澄子「生くる日の悲しみ」、小生夢坊編『紅刷毛の舞踏』活動倶楽部社、一九二二年、七七頁。

39――正岡容『東京恋慕帖』筑摩書房、二〇〇四年、一三五頁。

40――『京都日出新聞』一九一九年一月十三日。

41――原信子「舞台を引いて」、『オペラ』一九一九年五月、二一頁。

5——澤モリノの生涯

浅草オペラの「女王」の足跡

小針侑起

大正六年（一九一七）一月、伊庭孝《いばたかし》（一八八七―一九三七）作の歌舞劇『女軍出征』が浅草常盤座にて上演されてから百年、その後数年にわたって隆盛期を迎える浅草オペラ。今では田谷力三《たやりきぞう》など数名の名前のみが伝わるだけになってしまったが、浅草オペラは現在我々が想像するより遥かに多くのスターを輩出し、後の映画、音楽、演劇、喜劇、舞踊など各界に多大な影響を与えている近代文化史のキーポイントでもある。その中でも燦然と輝き、浅草オペラの「女王」とまで謳われたのが澤モリノ（一八八九―一九三二）であった。

1――父・深澤登代吉のこと

澤モリノの実父である深澤登代吉《とよきち》は文久二年（一八六二）十月二十二日、群馬県前橋市に誕生した。登代吉は、明治十二年（一八七九）に文部省内に設置された西洋音楽普及のための人材育成機関・音楽取調掛（現・東京芸術大学音楽学部）の二期生として在籍した音楽家で、音楽取調掛から東京音楽学校へと改組される直前の明治二十年（一八八七）二月に同校を卒業。日本における西洋音楽教育の先駆者の一人であり、「鉄道唱歌」などを作曲した納所辨次郎《のうしよべんじろう》（一八六五―一九三六）らと同期生であった。その後、登代吉はパトロンを得て渡米することとなるが、そのとき登代吉を恋慕ってアメリカ行の船へ飛び乗った女性がいた。学生時代より許嫁のような関係であったと思われる、この情熱的な女性こそモリノの生母であるタケであった。そして二人は二年ほどの期間をアメリカで過ごしていたが、明治二十二年（一八八九）頃に支援者が急死したことによって登代吉の留学生活は中断される。登代吉とタケは帰国を余儀なくされ、二人は日本で生活を送ることとなり、明治二十二年に誕生したのが待望の長女・千代であった。後の澤モリノである。

誕生日については、「明治二十二年二月十九日」（モリノの墓）、「明治二十二年十一月」（モリノ最古のプロフィール）、「明治二十三年三月十九日」（大正時代に流通していた一般的なプロフィール）と諸説あるが、ご遺族の証言から明治二十二年生まれということで確認はとれたものの、「二月」か「十一月」かは現在も調査中である。

図①　モリノが妹・美代に贈ったプロマイド（大正８年頃）

そして、通説通りの澤モリノの経歴で、最も目を引くのが「サンフランシスコ生まれ」あるいは「ニューヨーク生まれ」という点であるが、ご遺族の証言により父・登代吉の生まれ故郷である前橋市で出生した可能性が高いことが判明し、モリノの墓碑には「東京ニ生ル」とも記されている（アメリカ生まれというプロフィールは、大正元年に出版された日本初の女優名鑑『女優かゞ美』で既に使用されている）。

また十六歳まで単身アメリカで生活していたという記録も当時の資料ではたびたび見られるが、以上の点を踏まえ、さらに明治二十五年頃に富山県富山市で撮影された写真が残されていることから、こちらは明らかな誤記である。

日本に帰国後の登代吉はヨナ抜き音階の推進を行いながら東京音楽学校の助教授として教壇に立ち、明治二十二年十二月には『中等唱歌集』（東京音楽学校）を編纂し、明治二十四年十月七日には次女の美代も誕生。登代吉は音楽教師として日本各地に赴任しているが、富山県に奉職した際の明治二十五年八月には『歌曲集　初編』（富山・中田書店）を出版し、そして明治二十九年十二月には音楽教師としての集大成ともいうべき『応用音樂理論』（大阪・岡島書店）を著し、かなり活発に西洋音楽の普及に取り組んでいたことがうかがわれる。

また登代吉は音楽教師としての活動以外に作曲家としても楽曲を残しており、その中でも代表的なものに「日本陸軍」（〽天に代わりて不義を討つ）がある。この軍歌「日本陸軍」は、唱歌「鉄道唱歌」や「故郷の空」を作詞したことで知られる大和田建樹（一八五七―一九一〇）によって作詞され、登代吉の死後である明治三十七年に発表。以後、日露戦争から大東亜戦争時代に至るまでの長い期間、出征風景で必ず歌われた国民的愛唱歌であったが、発表当時から長年、東京開成館編集部作曲とされていたところを研究家によって登代吉の作ではないかという議論がまき起こったことから、次女・美代への取材や音楽評論家の堀内敬三によって登代吉の作曲ということが裏付けされた経緯があった。

そして次第に大きくなる娘たちにもオルガンを修得させ、将来は音楽家たらんとする英才教育も施していたが、モリノが東京神田一ツ橋にあった東京高等師範学校附属第二小学校に在学中であった明治三十四年（一九〇一）六月六日、登代吉は音楽学校時代のクラスメートたち複数に看取られながら結核のためこの世を去った。享年満三十八歳。登代吉の死後、妻のタケは再婚し、妹の美代とは離れ離れの生活を余儀なくされたが、モリノは牛込に住んでいた伯父の家へ預けられ大切に育てられたことから、幸福な娘時代を送ることができたと伝えられている。

その後モリノは御茶ノ水高等女学校を経て、東京女子高等師範学校（現・お茶の水女子大学）に入学したとされているが、卒業者名簿に「深澤千代」の名を見つけることはできなかった。しかし、同校教授で体育学者の坪井玄道（一八五二―一九二二）、井口阿くり（一八七一―一九三一）らの指導を受けたという記録が残っている。坪井、井口とも日本体操界の草分け的存在であり、この学生時代に受けた体操教育が後に舞踊家を志すきっかけになったとも考えられる。

なお、この学歴は後の浅草オペラ界では異色の高学歴であり、清水金太郎（一八八九―一九三二）、黒田達人、宇津美清、大濱卓、名村春操、千賀海寿一（ヴァイオリン科中退）、安藤文子、原せい子、園鶴子、原信子（ピアノ科から声楽科へ転入・中退）ら東京音楽学校（現・東京芸術大学）の卒業生以外では、同志社大学出身で新聞記者からオペラ俳優に転身した大濱格（濱田格）、早稲田大学英文科出身の岡本春經が目に付く程度である。

2――帝国劇場歌劇部から浅草オペラへの道

明治四十四年（一九一一）三月、東京日比谷に洋式高級劇場・帝国劇場（以下・帝劇［図②］）が開場し、歌舞伎をはじめ女優が主演する喜劇、新劇など富裕層の娯楽の中心地として、大いに持て囃されていたが、開場と同時に「オペラを日本の高級娯楽に」という構想が内部から上がってきたことで、同年八月には日本初のオペラ俳優養成所となる帝国劇場歌劇部（大正三年に洋劇部と改称）が創設さ

図②　絢爛豪華な帝国劇場の内部（明治44年頃）

れることとなった。この歌劇部の指導者としては、アドルフォ・サルコリー、清水金太郎、柴田（三浦）環《たまき》、そしてダンス教師としてマダム・ミックスが迎えられて、その後一期生から四期生までオペラ俳優の養成が行われた。

当初は教師である柴田（三浦）環が単独で女優劇に出演し独唱を披露する形をとっていたが、明治四十四年十二月には一期生の生徒もコーラスとして『カバレリア・ルスチカナ』で初舞台を踏むことになった。

当時の記録によると、モリノは「二期生として入学したところ、群を抜いた才能が教師陣の目に留まり一期生に編入された」と言われているが、モリノの初舞台は『カバレリア・ルスチカナ』という記録が残されていることから、モリノが帝劇歌劇部に入学したのは明治四十四年八月から十二月と推測でき、遺族の証言によれば音楽教師になるために帝国劇場歌劇部に入部したとされている。また舞台に立つに際して、本名の深澤から「澤」を、また自分の名である「千代」と、妹の名「美代」を合体させて、自らを「澤美千代」と命名した〔図③〕。そして同時期には東京俳優組合に加入して俳優鑑札を取得し、八等という階級も受けている。

ここで、帝劇時代のモリノはどのような生徒だったのか。

大正元年（一九一二）に発行された日本初の女優名鑑『女優かゞ美』には顔写真と共にプロフィールが掲載されており、好物の鰻蒲焼から愛用の化粧品のメーカーまで細かに記されている。さらにここには「美千代は遂に女優になって其の一生を捧げるやうに成ったのである」とあるので、当初は音楽教師になるために帝劇に入ったとされているが、舞台に立つうち次第に気持ちが変わっていったのだろう。また、本来であれば帝劇歌劇部生徒の全員が掲載されてしかるべきであるが、歌劇部で取り上げられているのは中山歌子、河合磯代、中途から歌劇部に参加している上山浦路子、大和田園子、夢野千草、そして澤美千代のみであることから、かなり早いうちから注目されていたことがわかる。

図③　澤美千代時代（明治45年頃）

さらにこの頃、父の死後から音信不通となっていた生母タケの居場所が判明したことによって、母が再婚相手と住んでいた芝区南高輪町の家へ引っ越すこととなり、ここから帝劇へ出勤するようになった。なお、この再婚相手は、『報知新聞』の美術記者から書家として名を成していた佐瀬酔梅《すいばい》（一八六三—一九一七）であり、再婚後に誕生した異父妹しげも同居していた。

モリノの身の回りが目まぐるしく変化していた大正二年のこと、それまでモリノが教えを受けていたマダム・ミックスが帰国することになり、新たな舞踊教師として迎えられたのが、イタリア人の舞踊家ジョバンニ・ヴィットリオ・ローシーであった。ローシーを帝劇の教師として招聘したのは、海外視察中の帝劇専務・西野恵之助であり、ロンドンにあったマリーネリー・テアトル・エージェントという芸術家の斡旋業者を通して、期間は二年間、月給四百円という契約で、夫人のジュリア・リーベを同伴して来日することになった。モリノ自身は、音楽評論家・小松耕輔の弟で帝劇管弦楽団の第一ヴァイオリンとして加わっていた小松三樹三（一八九〇―一九二二）と結婚をした。そして、大正三年の春から夏ころ、澤美千代の群を抜いた舞踊の才能に目を見張ったローシーは、イタリアの名舞踊家とされているモリノーという人物の名を与えて、ここで初めて「澤モリノ」が誕生することになった。引き続き、同年九月には、帝劇洋劇部生徒の修業式も行われている。

帝劇時代のモリノは、あくまで端役の一員であったが、確認できた範囲で役名を記していくと、

明治四十四年十二月　『カバレリヤ・ルスチカナ』　教会参詣者
明治四十五年二月　『熊野』　侍女
同年六月　『釋迦』　舞姫
大正二年三月　近代劇協会（客演）『ファウスト』　魔女
同年六月　『魔笛』　尼僧
同年八月　『生ける立像』　ガール
同年十月　『マスコット』　侍女ピアンカ
大正三年一月　『マダム・バタフライ』　元見の娘

図④　帝劇『夢幻的バレー』玩具売り場の場面

同年二月　『連隊の娘』　伊太利農民
同年十月　『天国と地獄』　愛の使キューピット
大正四年二月　『夢幻的バレー』　赤子人形
同年七月　『猟の女神』　猟の女神

などで、他にもマチネーでの女優総出演ダンスなどには必ず出演していたと思われる。特筆すべきは、新劇の劇団として旗揚げされていた近代劇協会『ファウスト』（訳・森鷗外）への客演を行っている点で、ここでは新劇俳優として参加していた伊庭孝、帝劇管弦楽団の竹内平吉、歌劇部の教師であった清水金太郎など、のちの浅草オペラで重要な人物たちが顔を揃えており、浅草オペラへの足掛かりになったと考えられる。

　また、大正四年二月に上演された『夢幻的バレー』〔図④〕はトゥーダンサー高木徳子の帰朝公演で、トゥーダンスの本邦初披露とされている。帝劇側としては高木徳子を専属のプリマ・バレリーナにした

図⑤　石井漠と共に（大正７年頃、演目不明）

い意向があったが、ローシーは「澤モリノにだって、その位は踊れる」と突っぱね、徳子へも強く当たったようである。

そして大正四年七月、『猟の女神』では初めての主役を与えられ、またモリノも師や周囲の期待を裏切ることなく、立派にトゥーダンスを披露。当時の演芸雑誌では「『猟の女神』といふバレーはさつぱりした美しい〔略〕見た目の涼しいおだやかなもので、モリヱ〔ママ〕は爪先の踊りを巧みにしました」（『演芸画法』大正四年八月）と作家の長谷川時雨にも評されている程である。

ところが、それまで贅を尽くして来た帝劇であったが、役員交代を機に内部の整理も行われ、専属の女優数名と共に洋劇部全体も処分の対象となってしまったのである。生徒はもちろんのこと、教師陣も契約が更新されることなく、一同は散り散りになってしまったが、ローシーは支援者の反対をよそに赤坂にあった活動写真館・萬歳館を買い取り、オペラ劇場として改装してローヤル館をオープン。ローシー・オペラ・コミックと名乗って活動を開始するが、モリノは恩師ローシーの劇団には参加せず、前年に帝劇洋劇部を飛び出して山田耕筰らと舞踊の研究に没頭し、「新劇場」と名乗って帝劇で舞踊の公演を行っていた石井漠《ばく》のグループに参加したのが大正五年九月〔図⑤〕。モリノは丸の内保険協会講堂で上演された「新劇場」の第三回公演からの参加で石井漠と『ユーモレスク』を踊ったのであるが、記録的な不評のうちに劇団は解散する。引き続きモリノは、天野喜久代、花房静子、小島洋々、杉寛ら帝劇歌劇部の仲間らと共に、問題の女優として世間の注目の的となっていたトゥーダンサー高木徳子率いる一座に参加することとなった。前述の通りモリノと徳子は帝劇で上演された『夢幻的バレー』で既に共演の経験があった。当初は川上貞奴一座との合同公演が行われていたが、大正六年一月に新劇出身の俳優兼作者であった伊庭孝作の歌舞劇『女軍出征』が浅草の常盤座で上演されたことによって「浅草オペラ」という新たな歴史がはじまることになった。

この『女軍出征』については、実際に第一次世界大戦下という状況の中、連合軍の兵隊が不足したために女軍が出征することになり、航海中の軍艦アトランチック号の中で繰り広げられる喜劇で、最終的には敵艦に襲われたアトランチック号を日本軍が救出するというもので、その劇中には主演のフランス女士官を演じた高木徳子のダンスあり、欧米の流行歌あり、新しいもの好きの若者を熱狂させることになる。『女軍出征』上演時の常盤座の様子については「連日大入り満員で、帰るお客が出ることも出来ず、大道具師が太い竿で客席から吊り上げて楽屋口から帰すといふ騒ぎ」（ＮＨＫ『浅草変遷史　第二回オペラ時代』台本）と台本の作成を行った内山惣十郎がコメントを残しているほどである。内山惣十郎によればモリノはスコットランド女士官を演じており、この舞台がモリノの浅草デビューになっていることと同時に、浅草オペラの起源とされている作品にモリノが出演していたということは大きな歴史的意義があるように思う。

しかし当時の高木徳子は、マネージャーであった夫の陳平と離婚騒動の渦中にあり、精神的に不安定な部分があったことから座員たちに強く当たることもしばしばで、多くの共演者が次第に徳子の許を去り、愛人であった伊庭孝さえも「立派な技量を持ち乍ら、座員の変遷の甚だしかったのは徳子の欠陥の然しむ処」（『オペラ』大正八年六月）と書いたように、座員の入れ替わりは極めて激しいものであった。この『女軍出征』上演時の出演者たちも例外ではなく、モリノも『女軍出征』の公演が終わった大正六年二月には徳子一座を抜けることになった。

そして同年三月には俳優として実績のあった山本嘉一、葛城文子、岩間櫻子らと歌劇畑の内山惣十郎、小島洋々、水野讓治、瀬川鶴子、竹内鶴子らが集まって傑作座を旗揚げ。大阪の芦辺倶楽部を中心に公演が行われており、内山惣十郎によれば第一回公演では『女軍出征』を取り上げており、モリノは主役のフランス女士官を演じたとされ、ここで一座の花形として舞台に立つようになる。時を同じくして宝塚少女歌劇団の振付師として招聘されていた石井漠は足しげく一座に通い詰めて、モリノと内山惣十郎のコンビで踊った『ユーモレスク』や『トロイメライ』を振り付けたという。興行は好評であったが、七月には劇団トラブルのために解散となり、一行は「納涼音楽舞踊大会」として鎌倉劇場に出演。

一方、石井漠は、七月に上演され宝塚歌劇初期の傑作とされている歌劇『桃色鸚鵡』（小林一三《いちぞう》作）の振り付けを手がけているが、少女ばかりの集団と水が合わなかったらしく自分が関係した舞台を観ることなく帰京する。七月七～九日の三日間にわたって牛込にあった芸術倶楽部で催された東京歌劇座試演会に出演。この時点での顧問を小山内薫、山田耕筰が務め、舞台監督に石井漠がおさまっている。

3——浅草オペラの隆盛

試演が行われてから約四か月後の同年十一月、東京歌劇座は新たにモリノを迎えて浅草日本館での本公演を行うことになった。ここでは経営主任に佐々紅華《さっさこうか》、舞台監督に石井漠を据え、座員には石井漠、モリノ、天野喜久代、杉寛ら帝劇出身者を別格として、河合澄子、松本徳代、三好たま子、林雪枝、東光子、村瀬米子、鴨川多美子、守八重子、時田葉子、山口はるみ、川原履信、桂與太郎（城二郎）、黒田達人、梅島二郎、鈴木喜一、野村喜一、三並欽一、中村小三郎などの劇団員が集まった。

一月に高木徳子一座によって上演された『女軍出征』以降、浅草でのオペラ公演は三友館に出演していた日本歌劇協会の少女歌劇、喜劇役者の曽我廼家五九郎《そがのやごくろう》による喜歌劇という名の上演が目に付く程度であったが、東京歌劇座の出現により、それまでくすぶっていたものが大爆発。当時の新聞記事には「空前の大歌劇　東京歌劇座初公演　元帝劇歌劇部員数十名出演」（『都新聞』大正六年十一月七日）と華々しく謳われており、いかに帝劇歌劇部出身者が権威的な存在だったかが理解できよう。

第一回公演では（括弧内はモリノが演じた役）、

喜歌劇『鏡』無名氏作　一場（主役・下女メリー）

正喜劇『人形の家』某氏作　一場

お伽歌劇『目無し達磨』佐々紅華氏作　一場（主役・花子）

喜歌劇『三号室の女』伊庭孝氏作　一場（主役・情婦女チャメ）

図⑥　浅草六区（大正10年頃）

新舞踊『スーベニア』佐々紅華氏作
オペレット『カフェーの夜』佐々紅華氏作　一場
（西洋婦人ダリヤ）
トーダンス　澤モリノ

が上演され、初日の劇場には東京蓄音器株式会社、十字屋楽器店、十字堂蓄音器店ほか複数の企業からの花輪が並び大盛況だった。

そして、ここで本格的な浅草オペラ隆盛時代へと突入することになる。まず東京歌劇座が根城とした日本館（旭興行部・桜井藤太郎館主）は周囲の興行師の忠告を振り切って、前代未聞のオペラ常設館としたことによって大成功をおさめ、お色気を振りまく女優・河合澄子〔図⑦〕にチャームされた若者たちが度を越した応援合戦を繰り広げて社会問題化。当初、熱狂的なオペラファンのことを「オペラ堂摺連」「大正ドースル」「高級堂摺」（堂摺連《どうするれん》とは低級な意味での女義太夫《たれぎだ》の追っかけ）と称していたが、次第に「ペラゴロ」という言葉が使用されるようになり、「歌劇《オペ》る」などの造語も生み出された。ペラ

ゴロだった作家の今東光は、

澤モリノ組は瓢箪池のほとりに屯し、河合澄子組は九世市川団十郎の銅像前に屯するのだが、朝から出かけて来て日本館の開場時間まで待機し、いざ開場となると、両組は揃って威風堂々と入場して、二階の左右の席に陣取るのだ。〔略〕彼らは用意した小旗を振り、扇子を振りかざし、花吹雪を投げ、ゴム風船を飛ばして声を限りに熱狂するのだ。

（『十二階崩壊』）

図⑦『カフェーの夜』（大正8年11月、横浜朝日座上演）河合澄子と杉寛

と東京歌劇座の人気の様子を描いているが、度を越した河合澄子の舞台上パフォーマンスとペラゴロの応援合戦によって、大正七年（一九一八）一月には、

近頃中学生が俳優の後援団をつくり幟旗等を贈る流行あり警視庁は浅草公園日本館の女優河合澄子他の後援を為す下谷御徒町二の十九伊藤幸一三十九名を召喚して今後を戒めた

（『都新聞』大正七年一月二十六日）

と新聞に報道されるような事態に陥り、同時に石井漠とモリノが河合澄子に対し厳重注意を行ったことによって関係は悪化。アイドル的な人気を集めながらも真面目に舞踊に精進し、必要以上に媚びなかったモリノとは対照的に、河合澄子は観客に迎合し、当時のメディアでは「娼婦は彼女の先天的性向で所謂はまり役である」(『新時代』大正八年九月)というようなことが異口同音に記されている。

この時代の舞踊について文章や写真による記録は少なく、まして映像などに残されていないので想像の域を出ないが、後に石井漠一派から生まれた暗黒舞踏のような表現方法はまだ確立されておらず、モダンダンスの模索時代である。海外の舞踊雑誌のグラビア写真を見ながら、想像で振り付けを考案するということが当然に行われており、日本で数少ない舞踊指導者ローシーと別行動をとったことによって、石井漠やモリノは既に指導者的立場となっているが、モリノがアンナ・パブロワの代名詞であった『瀕死の白鳥』を踊るようになるのは、まだ先のことである。

このようにオペラ隆盛の先陣を切った石井漠やモリノらは、舞台のみならず映画界にも進出する。大正七年三月三十一日、浅草公園の遊楽館にて封切られた日活映画『生ける屍』(田中栄三監督)には、石井漠や糸井繁代、山口はるみ、またヴァイオリニストでオペラ作者でもあった渡辺吉之助ら東京歌劇座のメンバーがスクリーンに初登場。トルストイ作の戯曲『生ける屍』は島村抱月・松井須磨子が率いる劇団・芸術座で上演されたことによってヒットし、さらには挿入歌として作られた「さすらひの唄」(中山晋平作曲・北原白秋作詞)が全国的な流行歌となったことによって、当時としては一般の演芸ファンにもポピュラーな作品として定着しており、その演劇でのヒットの影響を受けて制作された作品であった。西洋映画の台頭によって日本映画の改革が叫ばれるようになっていた時代背景の中、新劇出身の田中栄三らの野心的なメンバーによって「向島革新映画」（東京市向島区に撮影所があったため）という名目で製作された作品であり、日本で初めてキャスト・クレジットを掲出したという、映画史からみても重要な作品といえるものである。配役は立花貞二郎＝リーザ、山本嘉一＝フェージャ、藤野秀夫＝アレキサンドルフ、衣笠貞之助＝サーシャというもので、東京歌劇座の一行はジプシーの舞踊家としての特別出演であったが、残念ながらフィルムは現存していない。

またこの頃、大正二年に創業した東京蓄音器株式会社においてレコード録音も行っており、舞台でもたびたび上演された『女軍出征』（レコード番号　一一六五／一一六六）、『戦争と恋愛（ジェロルステイン大公妃閣下）』（レコード番号　一一六一～一一六四［図⑧］）では、それぞれ仏国女士官と女公妃殿下の主役を演じ大正七年四月に発売され、他にも喜歌劇『ピスターの結婚』（一一六九／一一七〇）や、お伽歌劇『地獄の裁判』（一一六七／一一六八）、珍しいところでは童謡「お月様／さくら」（一〇六一／一〇六二）などの発売記録も残されている。現在プロマイドや雑誌のグラビアで残されたモリノの写真の多くは無表情なので、エキゾチックで寡黙な雰囲気を強く受けるが、どの録音を聞いてみてもモリノは軽く天真爛漫で、声は細いソプラ

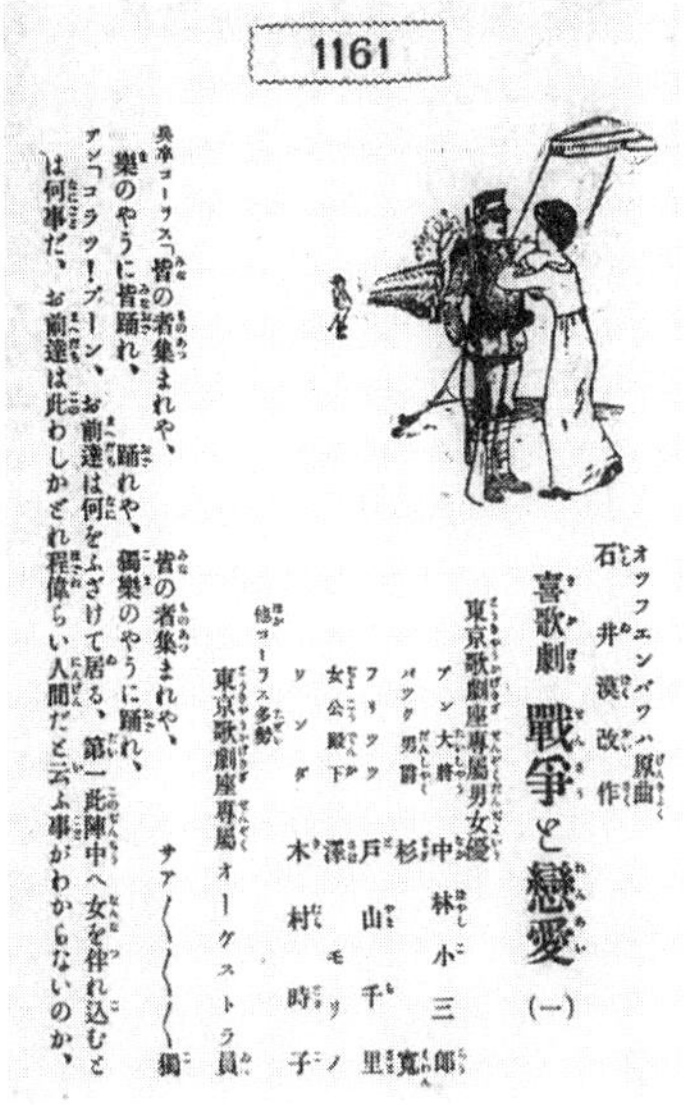

図⑧　東京蓄音器株式会社より発売された『戦争と恋愛』の歌詞カード（大正７年）

図⑨　東京蓄音器株式会社より発売されたお伽歌劇『つり狐』のレコードレーベル（大正12年頃）

ノである。これらの録音を聞くことによって、『クリスマスの夜』の花子なんぞになると、本統《ママ》に六つか七つの女の子に見えるから不思議である

（『演芸画報』大正八年四月）

と評されていたことについても納得ができ、また「素顔もチャーミングだった」（遺族談）という部分も垣間見ることができる。モリノの本領であるダンスの実力を知ることができる映像資料等が現在のところ皆無な中、モリノの演技や歌声が残されていることは奇跡的とも言えるのではないだろうか。他にも大正後期にはレコードレーベルにモリノの名前がクレジットされた唯一のレコードと思われる、お伽歌劇『つり狐』（レコード番号　三一六一A／三一六一B〔図⑨〕）が発売されている。このレコードでは天野喜久代、児童教育としてのお伽歌劇を推進し、鶴見花月園少女歌劇の指導を行っていた町田櫻園と共演しているのが特筆すべき点である。

浅草オペラ全盛期のモリノ評を当時の文献より書きだしてみる。

永井徳子客死し、原信子引退して後は、歌劇女優の王冠は忽ち澤モリノに加はつた。

（『演芸画報』大正八年四月）

オペラの女王として多くの若人の憧憬の的となつてゐる。

（梅野薫『オペラローマンス』）

「若き牧神と水の精」の水の精はパッショネートなものである。然し氏は「チャラダンス」の如き軽快なダンスの方が個性と合致するところがある。技巧的な肉体の波動、そこに氏の舞踏が生きてゐる。「王女メロ」（印度を舞台にした斎藤佳三の作品）の一面センチメンタルなものもいいところがある。

（『オペラ』大正八年六月）

僕が逢った澤モリノは可なり真面目の女であった。何でも僕が日本館の三階の一番奥の狭い部屋に彼女を訪れた時は『戦争と恋愛』の女王殿下の衣装を脱ぎ終へたばかりのところ（略）膝に両手を揃へて、伏し目勝にねってゐる態は、遂つい先刻まで、舞台の上で女王殿下として活躍した女とは思われなかった。

（小ぐら生『女盛衰記』）

また当時のオペラ雑誌で催された人気投票「舞踊の部」では、

澤モリノ　二〇七二票
一條久子　一二六三票
河合澄子　一二二九票
瀧川すゐ子　一一八八票
二見秀子　一〇五七票

図⑩　澤モリノのプロマイド（大正7年）

今村静子　一〇〇九票
石井小浪　九七四票
松山浪子　九三一票
松木みどり　八六二票
高砂松子　八三三票

（『オペラ評論』大正八年八月）

とモリノは群を抜いた票を獲得しており、常にライバルとして比較される河合澄子の票を大きく引き離していることがわかる。

このように女王の名を欲しいままにしていた大正七年二月のこと、モリノや漠の身の周りにトラブルの臭いが立ち込めるようになる。日本での高級オペラ普及の申し子とも言うべき存在であった清水金太郎が、ピアニストの草分け的存在であった澤田柳吉（一八八六―一九三六）を引き連れて、それまで楽壇の差別の的となっていた浅草、そして東京歌劇座に入座することになったのである。それまで庶民が観聞きすることができなかった高級芸術の体現者が民衆の街・浅草に出演したことは楽壇にとってはショッキングな事件であったといえるが、一方では、一座の舞台監督で重要なポストについていた親分肌の石井漠［図⑪］のもとに、かつての帝劇では指導者であった清水が入座したことによって、劇団内部の雰囲気は変化し、険悪な空気になったとされ、早速、清水が入座した翌月には石井漠・モリノ一派と清水金太郎一派は別行動を取るようになっている。

またモリノはいろいろと慌ただしかったこの時期に夫との子を宿したために、「重病」という名目で活動を制限しながら無事に出産をしているようである（しかし子供は乳児期に亡くなっているらしい）。

そして石井漠一派は関西方面を興行していたが、大正七年八月の京都夷谷座公演時には試験的に「東京オペラ座」を名乗って公演を行っており、遂には東京歌劇座の名を清水金太郎に譲り渡して、大正七年十月には新しい劇団である「オペラ座」を古巣の日本館で正式に旗揚げ。ここには外山千里、千賀海寿一、桂城二郎、宇津美清、高田昇（高田稔）、新井秀男、波島章次郎、深海一男、岩間百合子、石井小浪、澤野文子、神山仙子、花園蝶子らが集まり、同月四日には日本館にて初公演を行ったが、同月二十八日には東京歌劇座の旗揚げから数えて一周年記念公演を行っており、清水金太郎を意識したものととれなくもない。当時の広告には「記念品贈呈」と「澤モリノ嬢（全快出演）」が大きく掲げられており、上演された『チョコレート兵隊』で演じたナディナ役はモリノの当たり役となり、さらに名声を高めることになった。また、このオペラ座には夫の小松三樹三もコンダクターとして加わるようになったとされ、新居を浅草三間町に構えている。当時の演芸雑誌にはモリノ家の訪問記も残されており、

図⑪　石井漠

モリノは小さい鏡に向かって、ポットの手を忙しく動かした、黄ばんだ皮膚は急にバラ色に輝いて来た。帽子を取ると、「あなた、行って来ますよ……」とやさしい挨拶、右手に巻いた音譜を風呂敷包みにし、洋服を和服

に替へたなら、大丈夫区役所のお役人の令夫人位には思はれるだらう〔略〕幕が下りて楽屋に行くと、もう其処に帝劇への出勤時間が迫ってゐるのに、小松はちゃんと待ち受けてゐた。「オイ、駄目ぢゃあないか、あんな事で……」とむずかしい顔をする。「だって、皆が巫山戯《ふざけ》て終ったんですもの」ペネロープは、舞台そっくりの可愛い顔を向けて微笑んだ。（『花形』大正八年九月）

とモリノ夫妻の様子が記されている。なお、石井漠の妻であった八重子も三井八重子と名乗って歌劇女優として舞台に立ち、夫人の妹であった石井小浪も初舞台を踏むことになる。そして、人気と実力共に斯界第一人者となっていたモリノのもとには弟子志願者が集まるようになり、中でも才能豊かな澤野文子、澤野菊子、澤野ミツ子ら数人を内弟子として住まわせ、常に行動を共にさせていた。大正八年になるとオペラ花盛りの裏側で、原信子の引退表明と渡米、また高木徳子の逝去などオペラ界を騒然とさせる出来事が立て続けに起こり、モリノの周辺では四月に石井漠が半年間の入院。解散した原信子歌劇団のメンバーの多くが、そのまま日本館に残ってアサヒ歌劇団と名乗り、また以前より出演していたアサヒ歌劇座（旭少女歌劇団）、そして漠が不在のオペラ座と旭興行下の三座のメンバー混合の公演が行われるようになっていた。当時の雑誌には「日本館の前を見ると夥しい騒ぎを演じて居る。満員客止の処へ又々押寄せた青年男女が入替りを待って居ると云ふ勢ひである。石井漠澤モリノ等の旭歌劇団の魅力と人気は大したものだなと思ふ」（『花形』大正八年三月）と記されている。

この日本館では他の劇団と同様に日本での初演オペラを立て続けに手がけており、

七年十月二八日　　喜歌劇『チョコレート兵隊』（ナディナ役）

七年十二月四日　喜歌劇『愛の薬』（アゲナ役）
七年十二月十六日　悲歌劇『ロミオとジュリエット』（ジュリエット役）
八年三月二日　喜歌劇『フラ・ディアボロ』（ツェルリーナ役）
八年三月二十六日　喜歌劇『名医スガナレル』（ルサンド役）
八年四月七日　歌劇『ファウスト』（マーガレット役）
八年十一月二十日　『ペンザスの海賊』
八年十二月十一日　歌劇『夢の姫君』（モリノ不出演）、新舞踏『ジプシーの生活』（ジプシーの女役）
九年二月二十五日　喜歌劇『ホフマン物語』
九年三月二十日　喜歌劇『魔法使い』

という物凄い勢いで、その取り組みへの姿勢には感服せざるを得ない。これらの作品の訳詞は後に音楽評論家となる小松耕輔が、義妹モリノの活躍する劇団に若松美鳥の変名で特に提供したものである。また筆者が確認できた範囲でモリノが演じた役名を括弧内に記したが、そのほとんどが主役であったことがわかると同時に、舞踊家としてだけではなく歌い手としても舞台に立っていたことがおわかりいただけるだろう。

多くの有名無名の歌劇団が生まれ出でては短期間で解散していくという中で、オペラ座は真面目にオペラに取り組み堅実な歩みを続けていたものの、物珍しさが観客を呼んでいたともいえる浅草オペラ自体が次第に落ち着きを見せはじめ、日本館も遂に大正九年四月二十四日から活動写真の常設館になってしまい、オペラはアトラクションになってしまうのであった（アトラクションとして岩間百合子・千賀海寿一夫妻のミカド座、高田雅夫指導の少女歌劇アサヒ座、東京喜歌劇団らが出演しているが、六月には完全に活動写真館となる）。ここで浅草に見切りをつけたオペラ座の一行は、早速大正九年四月には大阪千日前にあった複合レジャー施設・楽天地に出演。ここでは関西のオペラファンに熱狂的に受け入れられていたようで、

今度のオペラ座一行の人気と来たら素晴らしいもんだ龍宮殿（オペラ常演館）からオーケストラが流れて来ると蓬莱宮（新派劇とシネマの上演場）の観客は一時になだれを打って寄せて来る。見る見る内に龍宮殿は立錐の余地なき迄に充満る、それは新派の人に気の毒なほどだ。で今楽天地は七分オペラの客と云っても過言ではあるまい

（『歌舞』大正九年六月）

という大盛況の様子が記録されているが、実のところ石井漠は病気のため二か月にわたって入院を余儀なくされており、実質的には澤モリノの一枚看板での公演だったといえるのではないだろうか。

その後オペラ座は帰京し、大正九年十月には根岸興行部の専属となるものの、浅草六区の劇場に出演することは一切なく、十一月からは麻布南座や横浜劇場、本郷座などに出演し、地方の劇場を中心に出演するようになる。そしてその後、派手な動向は見てとれず、大正十年二月には北海道、春から初夏にかけては名古屋御園座～大阪楽天地、京都明治座などの中京・関西興行を行っていたが、同年九月に早稲田劇場にて新劇団・民衆歌舞劇団を旗揚げ。ここでも石井漠を中心にモリノ、初期の東京

歌劇座以来の顔合わせである杉寛、河合澄子が一座の幹部として集まり、他にも小島洋々、鈴木元夫、中根龍太郎、高須操三、松島榮美子、二葉照子、奈良八重子、園かおる、吉井郁子、澤野文子、石井小浪、間君代、上野一枝などのオペラ界の中堅どころから若手アイドルまで幅広い顔ぶれが勢揃いして公演が行われた。そして同年十一月には浅草の金龍館が観物場から劇場へと改装するために一時閉館したことによって、金龍館の専属歌劇団であった根岸歌劇団が早稲田劇場に出演することになり、民衆歌舞劇団との合同公演が行われている。

当時の根岸歌劇団には清水金太郎、藤村梧朗、町田金嶺、柳田貞一、高田雅夫、田谷力三、大津賀八郎、原せい子、安藤文子、木村時子、清水静子など、オペラ界を支えてきた重鎮が名を連ねており、まさに豪華絢爛な浅草オペラ最大のスペクタルが実現している。ここでは石井漠・澤モリノ、高田雅夫・原せい子という常に意識しあっていた舞踊の大家コンビが、互いのパートナーを取り換えて舞台出演を行っており、かなりの意外性もあったためか早稲田劇場も開場以来の大入りを記録したようである。

この公演は十一月末で終了し、根岸歌劇団は金龍館、モリノらの民衆歌舞劇団は東北巡業の旅に出たのだが、ここで突如として不幸が見舞ったのである。興行先の仙台に到着するやいなや夫の小松三樹三が亡くなったのである。享年三十一歳。小松は劇団オーケストラのコンダクターであり、ヴァイオリニストとして音楽に精通していただけに、石井漠も大きな信頼も寄せていたことから歌劇団としても大きな痛手であり、モリノは仙台歌舞伎座における公演を「モリノ自身の病のため」という名目で一部休演。その後、一行は盛岡劇場、福島と公演し年末に帰郷。大正十一年の正月は早稲田劇場の

図⑫　澤モリノのブロマイド（大正８年）

公演で迎えているが、再び冬の北海道公演へと旅立っている。そして、それまで舞踊のコンビとして行動を共にしていた石井漠が次第に本来の創作モダンダンス活動に力を入れるようになり、同年三月には「石井漠舞踊発表会」に出演し、十八番であった『ジプシーの生活』では漠のパートナーを演じた。その後はオペラ座として関西興行を行っているものの、同年八月にはモリノが根岸歌劇団に移籍したことによって約五年間続いたコンビは解消することとなった。なお、石井漠は十一月十九日に初日を迎えた帝劇での公演を最後に、十二月十二日義妹・石井小浪と共に舞踊研究のために渡欧する。

この頃になると浅草オペラの衰退と共に、モリノ自身の人気も落ち着きを見せて、大正八年頃のオペラ俳優人気投票では上位の常連であったが、大正十年七月の人気投票結果では三十五位以内にも入らぬ欄外となり、その後は十五～二十位の間を行ったり来たりという結果になっている。また、それまでゴシップとはほど遠い存在のモリノであったが、夫の死の寂しさを穴埋めするかのように一座のコーラスボーイとの関係が取り沙汰されたのも人気低迷の原因になったのかもしれない。

そして大正十二年三月に根岸歌劇団の関西興行が行われた際、モリノも当然のことながら公演に参加していたものの、そのまま現地で根岸歌劇団を退団。浅草へは帰らずに京都の岡崎で営業していたパラダイス遊園（大正十一年八月開園）の専属歌劇団であるパラダイス歌劇団の出演者として招聘されている。この当時は日本各地でご当地歌劇団の設立がブームとなっており、このパラダイス歌劇団も遊園地の余興として流行に乗って旗揚げされたと思われるが、実質的にはモリノを中心とした劇団で「澤モリノ一座」と称されてもいる。それまで夫や内弟子、石井漠夫妻とその弟子たち、また帝劇時代からの昔馴染みと共に堅実な活動を行って来たモリノにとって、濃いキャラクターが勢揃いした、かつての対立相手でもあった根岸歌劇団は水に合わなかったのかもしれない。モリノは雑誌に、

感じのよいもの、きれいなもの、まるでお菓子のやうなものとして、妾たちは、宝塚少女歌劇をきいて居ります。また、試みて居ります。〔略〕みんなが年若い少女で、色気もなければ、妙にお客をあてこんだ人気本位のないこともい丶と思ひます。それが又、おのおのの人たちのアートを、すくすくと何のわだかまりもなくのびさせるのでも、ございませう。（『歌舞』大正十一年三月）

という記事も寄稿していることから、自らの行く道を実現させるために座長となってパラダイス遊園への出演を承諾したのかもしれない。メンバーは澤文子（澤野文子）、澤柳文代、中村米子、八島満寿子、富士美根子、澤野道子、澤野不二子、小川昌子、明原静子、静浦千鳥、松浦旅人、河辺喜美男、子倉陽一郎、原田勇、根本弘などで、根岸歌劇団からスターを引き連れた形跡はなく、大正十二年五月に初公演。パラダイス歌劇団の初演プログラムは以下の通りである。

戯曲『破壊の跡』劇作部補筆ピンスキ原作　一幕
舞踊小品『スパニッシュ』シューバッハ作　一幕

新舞踊『ボール』キレー作曲

少女歌劇『石童丸』劇作部編　一幕

舞踊『パレット・アルバム』阿部徳編曲・松浦旅人作

ちなみに旗揚げメンバーとして名を連ねている静浦千鳥という人物は後に映画女優として名を残すことになる浦辺粂子《くめこ》で、一番弟子の澤文子は楽天地に出演していた楽劇座へも掛け持ち出演をしている。また気になるのは、青森県出身の石井漠門下であった無名ダンサー根本弘（森博）がスター格として扱われていることで、この根本とモリノは内縁関係にあり、その後のモリノの人生に大きな影響を与えることになる人物である。

パラダイス歌劇団の公演は好評であったが、大正十二年八月には一座の人気者であった松浦旅人や中村米子らを残して、モリノは弟子や出演者の一部を引き連れて脱退、そして一行は大阪千日前の楽天地に出演していた柳田貞一、堀田金星、井上起久子たちの楽劇座に合流する。

兎に角此の一座は澤モリノ、中根龍太郎の新加入に依って益々人気が湧いて来た。

（『オペラ』大正十二年九月）

とも記されるほどに一座は盛り上がっていたところであったが、大正十二年九月一日午前十一時五十八分、突如としてマグニチュード七・九の大地震が東京方面を襲い、デマや誤報のために日本中がパニックに陥ることになった。モリノたちが出演していた関西も例外ではなく（多少の揺れは感じたらしい）一座内は騒然となり、モリノは大阪の舞台を休演し早速帰京することになった。モリノの自宅があり、オペラの聖地であった浅草の街は無残にも崩壊し、さらには大規模な火災による被害も重なって日も当てられないような状態になっていた。その後、一時的ではあるが混乱のために多くのオペラ俳優たちの安否確認が取れず、田谷力三や木村時子などのスター俳優たちも休養を取っている。モリノは年内を休業し、その間に中根龍太郎、高須操三、雄島鈴子、東山照子らの俳優たちに声をかけて一座結成の準備を進め、翌十三年一月二十日より名古屋・中央劇場にて「本邦初代表的歌舞劇団」と銘打って「澤モリノ歌舞劇団」の震災後初公演を華やかに開幕することができた。

図⑬　ポーズをとるモリノ（大正９年頃）

その際のプログラムは以下の通りである。

ミュージカルプレー『噂』グレゴリー夫人作

舞踊『人形ダンス』モリノ振付

歌劇『沈鐘』ハウプトマン原作

バレエ『思ひ出』ドルドウラ作曲

舞踊『子守』モリノ振付

歌舞劇『女軍出征』伊庭孝作

名古屋・中央劇場は東京少女歌劇団が常打ちしたり、かつては岩間百合子らによって中央歌劇団が旗揚げされた劇場であったために、オペラを受け入れる土壌が育っていたこともあり、モリノの十八番とされていた舞踊『子守』や、浅草オペラの定番『女軍出征』の上演で一層盛り上がったことと想像できる。その後、一時期伊勢方面を巡業していたが、新たに人気女優の松山浪子と千種百代を加えて三月三十一日には再び名古屋・帝国座に出演し、その際には『ロミオとジュリエット』や『セヴィラの理髪師』などの名作オペラを上演。同時期には根岸歌劇団が分裂して、相良愛子らによって新たに旗揚げされたミカゲ喜歌劇団の公演も名古屋で行われており、かつての浅草六区の隆盛を思わせるようなオペラ合戦を繰り広げ、七月十五日からは大阪道頓堀の松竹座で上演の舞踊劇『雨乞』に単身出演。

こうして、非常に好評を得た中京・関西での活動を終えて、大正十三年秋頃に浅草へ舞い戻り、震災後の浅草オペラ活動の中心となっていた森歌劇団へ参加することとなった。森歌劇団は雑誌『オペラ』を発行していた東京市議の森富太によって旗揚げされ、オペラ館で公演を行っていた歌劇団である。ここには清水金太郎、田谷力三をはじめオペラ界の実力者が集結しており、かつてのライバルであった河合澄子もほぼ同時期の十月に森歌劇団へ加入。その際のプログラムは以下の通りである。

大歌劇『マルタ』田谷力三・天野喜久代・園晴枝

舞踊劇『嫉妬』澤モリノ・北村猛夫

問題女優『河合澄子のフラフラダンス』

歌舞劇『杵響誉の仇討』澤モリノ・柳田貞一

河合澄子の新加入が大々的に宣伝されていたが、相変わらずの挑発的なパフォーマンスが風紀を乱すということから『フラフラダンス』は上演禁止となり、河合はあっさり劇団を去ることとなる。

この頃になると以前にも増してオペラ俳優たちの離合集散が激しくなり、留学から帰国した石井漠・石井小浪、高田雅夫・原せい子らは舞踊界の権威となってモダンダンスの研究に精進し、また多くのオペラ俳優たちがレコード歌手や映画俳優に転身したり、目に見えて浅草オペラの衰退が見られるようになる。モリノも例外ではなく大正十四年二月には合同歌劇団、同年六月には杉寛との合同一座を旗揚げし、聚楽座や浅草遊園第二館への出演などの記録は残っているものの、その動きは極めて不安定であり、そこに加えてたび重なる出産による休演などでスターとしての存在感は薄くなっていった。そして、時は昭和へと移り変わることとなる。

4――浅草オペラの凋落とモリノの放浪――その死まで

大正十五年頃から昭和五年上半期頃まで、モリノは他の歌劇団に加わることなく、関西地方のキャバレーに出演したり、内縁関係であった根本弘と共に「澤モリノ歌舞劇団」を名乗って日本各地を巡演しているようであるが、浅草の地に長期にわたって出演した形跡がほどんど見られない。このような散逸的な行動を取っていたモリノの名が、再び大々的に浅草に登場するのは昭和五年六月八日から昭和座で開演した奇術師・松旭斎天勝《しょうきょくさいてんかつ》一座でのことで、根本弘が満州へ渡ったまま蒸発したことから一座は解散となり、やむなく古巣に帰らざるを得なくなったようである。天勝一座でのモリノは奇術の合間に「オーションダンス」「カウボーイダンス」を披露し、健在ぶりをアピールしたが、その後の天勝一座の興行には参加せず、そのまま浅草に残って、帝京座に出演していた混成舞踏団に参加し、

六月の昭和座に天勝一座で踊ってゐた澤モリノまでが、そこへ「混成」して来て、十年前と同じ
「子守」や「ジプシイ生活」――顔を動かすと、猿のような皺だ。

と川端康成の小説『浅草紅団』に記されている。

すでにオペラは浅草から影を潜めて、昭和四年に電気館で上演された「電気館レビュー」を嚆矢として、水族館でのカジノ・フォーリーなど、浅草はモダンなレビュー時代を迎えており、すっかり様変わりしてしまってはいたが、出演者のほとんどが浅草オペラで活躍していた昔馴染みであった。そんな昭和五年十一月、若きスターとして浅草の寵児となっていた榎本健一（一九〇四―一九七〇）ら一派が分裂騒ぎを起こして、かつてモリノと同じ釜の飯を食べた外山（佐々木）千里が玉木座で旗揚げしたレビュー劇団「プペ・ダンサント」に参加。ここには榎本健一をはじめ、モリノ、清水金太郎・静子夫妻、杉寛、柳田貞一、北村猛夫、二村定一《ていいち》、そして淡谷のり子ら新進声楽家らも集結しており、今となっては豪華極まりないメンバーといえる。その後の足取りとして、昭和七年には浅草オペラ時代からのバリトンでジャズ歌手へと転身していた藤村梧朗と新東京楽劇団を旗揚げし、神奈川方面に出演したということであるが、興行トラブルに巻き込まれて間もなく解散。

そして遂に行き場がなくなり気を落としたモリノは、昭和七年三月頃には時代の名士となりつつあった石井漠のもとに現れる。その時のモリノはみすぼらしい服装で子供を抱えて「この子と一緒に母子心中しようと思う」と石井漠に泣きついたという。既に四十歳を過ぎて、男に振りまわされて幾人

もの子を産み落としては里子に出し、人気凋落の苦悩、体力の限界、生活苦など、多くの問題がモリノの心を蝕んだものと考えられる。そんなモリノの姿を見た盟友・石井漠はモリノを石井漠ダンス・スタジオの教師として招くことを約束すると同時に、舞踊生活二十周年の記念独演会を開催することを提案。話はトントン拍子に進んで昭和七年五月二十三日に日本青年会館において祝賀会と「澤モリノ記念舞踊会」の公演が行われた。モリノのほかに、高田せい子、岡田嘉子、松山芳野里、黒田謙、南部たかね、天野喜久代、田谷力三らが客演し、華々しくモリノを引き立てたが、石井漠によれば引退公演であったとされ、「モリノ君は「瀕死の白鳥」と「アヴェ・マリア」の二つの舞踊を踊ったが、それは永い間の惨めな楽屋生活にひしがれた痛々しい踊りであった」(『私の舞踊生活』)とも記されている。

それからモリノが実際にダンス・スタジオの教師を行っていたのか不明であるが、同時期に内縁関係にありながら蒸発し、一切連絡もなかった根本弘が突如として姿を現わし、なんと「満州で旗揚げするのだ」と言い放ったのであった。ここでモリノはかつての華やかな舞台を忘れることができずに、ダンス教師という堅実な道を捨てて、根本と共に澤モリノ一座を旗揚げする道を選択したのが運の尽きになってしまった。それまで出産した子どものうち、弘文と暁《さとる》(暁は後に寺へ養子に出される)は青森にある根本の実家に預けられて、根本の父・文助によって養育されていたが、最後まで可愛がっていた七歳の男児は地方廻りの劇団で働いていた衣装係へ養子に出してしまったのであった。

そして十人足らずのレビュー劇団を組織して日本を発ったのは昭和八年三月のこと。この頃のモリノの詳細な足取りについては現在のところ不明な点が多いが、時代遅れのオペラ女優が率いる小さな一座が評判を呼ぶことはなく、行く先々で不入りが続き、なんとか辿り着いたのが朝鮮・平壌にあった金千代座（松竹経営）であった。故国に帰ることもできず、心身ともにダメージを受けていたモリノは、体に鞭を打ちながら『瀕死の白鳥』を踊りぬいたが、モリノにはもう体力も気力も残されていなかった。当時のメディアは「瀕死の白鳥を踊り抜いた直後、舞台に倒れて昇天した」と死の様子を美しく伝えているが、帝劇時代からの友人であった山根千世子によると、劇場の近くにあった小さな宿で誰に看取られるでもなく四十四年の生涯を終えたともされている。スキャンダルにまみれ、火花のように情熱的な一生を終えた高木徳子や、男たちをチャームしながら、したたかに芸能界を生きた河合澄子と比べて、なんとも惨めな死だったといえる。昭和八年五月十四日、享年四十四歳、死因は心臓麻痺だったという。遺体は火葬されたが、日本にいるモリノの家族や関係者に死が伝えられることはなく、ヒモのような存在であったと思われる根本弘は「遺骨はまた取りに来る」との一言だけを宿に残して、以後、関係者の前に姿を現すことはなかったのであった。残された遺骨はしばらく宿にて保管されていたが、宿の主人によって奉天城内にあった奉天寺に安置された。

そして、それから二年以上が経過した昭和十年十月のこと。盟友であり、かつてのダンス・パートナーであった石井漠が皇軍慰問のために朝鮮・満州地方を訪れていたことによって、話は一転することとなる。ある時、石井は偶然に「モリノは朝鮮で客死したらしい」という悲惨な死を伝え聞いたのであった。情熱的で人情家であったとされる石井漠はいてもたってもいられず、多忙な舞台出演などの間をぬって、ある程度の目星をつけながら朝鮮の寺院を訪ね歩く日々が続いた。そして、噂を聞いてから一か月ほど経ったある日のこと、石井は偶然にも奉天寺の無縁仏納骨堂を訪れていた時、花模様の紅縮緬の布に包まれて「釋尼宣眞信女」と書かれた遺骨に目を留めた。その布こそ、モリノが楽屋の鏡台掛けに使用していたものであった。

こうして石井はモリノの遺骨を引き取って、昭和十年十一月十四日に帰国。モリノの死はここで遺族をはじめ、かつての仲間たちに知らされることになり、メディアにも大々的に取り上げられると、かつての関係者の有志によって「澤モリノを記念する会」が発足。「浅草オペラの女王」とまで呼ばれた生前のモリノが、いかに多くの仲間たちに愛されていたかという証しといえよう。

そして帰国からわずか十一日後の同二十五日には、佐々木千里が経営していたムーラン・ルージュ新宿座において舞踊葬が執り行われた。本式の告別式というものではなく、お別れ会といえる形式のもので、この日は石井漠、佐々木千里を中心に石井みどり、石井栄子、天野喜久代、高田せい子の他、帝劇時代の演技指導者であった松本幸四郎、帝劇の西野恵之助元専務、映画俳優として人気絶頂にあった高田稔らの豪華な顔触れに、石井漠の経過報告や松山芳野里の回想談、そして少年ヴァイオリニスト・白海による独奏が参加者の涙を誘ったという。

その後、昭和十一年六月十四日の午前中には、石井漠および「澤モリノを記念する会」の最大目的でもあった墓碑〔図⑭〕の除幕式が東京の多磨霊園にて執り行われている。この墓碑は『瀕死の白鳥』を踊るモリノ像が刻まれたもので（デザイン・河東安英）、生母のタケをはじめ、妹の美代一家、石井漠、佐々木千里、帝劇役員の山本久三郎、石井栄子、小松耕輔らが参列。

墓碑には次のように記された。

図⑭　澤モリノの墓碑

澤モリノ　本名ヲ深澤ちよ　明治二十二年二月十九日
東京ニ生ル
明治四十五《〔ママ〕》年三月　帝国劇場歌劇部第一期生トシテ
入所
大正六《〔ママ〕》年歌劇部ノ解散ト同時ニ　夫君故小松三樹三
石井漠ト共ニ
劇団オペラ座ヲ組織シ　浅草日本館ニ舞踊ト歌劇ノ民
衆化ヲ図ッタコトモアリ
我国ニ於ケル最初ノ大衆女流舞踊家トシテ不断ノ努力ヲ続ケテヰタガ
昭和八年五月十四日　地方公演中　朝鮮平壌ニ於テ客死ス
昭和十一年四月　澤モリノを記念する会

モリノの姪・妙《たえ》の手によって除幕され、同じ多磨霊園に眠る高田雅夫の墓標にも献花が行われて式は厳かに幕を閉じ、ここで「澤モリノを記念する会」の役目は終わりを告げたのであった。

後記――私は二〇一六年五月に『あゝ浅草オペラ――写真でたどるインチキ歌劇』（えにし書房）を上梓し、その中でも「或るバレリーナの一生」として澤モリノの生涯を取り上げているが、この稿は特に書き下ろしとして、より詳細にモリノの生涯を追ったものである。しかし、ただでさえ資料が乏しい中、帝劇から浅草オペラ時代以外の動きについての資料が一層欠乏しており調査は難航した。まず、今回新たに発表する大きな点として、

(1)「明治二十二年生まれ説」

(2)「書家・佐瀬酔梅が義父であった」

が挙げられる。(1)はそれまでほとんどの文献で明治二十三年三月生まれと記されていることから通説になっていたが、遺族の証言により明治二十二年十一月説が有力であることが判明し、ここでは明治二十二年説をとった(モリノのプロフィールが掲載されている最古の名鑑『女優かゞ美』〔大正元年刊〕では明治二十二年生まれとある)。しかし僅か数か月のサバを読んでも無意味と思われる点を考慮すると、夫・小松三樹三が明治二十三年生まれということから同年生まれということにしたのではないかとも考えられるが、これは推測にすぎない。(2)は本文の通りである。

なお、私が「遺族(談)」と記しているのは実妹・美代の次女の妙氏で、今もご健在である。モリノにとっては姪になる人物だが、今となっては生前のモリノと接触のあった稀有な証言者で、文中に記した通り「澤モリノ墓碑」のセレモニーで除幕も行った方である。「昭和六年頃、母と共に浅草へ「猿蟹合戦」を観に行った。終演後は楽屋へ挨拶に行くと、母が二村定一さんと立ち話をしているのを下から見上げて「随分、鼻の大きなおじさんだな」と思った」「モリノ叔母の楽屋の鏡台に小さなキューピー人形がぶら下げてあり、欲しいなぁと思った」「モリノ叔母が家へ遊びに来た時、玄関に変な形をしたものが二つ置いてあった。今考えるとそれはハイヒールだった」など信頼のできる生々しい回想や、昭和二十年代にはモリノの実子(まり子、弘文、暁ら)たちが複数名乗りをあげて、しばらくの間交流があったものの互いに結婚や多忙な時期が重なるうちに音信不通となってしまった、という証言も取材させていただいた。なお、「澤モリノを記念する会」が建立した墓碑は平成二十八年現在も多磨霊園に存在

しており、また文学座附属演劇研究所の十一期生として学んだ新劇女優・尾崎ひろみ（二〇一四年没）はモリノの親族であることも記しておきたい。
また『オペラ評論』（大正八年八月）の人気投票、小松三樹三の生年、モリノと小松氏の結婚年は中野正昭氏「澤モリノの浅草オペラ時代」（『文芸研究』第一二一号、二〇一三年）より引用させていただいた。モダンダンスの誕生や発展、当時のダンスのレベル等について、早稲田大学スポーツ科学学術院教授・杉山千鶴氏、ダンス評論家で作家の乗越たかお氏にご教示いただいた。

（参考文献）

石井漠『私の舞踊生活』講談社、一九五一年
内山惣十郎『浅草オペラの生活――明治・大正から昭和への日本歌劇の歩み』雄山閣、一九六七年
梅野薫『オペラローマンス』梅光社、一九一九年
川端康成『浅草紅団』前進社、一九三〇年
小島貞二『ぼくの人生、百面相――波多野栄一芸界私史』学芸書林、一九九一年
今東光『十二階崩壊』中央公論社、一九七八年
三楽流子・小生夢坊・小ぐら生『女盛衰記――女優の巻』日本評論社、一九一九年
杉浦善三『女優かゞ美』杉浦出版部、一九一二年
筈見恒夫『映画五十年史』鱒書房、一九四二年
増井敬二『浅草オペラ物語――歴史、スター、上演記録のすべて』芸術現代社、一九九〇年

6——浅草オペラの舞踊

杉山千鶴

1――はじめに

浅草オペラでは、舞踊は、喜歌劇、歌劇、歌舞劇、ミュージカルコメディ、ボードビル等々のワンシーンや、舞踊、舞踏、バレー〔ママ〕、ダンス、新舞踊、舞踊劇等、一つの演目として上演され、主として西洋舞踊が踊られた。これらは浅草に集まる大衆に向けて、西洋の音楽・舞踊・服装をライブで紹介するという役割も担っていた。日本舞踊が平面裁断の和服によって下肢に制限を加えたのに対し、西洋舞踊はパンツやスカートの着用により、下肢の動作を豊かに見せた。しかし下肢は、顔や手にくらべ、大脳皮質の一次運動野において機能の占める範囲が狭いために、「人間にとって制御しにくい身体部位」であり、その下肢を自在に動かすためには徹底したトレーニング（レッスン）を要する。[1]

浅草オペラでは、石井漠《ばく》（一八八六―一九六二）、高田雅夫（一八九五―一九二九）、西本朝春《ちょうしゅん》（生没年不明）[2]、澤モリノ（一八九〇―一九三三）、高木徳子（一八九一―一九一九）らが「舞踊界の権威」とされたが、このうち、石井、高田、澤は帝国劇場歌劇部[3]の研修期間に「西洋舞踊」すなわちバレエの指導を受け、高木は滞米中にバレエ等を学んでいる。バレエのレッスンは、長い歴史の間に確立した技法と様式を身体に刷り込む作業であり、同時にこれらを遂行するためのコーディネーションとコントロールを身に付ける作業でもある。したがって彼らが「権威」たりえたのは、ひとつにはバレエのトレーニングを受けたことによって、雄弁な下肢と十全なコントロールとコーディネーションを獲得したことによると考えられる。一方で、浅草オペラの興行が始まってからこれに参加したオペラ役者は、音楽、舞踊、演劇のいずれか、あるいはすべてを学んだ経験を持たずとも、歌劇団入団後にこれらの教育を受けることなく舞台に立った。

本稿では、帝劇歌劇部出身者と浅草オペラ以後のオペラ女優という舞踊家と、両者の担った舞踊について考えたい。

2――踊るひとびと（その1）――キャリア編・帝劇歌劇部の人々

ここでは「舞踊界の権威」のうち、帝劇歌劇部出身の石井、高田、澤の他、原せい子を加えた四名に注目する。

1　ローシーによるスパルタ指導

帝劇歌劇部のカリキュラムは、舞踊には日本舞踊と西洋舞踊があったが、西洋舞踊は当初はミス・ミックス（Miss Mix, 生没年不詳）が、彼女の帰国後の一九一二年からはG・V・ローシー（Rosi, Giovanni Vittrio, 一八六七―?）が指導した。ミス・ミックスについては詳細は不明であるが、後に石井が「いわゆる西洋舞踊」を指導していたことを振り返っている。(4)一方のローシーはエンリコ・チェケッティ（Enrico Cecchetti, 一八五〇―一九二八）の「高弟」であり、(5)チェケッティ・メソッドに基づいた指導をしたと考えられる。東京は三番町にある舞踊練習場で「朝の八時頃から午後三時頃迄日曜と木曜を除いて毎日」(6)というハードスケジュールで行なわれたレッスンでは、ローシーは六尺棒で歌劇部

図①　ローシーの指導（藤井利子氏提供）

員の下肢をアザができるほど打った[7]［図①］。先述の通り、バレエのレッスンはその技法と様式を身体に刷り込む作業であり、それによりバレエの美学にかなった身体がつくられる。ローシーにとって、歌劇部員たちのいかり肩や曲がった膝を矯正することは、使命であったろう。ミス・ミックスによる一年程度の指導では変わることのなかった手強い相手であるが、ローシーはこれに情熱的に取り組んだ。帝劇歌劇部はその名の通り、本来は舞踊家の養成機関ではなかったが、石井、高田、澤の他にも、高田と共に舞踊活動を展開した原せい子（一八九五―一九七七）、欧米で長く活動した小森敏《とし》（一八八七―一九五一）、宝塚少女歌劇のレヴュー路線を創始した岸田辰弥（一八九二―一九四四）など、舞踊家を輩出している。彼らの身体には共通して、ローシーを通じてバレエが刷り込まれているのである。

2　石井漠

石井漠は帝劇歌劇部第一期生である。帝劇歌劇部の公演ではローシーの振付による「西洋舞踏」が上演されたが、絵本筋書を見ていくと、石井漠は群舞作品あるいは群舞パートでは、必ず男性の筆頭にクレジットされていたことがわかる。ローシーは、石井と高田雅夫が「特に技術が優秀だというので」[8]、給与とは別に「ビフテキ料というので別に二十円ずつ」を支給するよう、帝劇に取り計らったという。[9]このように石井はローシーから評価されながら、帝劇歌劇部を中途で脱退している。[10]石井は浅草に進出した理由を、自伝の中で以下のように述べている。

舞踊芸術の発展のためには帝劇や高級劇場の智的な観客よりも、むしろ広範囲な民衆に訴え、民衆の心の中に火の手をあげるのが普及の一歩ではないか。考えようによっては浅草の客は伝統的な観念で固まっている上層階級の観客よりも純真である。これを相手に歌劇及びバレエから入って舞踊普及の種を蒔くのも悪くはない[11]――

図② 最多の再演を誇る『ジプシーの生活』の石井と澤モリノ(『花形』1920年2月号より/筆者蔵)

石井の自伝は一九五一年初版であり、この記述は過去を振り返ってのものであろうが、ここからは、石井が浅草の大衆と共に呼吸しながら舞踊を普及していくというよりはむしろ、彼らを啓蒙する姿勢にあったことが読み取れる。最終的に、石井は「思うに浅草は芸術を製作するところではない。〔略〕そこで製作されるものは粗製濫造を免れない[12]」と言って浅草を去る。その後浅草に登場したのは、一九三〇年二月の一週間、浅草松竹座に映画上映の合間のアトラクションに出演したことが資料より確認されるのみである。

浅草オペラにおいて石井が関わった舞踊作品は表①の通りである。これを見ると、新舞踊、新舞踏とした作品の多いこと、そして再演の非常に多いことがわかる[13]。後者に関しては、自伝にもあるように、大量生産による粗製濫造を避けることと、自身の作品を消費から守ろうとしたことによるものと思われる。加えて石井自身が一九一九年には結核性肺浸潤のため約半年入院し、一九二〇年には幽門狭窄症のため手術を受けており[14]、体調が万全ではなかったこともあろう。

舞踊芸術の普及を目指して自作品を発表した石井は、当然のように紙誌の批評で「無論浅草向きぢやア無い」と指摘された[15]。しかしダンサーとしては、テンポの速い作品であっても、個々の動作やフォルムを丁寧に踊り、流麗な印象を醸し出した点を評価されている[16]。それは石井の身体が、末端までコントロールの行き届いていたことを意味し、ここにローシーの指導の成果の片鱗を感じさせる。また作品については、力強い表現によって「印象的[17]」なものとなったり、複数の作品が「相当に価値のあるもの[18]」と評された。再演を重ねることにより、作品を掘り下げていき、表現に深みが増し磨き上げられたのであろう。

しかしこうした評価は、紙誌に批評文を執筆する／執筆できるような人々によるものである。おそらく西洋舞踊に馴染んでいない浅草の大衆の目には、石井の創作した作品、そして石井というダンサーが、このように映っていたとは考えがたい。

No.	作品名	上演回数	年別上演回数 1917	1918	1919	1920	1921	1922	種別（表記は資料の通り。表②③も同）
／	新舞踊	2回	1回					1回	
1	生きる霊	1回		1回					舞踊
2	若き牧神と水の精	5回							新舞踊、新舞踊詩
3	アーティスト・ライフ	1回		1回					舞踊
4	法悦	1回		1回					新舞踊
5	荒城の月	1回		1回					新舞踊
6	ユモレスク	4回		1回	1回		1回	1回	新舞踊、舞踊
7	明闇	4回		1回		2回	1回		新舞踊劇、新舞踊、舞踊劇
8	純潔	1回		1回					新舞踊
9	フーベリア	1回			1回				新舞踊
10	オリエンタル	2回			2回				古典舞踊、新舞踊
11	水の精	1回			1回				舞踊
a	ダンス	1回			1回				
12	スーヴェニア	2回			2回				新舞踊
13	ジプシーの生活	6回			1回	2回	3回		新舞踏、新舞踊、バレー、舞踊
14	王女メロ	2回				1回	1回		歌舞悲劇
b	古典舞踊	1回				1回			
15	ロズムンダ	3回				2回	1回		無言劇
16	ジプシーダンス	1回				1回			舞踏
17	森の誘惑	2回					1回	1回	新舞踊劇、舞踊劇
18	白鳥の森	1回					1回		舞踊詩
19	ピエロットの夢	1回						1回	バレー
20	アラビア情調	1回						1回	古典舞踊

表①　石井漠の舞踊作品と上演回数（『都新聞』の遊覧案内欄と上演広告、筆者所蔵の現物資料より、石井の関連の認められるものを取り上げた。作品ではなく種別のみ記載されたものは「ａ」「ｂ」とし、ナンバリングの対象から外した）

3　高田雅夫・せい子

高田雅夫は帝劇歌劇部第二期生であり、黙劇『金色鬼』ではタイトルロールを、神話的バレー〔ママ〕『猟《りょう》の女神』では後述の澤モリノと共に主役を務め、またローシーの代わりにレッスンを担当したこともあった。[19] このようにローシーは高田を評価し、また信頼していたことがわかる。

浅草オペラでは高田の持ち味は特に軽快なフットワークにあったが、[20] これらはバレエの三大原則の一つ・エレヴァシオン（elévation 重心の引上げ）によって可能となるものであり、したがってここにもローシーの指導の成果の一部を見ることができよう。また図③の高田の足部は、バレエの5番ポジションにおさまっている。このポジションを遂行するには、アン・デオール（en dehors 股関節の外旋）を要するが、それはエレヴァシオンと同様、バレエの原則である。衣装のデザインにより膝の向きは明瞭ではないが、両足を見るに、股関節が外旋しているものと思われる。このように、高田はバレエの原則を体現できたと考えられる。

図③　『ラ・カーニワル』の高田雅夫と原せい子（『花形』1919年11月号より／筆者蔵）

一方の原せい子は帝劇歌劇部第一期生

であるが、高田よりも遅れて参加している。(21)東京音楽学校に在籍していたこともあり、浅草オペラで
は当初は歌や演技を評価されていたが、後に「熟練した舞踊(23)」との評価を得るようになった。高田の

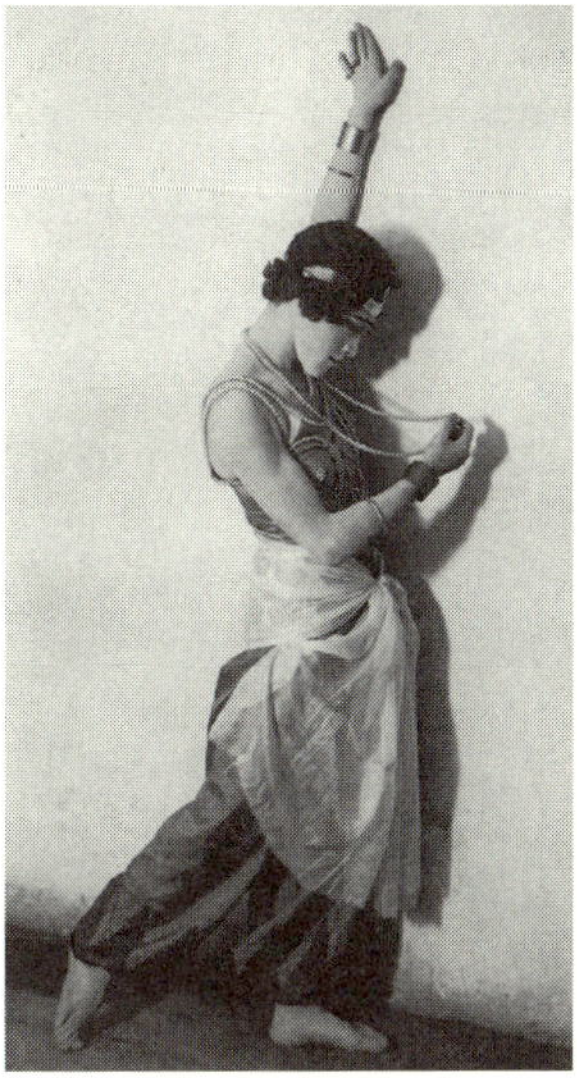

図④　澤マセロ（絵葉書／筆者蔵）

図⑤　堺千代子（同）

作品では常にパートナーを務めていたこと
から、高田の指導を受けて次第に上達して
いったものと思われる。

表②は、高田雅夫の創作した舞踊作品の
リストである。舞踊、新舞踊、新舞踏など
の小品の他、ボードビル(24)や歌舞劇もあり、
かつ数多く創作していたことがわかる。そ
の幅広さは高田の器用さに、その多作は彼
の旺盛な創作意欲によるものであり、そし
てこれを支えたのが妻である原せい子であ
った。特にボードビルに関しては音楽上の
協力をしたことを自身が語っている。(25)おそ
らくは小品においても、振付の段階でパー
トナーとして大いに協力をしたことが推察
される。

また高田の門下には澤マセロ〔図④〕、鹿

No.	作品名	上演回数	年別上演回数 1918	1919	1920	1921	1922	1923	種別
1	パンフェター	1回	1回						新舞踊
2	勇ましきカウボーイ	1回	1回						舞踊
3	ジプシー・ライフ	2回	1回		1回				舞踊
4	ハンガリアン	1回	1回						舞踊
5	雪の精	1回		1回					バレー
6	ディアナと半獣神	3回		1回	1回		1回		舞踊
7	回想	1回		1回					舞踊
8	ロシヤンダンス	2回		2回					舞踊、新舞踊
9	雪おと	2回			1回	1回			新舞踊
10	スパニッシュダンス	1回			1回				なし
11	ラ・カーニヴル	3回			2回	1回			舞踊、新舞踊、舞踊
12	ボートビル	11回			2回	3回	5回	1回	ダンス、ミュウジカルプレー、新舞踊、舞踊、舞踏、なし
13	アバッシュダンス	2回			2回				なし、仏国舞踊
14	ピエロットの夢	1回			1回				新舞踊
15	流行ダンス	1回				1回			舞踏
16	春	3回				2回	1回		バレー、新舞踊、舞踊
17	いちご	1回				1回			新舞踊
18	ジャンピング	2回				2回			ボードビル、なし
19	舞踏	2回				2回			日露大合同ボードビル
20	エスパニヨル	1回				1回			舞踊
21	甘き人々の群	2回				1回	1回		歌舞劇
22	ジプシー	1回				1回			舞踏

表②　高田雅夫の舞踊作品と上演回数（『都新聞』の遊覧案内欄と上演広告、筆者所蔵の現物資料より、高田の関連の認められる作品を取り上げた）

23	パッシングショウ	3回				1回	1回	1回	ボードビル
24	ハッピイ・ニウー・イヤー	1回				1回			ボードビル
25	活動の女王	2回			1回		1回		ミュージカルプレー
26	ニュー・ファッション	1回					1回		ボードビル
27	スカッチ・ダンス	1回					1回		ボードビル
28	ファンニーホーム	1回					1回		ボードビル
29	グリイダ	2回					2回		バレーパントマイム
30	ボールスラッフィング	2回					1回	1回	ボードビル
31	月の世界	2回					2回		舞踊、ボードビル
32	流行歌	1回					1回		舞踊

島浩滋、藤田繁、堺千代子〔図⑤〕、宮操子らがいるが、このうち澤マセロは「秘蔵弟子[26]」とされ、高田の振付作品に出演し[27]、高田夫妻の離日後には、これを引き継ぐかのようにボードビルを創作している[28]。鹿島浩滋は後にエノケンこと榎本健一（一九〇四―一九七〇）率いるレヴュー劇団で振付を担当している。澤もまた、浅草オペラ衰退後も浅草で活動を続けており、この両者は浅草オペラ以後も軽演劇において舞踊創作を継続したのである。また高田夫妻は後に浅草を去り、我が国のモダンダンスの草創となったが、藤田、堺、宮は夫妻を追うようにモダンダンスへと進んでいる。このように、後に舞踊家として活動するような門下生が育ってきたということも、高田の精力的な作品創作を支えたのである。と同時に、高田・原夫妻の門下からは、軽演劇の舞踊とモダンダンスの二つの流れを辿ることができる。このことは、近代日本の洋舞史を考える際には留意すべき点であろう。

一九二二年八月二十五日初日の根岸歌劇団公演は、「高田雅夫渡欧特別興行」を謳っていた。同年九月には高田夫妻はボードビル研究のため日本を発ったが、その費用はすべて根岸興行部が負担した(29)。高田の創作するボードビルが観客動員に貢献したことを、それを興行サイドが評価したのであろう。ここではこのボードビルに注目する。

表②によると、ボードビルには演目名と作品名の双方がある。また作品名の場合、その演目名は多様にある。また同一の作品名であっても内容は異なるため、必ずしも再演ではないことがわかる。このことから、流行歌や舞踊、寸劇等、複数の場面から成る作品を、演目名であれ作品名であれ、一括して《ボードビル》と付したものと思われる。作品名を『ボードビル』としているものは十回上演されているが、今後はそれらの内容を詳細に検討し、演目名との関連を確認する必要があろう。

表③は高田雅夫の関与の認められた舞踊作品を種別・年ごとに上演回数をまとめたものである。これによると、ボードビルが最初に発表されたのは一九二〇年であり、翌一九二一年には倍増、一九二二年には微増しているのがわかる。また一九二二年に関しては、高田雅夫渡欧特別興行を最後に上演されていない。しかし夫妻が不在の一九二三年には三作品上演されており、うち二作品は前年にも同一の作品名が認められる。そのうちの一作品は、両年とも高田の編作按舞であるが、もう一方の作品は、一九二二年は高田の編作按舞、一九二三年は按舞・編曲とも高田と石井行康の連名となっている。この石井行康もまた帝劇歌劇部出身であり、ローシーの指導を受けているので、舞踊場面に関して修正をしたり、場面を差し替えたり追加したものと思われる。

このように高田夫妻が不在の間も、高田の創作したボードビルがそのまま再演されたり、あるいは手を加えられたものが上演されていたのである。

4　澤モリノ

澤モリノは、ローシーに見込まれて芸名をつけられた[30]というエピソードを有し、先述のようにローシー作の『猟の女神』では高田と共に主役を踊った。浅草オペラでも「随一のダンサー」[31]「舞踊の名手」[32]等、ダンサーとして高い評価を受けている。モリノの舞踊は「燕」[33]や「軽舟」[34]に譬えられ、「軽快」[35]と形容された。それは小柄な体格[36]もさることながら、高田同様、エレヴァシオンが十分に身に付いていたことによるものと考えられる。

種別	上演年					
	1918	1919	1920	1921	1922	1923
舞踊	3	3	3	3（※1）	6（※2）	
舞踏				3（※1）		
新舞踊	1	1	3	4（※1）	1（※1）	
バレー		1		1		
バレーパントマイム					2	
ダンス			2（※2）			
仏国舞踊			1			
ミュージカルプレー			1（※1）			
ボードビル				4	6	3
歌舞劇				1	2	
なし			2	1	1（※1）	
ボードビル上演回数			3	7	10	3

表③　高田雅夫の舞踊作品の種別・年別上演回数（『都新聞』の遊覧案内欄と上演広告、筆者所蔵の現物資料より、高田の関連の認められる作品のみ取り上げた。※印はボードビルの内数）

図⑥　可憐な印象の澤モリノ。口元に添えた手が強調している（絵葉書／筆者蔵）

図⑥は、トウシューズを履いてポーズをとるモリノである。トウシューズの先端部分で立つためには、全身を支える筋肉の強さと十分なエレヴァシオンが必要とされる[37]。ことに後者は、足指部分にかかる負荷を軽減するためには不可欠となる。これらは日々のトレーニング（レッスン）を通じて身に付くものであり、不十分な場合は先端の面が均等に接地せず、踵が落ち、足関節と膝関節が伸展せず、下肢は一本のラインを描くことはできない。しかしモリノの支持脚（右脚）を見ると、トウシューズの先端で立ち、膝関節が伸展し、踵が引き上がり、下腿（ふくらはぎ）の筋肉が高い位置で収縮しているのが見て取れる。これらはいずれも十分にエレヴァシオンがなされていることによる。また体幹部は翻る衣装に隠れてはいるものの、左肩の位置から、その向きは真横よりやや右奥であるものと推察される。そして支持脚の膝と足部は真後ろに近い奥を向いており、さらに膝と足部の向きは同一である。これらのことから、支持脚に限られるが、アン・デオールがなされていることがわかる。高田同様、モリノもバレエの原則二つを体現しているのである。

先述の石井漠は舞踊芸術を普及すべく自作品を発表したが、それを可視化するダンサーとして自身のパートナーに選んだのは、多くはモリノであった。石井は舞踊芸術というものが、作品、そして優れたダンサーによって実現可能になると考えていたものと思われる。

3——踊るひとびと（その2）——ノンキャリア編・コーラス・ガールたち

1　舞台で学ぶ

浅草オペラでは、その初期から地方巡業が行なわれており、紙誌には批評文やゴシップ記事が掲載され、さらに『オペラ』『歌舞』など専門誌も刊行されていた。そのため、浅草オペラは浅草近辺に限定されない高い知名度を有していた。オペラ俳優／女優は、洋服を身に着け、少々濃い目の化粧を施し、西洋音楽を歌い、西洋舞踊を踊り、ストーリー上、自分の感情を高らかに表出していた。そして何よりも舞台に立ち、照明を浴び、観客の視線を受け止め、ファンからの声援やプレゼントを頂戴する、華やかな存在であった。彼ら／彼女らに憧れ、「歌劇病に罹った」り、あるいは華やかな日々を過ごしながら「楽しく」収入を得たいとの思いから[38]、「歌劇俳優募集」の広告に応じて、あるいは押しかけて歌劇団に入団する者もいた。そしてたとえ初心者であっても、即座に舞台に立つことができた。帝劇歌劇部出身者は研修期間に音楽・舞踊・演劇の教育を受けたが、歌劇団には新人を教育する時間と場所の余裕はなく、したがって彼らは舞台に立つ経験を積み重ねることによって学習したのである。それゆえに帝劇歌劇部や音楽学校等の出身者が主役や準主役など役付きになるのに対し、彼らはコーラスに甘んじるしかなかった。

特に舞踊に関しては、トレーニングを受けることなく、作品の練習や舞台経験を通して学んだため、エレヴァシオンやアン・デオールという原則と、コントロールやコーディネーションを習得していたとは考えにくい。それゆえに、舞台ではドタドタと足音を立てたであろうし、踊るというよりも雑然と身体を動かしたであろう。「浅草にウヨ〱と群がつてくる歌劇女優と称する連中」は、「徳子とモリノとの外には足も碌々動かぬ踊子ばかりだ」との指摘[39]は、オペラ女優の現状とともに、西洋舞踊を踊るためにはトレーニングが不可欠であることを語っている。

しかし実は、ダンサーは技術を有していればよいのではなく、プラスアルファも必要なのである。それは表現力の他、華や品位、雰囲気など、当該のオペラ俳優／オペラ女優を魅力的に見せるものであり、トレーニングによって身につくものというよりも、日々の意識の中で培われていくものであることが多い。したがって、必ずしもトレーニングを受けていなくても、そのプラスアルファがあれば、観客の印象に残ることは可能である。時にコーラス・ガールは自身をアピールする際に、自然とそのプラスアルファを活用していたのである。

2　河合澄子

河合澄子[40]［図⑦］は、東京歌劇座ではコーラス・ガールでありながら、帝劇歌劇部出身で歌劇団の主役を担った澤モリノと人気を二分し、その後の浅草オペラのブレイクを招いた。実は高木徳子一座や、ローシーが帝劇歌劇部解散後に主宰したローヤル館に短期間ながら在籍した経歴を有する[41]。高木はアメリカ帰りのトーダンサーであり、その厳しい指導によって門下からは舞踊を得意とするオペラ女優を多数輩出し、ローシーはローヤル館でも指導していた。しかしながら河合本人は「歌劇役者としての修養は絶無と申して宜敷いので御座います」[42]と謙虚に語っている。バレエのトレーニングは、短期間では目に見えるような成果は得られない。河合は二名の指導者に師事しながら、短期間限りの在籍だったために、その成果を自覚できなかったのであろう。しかし一九二三年九月一日の関東大震災後は、新舞踊の研究に励み[43]、浅草オペラ衰退後には自身の名を冠した舞踊団を率いて映画館のアトラクションに出演するなど、震災を機に舞踊に特化した活動を展開した。おそらく河合は、舞踊は得意ではないものの、好んでいたものと思われる。

図⑦　余裕たっぷりの流し目・河合澄子（安成二郎『戀の絵巻』日本評論社、1919年より／筆者蔵）

河合が人気を博したのはオペラ女優としての技量ではなく、「発展女優」というイメージを戦略的に用いたことによる。モリノ同様に小柄であったが、肉付きのよい河合にとって、イメージ補強に最も有効だったのが舞踊であった。後述のように露出の多い衣装を着用し、科《しな》を作って技量の不足を補ったのである[44]。そしてこの河合は、浅草オペラ以前に西洋舞踊の教育を受けた経験を持たないコーラス・ガールの中の成功例でもあった。

4——浅草オペラにおける舞踊はどのようなものか

それでは浅草オペラにおいて、舞踊とはどのようなものだったのか。ここでは特にオペラ女優に注目し、紙誌の記事、絵葉書に見られる記述、衣装、振付から考えたい。

1 資料の記述から

浅草オペラの舞踊に対して注がれたまなざしを端的に語るのが、新聞に掲載された以下の文である。

石井漠クンが舞踊を提げて日本館に現れると、イカ物喰いの連中、砂漠ですごいオアシスに出会ったような勢いで詰めかけ、(45)〔略〕

紙誌における石井の作品評は、作品の雰囲気や石井らダンサーの技術、技能や真摯な姿勢を評価していたが、先述のように、それは極めて限られた人々のまなざしであった。ここでいう「イカ物喰い」の人々は、石井の作品に対して批評文の執筆者とは異なった、何かしら心を満たすものを期待したのである。それは「イカ物喰い」が押し寄せるようなものであり、石井の目指した舞踊芸術とは異なるものであった。

割引と称して八時以降の木戸銭値段になったときの呼込みの声を聴いて御覧なさい、さあダンスがまだ二つありますよダンスが二つ、その声を聞いてお客様は十銭札を放り出しながら爪先を突き立て変な腰つきで歩きながらタツタツタアと入場して行きます。(46)

午後八時を回ると入場料が「割引」になる。この文章からは、残る演目の中に「ダンス」があると耳にして、引き寄せられるように入場した様子が窺われる。「爪先を突き立て」ているのは、トウシューズを履いた「トーダンス」のつもりであろう。お尻を突き出して踵を引き上げ、爪先立ちになる。さらに和装により、下肢は可動範囲が狭い上に、骨盤が前傾しているため前方向への動作（屈曲）に制限が加えられる。脚を出すたびに骨盤も連動し、臀部が左右に揺れて「変な腰つき」となったのであろう。

それはトウシューズを着用するオペラ女優も同様であった。特にトレーニングを受けていないコーラス・ガールは、トウシューズの先端で立つまでに鍛えられていなかった。おそるおそる立つために膝は曲がり、怖さのあまりに両肩をすくめ、腰が引ける。その姿は臀部を突き出し強調しているようにも見え、また骨盤が前傾するため下肢を動かすたびに骨盤も連動して動く。そのため、臀部は左右に揺れ動き、より一層その存在を主張するのである。

この二つの資料からは、浅草オペラの観客にとって、舞踊は芸術ではなく、コーラス・ガールらオペラ女優がトウシューズを着用して臀部を突き出し、左右に振りながら踊る姿に象徴されていたこと

図⑧　『花の精』の高井ルビ子（絵葉書／筆者所蔵）

図⑨　『黙禱』の石井小浪（同）

がわかる。

2　衣装から

たとえば図⑧を見てみよう。ボトムは膝上丈のフレアースカートと白いタイツ、トップスはキャミソールタイプであり、足元を見るとトウシューズを履いているので、舞踊作品の一ポーズを撮影したものと思われる。フレアースカートは布の分量が多く、軽快な音楽に乗せてリズミカルに動くたびに波打ち、下肢を動かせば翻り、白いタイツに包まれた肉付きの良い大腿部が出現する。スカートはウエストを絞るが、スカート自体にボリュームがあるため、身体の曲線がより強調される。トップスは胸元、肩、上腕が露わである。「曲線美で、半裸体美」[47]を感じさせる衣装と言える。

そして図⑨は、石井漠が渡欧する際に舞踊のパートナーとして帯同した石井小浪である。余白には『黙禱』という作品名が付されているが、石井が発表した作品にも同名のものがある。現時点ではこの図⑨が石井の作品であるという確証はないが、おそらくは作品名を意図したデザインであろう。一枚布を身体に巻き付けただけのワンショルダーの衣装は露出が多く、ポーズや動作によっては、また客席の位置によっては、さらに露出度が高まったであろう。もしこれが石井の作品であったなら、観客は石井の舞踊芸術を見たのであろうか、それとも時に露出度が高まってより扇情的になる小浪の身体を見ていたのであろうか。

図⑩　高田雅夫と原せい子（作品不詳）夫妻のコンビネーションならではのアクロバティックな振付（同）

3　振付から

西洋舞踊すなわちバレエにおいては、上肢にもポジションがある。図⑩の原せい子の上肢はチェケッティ・メソッドの5番すなわちアン・オー en haut のポジションにある。ノースリーブの衣装のため、腋窩と胸元、上腕（二の腕）の内側が明瞭に見えている。こうしたポジションのみならず、西洋舞踊の振付には上肢を挙上するものが多々見られた。オペラ女優のブロマイド（絵葉書）のうち「半裸体或は脇の下を中心に撮影したる如何わしきもの」[48]は、一部では「腋の下」と呼ばれていたというが、上肢を挙上して上半身を撮影すれば、顔のすぐ下には腋窩すなわち「腋の下」が写る。通常腋窩は剥き出しになった上肢を挙上しなければ目にすることはなく、また胸部に近い部位である。未だ和服の多かった当時、これらの部位は和服の中に隠されていた。それゆえにこれらが露出することは、和服を脱いだも同然の「如何《いかが》わし」いことであった。

なお、絵葉書では「足上げダンス」すなわち下肢を挙上したポーズのものも人気があったという。(49)膝上丈のフレアースカートは、股関節から勢いよく振り上げればスカートも勢いよく翻る。そのとき顕現する肉付きのよい下肢は、白という膨脹色のタイツに包まれているがゆえに、その存在感は大きかったことであろう。

西洋舞踊の振付は、西洋の舞踊のみならず、女性の身体をも紹介したのである。

5——おわりに——舞踊に見えるものは何か

舞踊は、それを可視化するダンサーの身体と、振付（ポーズや動作）によって成立し、衣装や音楽を伴う。浅草オペラの舞踊は主として西洋舞踊であり、上肢と下肢の双方の可動域は大きいものであった。その衣装は作品のテーマやイメージをもとにデザインされたものと思われるが、同時に振付の遂行を阻まないものでもあった。したがって、衣装によっては上半身の露出が多かったり、振付によっては翻る衣装や布の合わせ目から、衣装の中に潜んでいた身体の露出することもあった。このように、振付、衣装は意図することなく女性の身体を強調した。そしてそのような舞踊が行われた場は、舞台と客席の距離が極めて近い、密閉した空間であった。ダンサーの息遣いの聞こえる距離感は、舞台と客席の一体感を生む。そしてダンサーの身体が、特にトレーニングを受けたことのない、さほど鍛え抜かれていない肉付きのよい身体であれば、舞台上で演じられる作品という架空のシチュエーションの中に存在するものではなく、よりリアルな女性の身体という存在となり、男性の観客にとっては扇情的なものと映る。一方で女性の観客にとっては、実は自分と同じ身体でありながら、舞台という、ライトで照らし出される非日常的な場にある、特別なものと映ったかもしれない。

石井の作品は、自身と、モリノというオペラ女優の中では卓抜したダンサーが、そして高田の作品は、自身と妻のせい子が演じた。帝劇歌劇部で厳しいトレーニングを受けた彼らの舞踊は、非日常的な動作の振付によって時に観客を驚かせることもあっただろうが、芸術として受け入れられていたのかはわからない。ただ、その衣装と振付によって、モリノやせい子らの身体が注目を浴びたことは容易に考えられる。石井が浅草を去り、高田が次第に小品よりもボードビルを多く創作するようになったのは、観客のまなざしに気付いたからかもしれない。しかし彼らはそれらの作品を後々まで再演し続けた。実は浅草オペラの舞踊は、日本の現代舞踊史の前史に位置付けられることを、最後に改めて確認しておきたい。

1――本田郁子「日本のコミュニティ型伝統芸能にみる表現戦略」、中村敏雄編『スポーツ文化論シリーズ⑨日本文化の独自性』創文企画、一九九八年、五八頁。本田はバレエとインドネシアはバリ島のケチャを比較して論じている。本稿では西洋舞踊としたが、その基本動作はバレエと共通する部分が多々あるため、本田の論をここに用いた。

2――小ぐら生「歌劇印象記」、三樂流子・小生夢坊・小ぐら生『女盛衰記――女優の巻』蓺術書房、一九一九年、一八〇頁（牧野守監修『最尖端民衆娯楽映画文献資料集』4、ゆまに書房、二〇〇六年、二七二頁）。

3――一九一一年（明治四十四）八月下旬に東京市内で発行された各新聞に帝国劇場名で歌劇部員募集の記事が掲載され、第一期生が採用された。この歌劇部は一九一四年（大正三）五月に洋劇部に改称し、一九一六年（大正五）五月二十六日に白塞（ベルギー・セルビア）両国救済資金寄付慈善興行をもって活動を終えた。本稿では一貫して「帝劇歌劇部」と表記する。

4――石井漠「舞踊小史――わたしのていげきじだい」、『デモス』一九五〇年五月号、五頁。

5――四谷左門「ロオジイのこと」、『舞踊新潮』一九三六年五月号、一六頁。原比露志「ロージーの弟子達（上）」、『舞踊藝術』四（七）、一九三八年、一六頁。

6――前掲注4、六頁。

7――石井漠は大腿部が常に「紫色」になり（前掲注4）、第二期生の清水静子は「妾達は足に幾つもアザを頂いしてやりました」（清水静子「オペラ運動の生い立ち時代」、『音楽芸術』八（一〇）、一九五三年、六九頁）と振り返っている。また第三期生の木村時子は後々まで膝下にアザが残っていたという（左本政治「ROSSI《ママ》の思い出」、『日本及日本人』一四九八・一四九九号、一九七一年、二一五頁）。

8――前掲注4、六頁。

9――石井漠『私の舞踊生活』大日本雄弁会講談社、一九五一年、一八頁。

10――帝国劇場絵本筋書を追うと、石井の名（当時は石井林郎）は一九一五年二月一～二十五日の本興行の夢幻的バレー《ママ》『三越呉服店玩具部』一場まで認められる。なお石井自身は一九一五年九月二十六～三十日の「公演の日」にローシーとの間に生じた一件により「除名になった」としている（前掲注4、七頁、前掲書注9、二六―二七頁)。
11――前掲書注9、四七頁。
12――前掲書注9、六二頁。
13――このうち計四回上演されている『明闇』(一九一八年八月は新舞踊劇、一九二〇年十一月は新舞踊、一九二〇年十二月と一九二一年十一月は舞踊劇として上演)は、一九一六年六月二十六~二十八日の新劇場第二回公演(於・本郷座)で上演された新舞踊劇と同名である。
14――石井歓『舞踊詩人 石井漠』未来社、一九九四年、一七二―一七三頁、一八二頁、一八八―一八九頁。
15――覆面叟「歌劇団の人々」、『演藝画報』一九一九年四月号、五九頁。
16――悪口屋半畳「演芸ノート」、『女の世界』一九一八年十二月号(第四巻第一二号)、一〇一―一〇二頁。
17――「観音劇場」、『都新聞』一九一八年七月二日付。
18――前掲注15、五九頁。
19――日下四郎『モダンダンス出航――高田せい子とともに』木耳社、一九七六年、八八頁。
20――春「本郷座二の替」、『都新聞』一九一九年十二月二十四日付。
21――日下四郎「第四章 高田雅夫・高田せい子――夫から妻へ繋いで拓いた叙情の世界」、片岡康子監修『日本の現代舞踊のパイオニア――創造の自由がもたらした革新性を照射する』新国立劇場情報センター、二〇一五年、五六頁。
22――前掲書注19、八五頁。
23――「新星歌舞劇」、『都新聞』一九二〇年八月四日付。
24――紙誌やプログラムを見ると、ヴォードビル、ボードビル、ヴォードヴィル等、表記は多様にあるが、本稿では「ボードビル」で統一する。
25――前掲書注19、一二七頁。

26――安田敏也「浅草レビュースター恋人調べ」、『犯罪科学』一九三二年五月号、九六頁。
27――たとえば一九二〇年二月二十八日からの新生劇団・新歌劇団大興行（於・本郷座）で上演された新舞踊『雪おと』（高田雅夫按舞）には、高田夫妻と共に出演している（『花形』一九二〇年四月号グラビア参照）。
28――拙稿「関東大震災後の浅草オペラ――歌劇団の地方巡業と上演された舞踊」、『舞踊學』二五、二〇〇二年、一三頁。
29――前掲書注19、一二七頁。なお一九二五年四月一～二十七日の高田雅夫・原せい子帰朝披露公演（於・観音劇場）は三の替りまであり、出演はタカタ舞踊団と、既に解散した根岸喜歌劇団であった。かつての根岸歌劇団の主役級は参加しなかったが、準主役級のメンバーが数名参加したことによるネーミングと思われる。
30――以下に記述が認められた。(1)「歌劇女優の群」六、『都新聞』一九一九年一月二十九日付。(2)前掲注15、六六頁。(3)石井漠「澤モリノ華かなりし頃」、『舞踊芸術』二（一）、一九三六年、四六頁。(4)前掲注5、原（一九三八年）。
31――凸面郎「オペラ女優の花形」、『花形』一九一九年四月号、六三頁。
32――「金龍館」、『東京毎日新聞』一九二一年八月十日付。
33――きし子「女優の巣・共同生活の澤モリノ」、『花形』一九一九年九月号、一六七頁。
34――前掲注31、六三頁。
35――山野獵人「歌劇女優の末路」、『文芸倶楽部』十二月号、一九二〇年、二二九頁。「早稲田劇場」、『東京毎日新聞』一九二二年一月十四日付。「尾山座のオペラ」『北国新聞』一九二三年十月三日夕刊ほか。
36――前掲注31、六二頁。片瀬眞砂雄「澤モリノといふ女」、『舞踊芸術』二（一）、一九三六年、四二頁。前掲注5、原（一九三八年）ほか。

37――J・バリンジャー、S・シュレジンガー『ポアントのすべて――トウシューズ、トレーニング、テクニック』佐野奈緒子訳、大修館書店、二〇一五年、一八六―一八七頁。
38――「歌劇ロマンス（四）」、『都新聞』一九一九年二月七日付。
39――「演芸ノート」、『女の世界』一九一八年五月号、九七頁。
40――河合澄子については、既に論じたので参照されたい。拙稿「浸透する西洋――浅草オペラの身体」、瀬戸邦弘・杉山千鶴・波照間永子ほか著『日本人のからだ・再考』明和出版、二〇一一年、四五―五八頁。拙稿「文字の世界で踊り続ける――一九二〇年代浅草の女王・河合澄子」、瀬戸邦弘・杉山千鶴編『近代日本の身体表象――演じる身体・競う身体』森話社、二〇一三年、六三―八六頁。
41――河合澄子「歌劇と妾」、『女の世界』一九一八年十一月号、三八頁。
42――前掲注41。
43――「運命にめぐまれた明るい女性（四）　一一年の女優生活から新舞踊の世界へ」、『神戸新聞』一九二四年六月一日付。
44――「不良少年に後援さるる化けの皮を剝かう　河合澄子舞台外の発展」、『中央新聞』一九一八年一月十八日付。
45――「演芸あさぎ幕」、『讀賣新聞』一九一八年十一月三日付。
46――「触るも歌劇　浅草細見＝三十八」、『都新聞』一九二〇年四月十二日付。
47――松崎天民「浅草公園の女」、『花形』一九二〇年一月号、九二頁。
48――「歌劇の絵葉書　其筋にて厳重に取締」、『都新聞』一九一九年六月五日付。
49――前掲注48。

7——オペラ座と音楽家・小松耕輔の仕事

浅草オペラにおける名作オペラのダイジェスト版

中野正昭

1――はじめに――〝オペラという妙なもの〟

高見順が編集した『浅草――その黄金時代のはなし』（新評社、昭和五十三年）の中で、浅草出身の桶谷繁雄が、小学生の時に浅草オペラを観た思い出を綴っている。桶谷は東京工業大学教授として金属工学を専門とするかたわら、作家としても活躍し、「春日迪彦《みちひこ》」の筆名で書いた小説で第一回夏目漱石賞の佳作――残念ながら夏目賞は二回で終わったが――を受賞するなど、理系ながらも文人肌の人物だ。

木村時子や町田金嶺、田谷力三などの立籠ったオペラ館に、たった一度か二度行ったことがあるが、たとえば「食事の用意が出来ました」と普通いえばよいのに、これに変な節をつけて唱うオペラというものにびっくりした覚えがある。オペラ草創期の〔人たちの〕名を覚えているのも聞いてびっくりしたからである。ともかく、妙なものであった。

この桶谷の回想は、浅草オペラの観客について二つのことを教えてくる。

一つ目は、オペラの神髄である台詞を旋律に乗せて歌うことそのものが当時の人々には「妙なもの」と受けとめられたということだ。小学生の桶谷が感じた〝オペラという妙なもの〟への驚きは、決して幼い感受性や無知によるものではない。富裕層の観客が多かった帝国劇場で「米国のあるコミック、オペラの団体」が公演した時も「日本人の耳はスコブルその歌声によりまして悩まされ」た。

聴衆《ききて》はさいしよの中《うち》はおとなしく聞いてゐました、それは今に呻《うめ》き声がすみますことでせうと考て我慢してをりましたのであります。

さりながらなか〳〵さうした呻き声がやみません、そこで聴衆は互ひに顔を見合せまして笑つてをりましたが、とう〳〵我慢がしきれなくなりまして、いづれも袖を口にあて、、笑ひを声を洩らさないやうに苦心を始めたのであります。

（熊谷無漏「流行性歌劇熱——日本オペラの沿革」、『文芸倶楽部』大正八年九月号）

観客が笑い出したのは、彼らが外国語を理解しなかったからではない。来日したコミック・オペラ団が下手だったからでもない。そもそも富裕層が中心の帝劇の観客でさえ、その優劣を判断できた者はごく一部に過ぎない。彼らが笑ったのは単純で、西洋音楽の旋律にのせて朗々と歌い上げる行為が「呻き声」にしか聞こえなかったからである。

帝劇で初めてオペラに接した観客の典型的な不満は「これでは芝居を観に来たのだか、歌を聞かされに来たのだか分からない」というものだった。オペラの日本語訳は「歌劇」だが、当時の日本人の多くは歌劇を歌劇ではなく歌劇、つまり聴くことよりは観ることを主眼とした〝歌入り芝居〟と捉えていた。だから帝国劇場歌劇部や浅草オペラの演者は「歌劇俳優」と呼ばれ、純粋に歌うだけの「声楽家」と区別されていた。

二つ目は、浅草オペラは大人だけでなく子供も観るものだったということだ。小学生の観客がそれほど多かったとは考え難いが、観客のなかでも熱心だったとされるのが若者、特に中学生（旧制）だったという。彼らは学校をサボって劇場通いをし、女優へプレゼントを贈り、なかにはその資金をカツアゲや窃盗で稼ぐ者も現れた。熱心なファンには有名校の生徒も多く、これを問題視した学校と警察は補導を強化し、それが「学生団女優に溺る／中学生卅余名検挙さる」（『朝日新聞』大正七年一月二十六日付）と、新聞の社会面をたびたび賑わせた。

大正期の若者は小学校で西洋音楽を教わり、邦楽の三絃にはない軽快なリズムや力強いメロディに好奇心を刺激されたものの、楽団や演奏会の数は限られていたし、オペラともなれば帝国劇場もローヤル館も彼らが簡単に観に行ける料金ではなかった。そこに安価な料金で、しかも狭い劇場ならではの間近な距離で男女優の仕草を見つめ歌声に酔いしれることのできるオペラが登場したとなれば、彼らの音楽的欲望が思春期の衝動と相俟って爆発したのも当然のことだろう。

浅草オペラはオペラやオペレッタだけでなく、バレエ、創作ダンス、台詞劇、独唱など様々な演目が上演された。音楽劇だけでも翻訳オペラやオペレッタ、創作オペラ（西洋物、和物）、お伽歌劇、ミュージカルなど種類があり、作品数では翻訳オペラとオペレッタ以外の方が圧倒的に多いのだが、やはり人気の大部分は翻訳物にあった。

浅草オペラの翻訳物は、歌や物語を簡略・短縮したダイジェスト版だったとされる。ダイジェスト化によって西欧のオペラが持つ音楽的洗練を損ねる向きがあったのは事実だし、それが理由で浅草オペラは当時から「インチキ・オペラ」「日本オペラ史の徒花」という不名誉な評価を受けてきた。しかし、ダイジェスト版であるがゆえに、西洋の音楽や歌に慣れていない観客に受け入れられたのも事実である。

果たして浅草オペラは〝オペラという妙なもの〟をどのようにして大正期の浅草の舞台娯楽の文脈の中に落とし込んだのだろうか。以下、本稿では、浅草オペラのなかでも翻訳オペラ、オペレッタに力を注いだオペラ座と小松耕輔の仕事をもとにこれを検証してみたい。

2――日本館と素人興行主

オペラ座は、浅草オペラの二つの隆盛期、〈日本館時代〉（大正六年～大正九年夏）と〈金龍館時代〉（大正九年夏～大正十二年）のうち、日本館時代を代表したオペラ団のひとつだ。まずは日本館と、オペラ座の前身となる東京歌劇座について見ておこう。

日本館は浅草で最初の――ローシー・オペラのローヤル館からは数えて日本で二番目の――オペラ常設館として誕生したが、これは浅草には珍しい素人経営が功を奏したものだった。日本館は明治十六年（一八八三）に浅草公園六区二号地、ひょうたん池の南端に接する場所に、娘都踊りを見せる演芸専門館として開館、明治四十二年（一九〇九）に六区四号地、六区通りの南入口に移転した［図①］。開場当初の経営者などは不明が多い。因みに日本館跡地には、のちに永井荷風のオペラ『葛飾情話』上演で文学史に名を残すオペラ館が開館した。オペラ館はその名に反し、当初は映画や新派劇が専門の小屋だった。

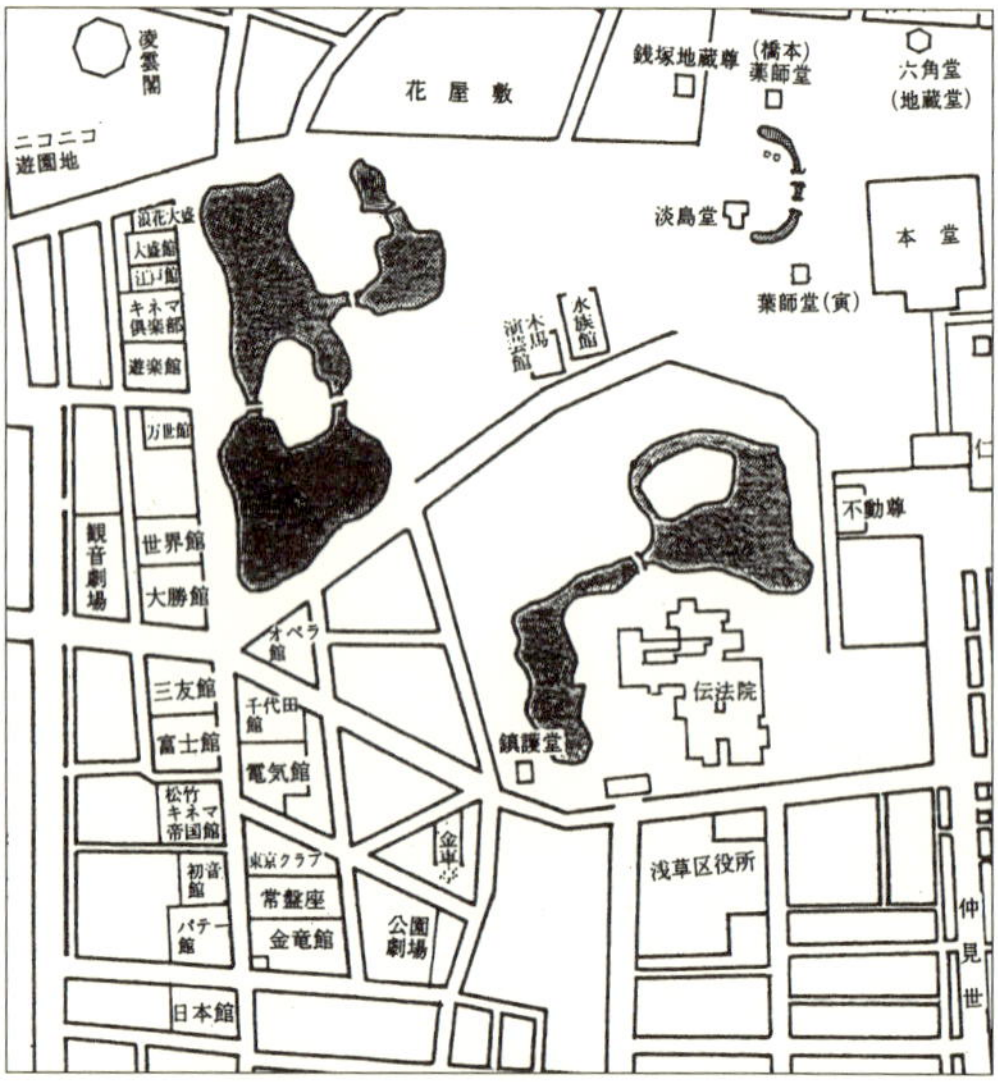

図①　大正10年の浅草六区地図（『浅草六区――興行と街の移り変り』台東区文化財調査報告第五集、台東区教育委員会編・発行、1987年）

移転後の日本館は演芸の他に映画興行も始めたが、大阪の山川興行部や東京の小林商会など海外提携先を持たない国内の小規模映画製作会社と組んだことから――仮に海外の映画会社と提携しようにも、第一次世界大戦の影響で難しかったが――やがて作品供給に窮するようになり、大正四年（一九一五）頃に浅草の土地不動産管理事業を行っていた桜井藤太郎に経営権を譲渡することになった(1)。

桜井藤太郎は新しく興行会社「旭興行部」を設立し、自らが興行主となって日本館の立て直しを図る。が、当然ながら素人興行が上手くいくほど浅草は甘くはなく、大正六年（一九一七）夏頃に赤字経営の打開策を東京蓄音器商会の吹込主任だった佐々紅華《さっさこうか》に相談、これが東京歌劇座の結成へと繋がることになった。最初から桜井にオペラ興行を手掛けたいという気持ちがあったのか、それとも佐々の企画に桜井が乗ったのかは諸説あるが、既にこの年の三月に浅草常盤座で高木徳子の一座が反響を巻き起こしていたとはいえ、他の興行師が本格的には手を出そうとしないオペラ興行に、いきなり常設館として乗り出す

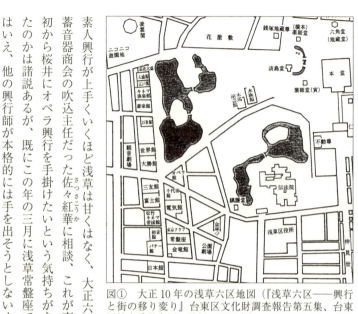

という大胆な決断は、桜井が素人だからこそできたものだろう。

桜井藤太郎の名前は、日本芸能史ではほとんど登場せず、浅草オペラ史でもわずかに回想に出て来る程度だ。しかし大正・昭和の浅草興行界における桜井一族の役割は注目しておいてよい。帝国秘密探偵社編『大衆人事録　昭和三年版』（帝国人事通信社、昭和二年）他によれば桜井家は徳川幕府重臣を継ぐ士族の家柄で、本家の桜井謙喜は本郷の地主・資産家、藤太郎はその弟にあたる。桜井家は一族で土地不動産管理業の他に合資会社町田洋行（現在の町田絲店）の株主として人絹産業に従事し、藤太郎はもっぱら浅草地区の不動産管理を受け持っていた。

そして謙喜の養子で藤太郎の甥に桜井源一郎という人物がおり、彼が藤太郎から引き継いだ管理物件の一つに「浅草公園四区水族館」があった。昭和四年（一九二九）、源一郎の妻の弟でやはり士族の内海正性《まさなり》、行貴《ゆきたか》に水族館二階の附属演芸場を無料で貸し与え、この内海兄弟のいわば道楽として始まったのが、後にアチャラカ喜劇の祖として有名になるレヴュー劇団「カジノ・フォーリー」である。(2)大正期の浅草オペラと昭和期の浅草レヴューは、桜井藤太郎、源一郎という興行の素人が算盤を弾いたからこそ誕生した興行の冒険だったと言えるだろう。

3――東京歌劇座の結成と分裂

東京歌劇座のメンバーを集めるにあたり、佐々紅華は元帝国劇場歌劇部（解散時は洋劇部）の石井漠《ばく》に声を掛ける。日本モダンダンスのパイオニアとして知られる石井だが、初めは音楽家志望で帝劇管弦楽部の研究生となる。が、生活苦から帝劇貸与のバイオリンを質入れして音楽家を断念。詫びを入れて、次は歌劇部の第一期生に入り直し、ここでG・V・ローシーからクラシック・バレエの指導を受けるうちに、自らの方向性を舞踊に見出すようになる。さらに自然主義や象徴主義等の新しい芸術思潮にも感化されて古典舞踊の芸術性に疑問を感じはじめ、遂にはローシーと喧嘩騒ぎを起こして歌劇部を追放された。

こうした癖のある経歴のおかげで石井は管弦楽部と歌劇部の両方に知人がおり、ローシーが帝劇を辞めた後につくったローヤル館に不参加な人々とも繋がりがあった。また山田耕筰や小山内薫らの知遇を得て新舞踊運動を実践していた関係から、演劇界でも顔の知られた存在で、秋田出身ということで同郷の秋田雨雀《うじやく》や青柳憂美《ゆうび》（青柳は教育家、音楽評論家で浅草オペラや宝塚歌劇について精力的に評論活動を行った）らとも交際があった。親分肌で、舞台では振付家、ダンサー、演出家、俳優の四役を器用にこなすなど、一座旗揚げには願ってもない人材である。

当時石井は宝塚少女歌劇団の舞踊教師の職を得て関西へ転居しており、佐々が訪ねてきた時には元帝劇歌劇部のメンバーと京都の天活倶楽部で映画のアトラクションに出演していた。その時の心境を石井はこう記している。

さて佐々君が東京からわざ〳〵京都まで私を追つかけてきた用件というのは、浅草でローシー・オペラのような歌劇をやつてくれぬかという相談である。「こんど浅草に日本館という立派な活動館ができたのですが、どうも客が入らないんです。それで一つ帝劇でやつたような歌劇のくだけたものをやつたらというのですが、それにはぜひ帝劇出身のあなたに……」

と佐々君は私をおだてながら勧めるのであるが、その時私は即答ができなかつた。というのは、その頃浅草に出演するものは俳優でも乞食役者といわれた位で、再び浮かび上れぬ堕落を意味していた。浅草へ出て自分の舞踊の将来はどうなるであろうかということを考えると簡単に承諾はできない。その晩は佐々木君とビールを飲んで寝たが、さすがの私も眠られなかつた。(3)

大正期の浅草は日本一の歓楽郷を誇っていたが、当時の一般良識では盛り場そのものが賞讃すべき場所ではなく、そこで下級の芸能者として働くことは二重の苦境に立たされることを意味した。一晩悩んだ石井は「帝劇で四年間歌劇と舞踊をやつて見せたが帝劇の見物はこれを受けつけなかつた。〔略〕自分は新劇場で一年間舞踊をやつてみたが見物は三十人だつた。これでは舞踊芸術の育つ世界がない。舞踊芸術の発展のためには帝劇や高級劇場の智的な観客よりも、むしろ広範囲な民衆に訴え、民衆の心の中に火の手をあげるのが普及の第一歩ではないか(4)」と前向きに考えるようになり、翌日佐々に快諾の返事をしたという。この回想からも分かるように、石井が浅草オペラに携わった理由は舞踊運動の一環としてだった。

話がまとまった佐々紅華と石井漠は、元帝劇歌劇部出身の澤モリノ、天野喜久代、内山惣十郎、杉寛らに声を掛けて東京歌劇座を組織して、大正六年(一九一七)七月に牛込の芸術倶楽部で試演会を行った。一方、桜井藤太郎は浅草初のオペラ常設館の開場にあたり、日本館をモダンな洋風に改築し、オーケストラボックスを設置する〔図②〕。東京でも帝国劇場と有楽座の他にはまだ洋式劇場がなかっ

図②　関東大震災後に再建築された日本館。外観は震災前を踏襲した洋風建築となっている（前掲『浅草六区――興行と街の移り変り』）

た当時、これは浅草の持つ卑俗なイメージを払拭する狙いからだろうが、資産家の道楽めいた衿持も感じられて微笑ましい。日本館を初めて見た石井は「予想以上に堂々たる洋風の大建築」に感じられたと記している。[5]

　十月、日本館のこけら落としを行った東京歌劇座は、ミュージカル・プレー『カフェーの夜』（佐々紅華作）をはじめとする創作物のオペレッタやミュージカルでたちまち人気を集め、翌大正七年（一九一八）二月にはローシー・オペラの看板だった清水金太郎・静子夫妻の引き抜きに成功する。結果としてローシー・オペラは、同月ヴェルディ作曲のグランド・オペラ『椿姫』（小松玉巌訳）を全幕上演するという快挙に出るも、慢性的な経営赤字に看板俳優の脱退が重なり、これを最後に解散する。

　勢いにのる日本館の盛況を見て他の興行主が黙っているはずはなく、ローシー・オペラ解散による人材供給も手伝って、これ以降浅草では雨後の竹の子のようにオペラ団が結成されては離合集散を繰り返すようになるのだが、その動勢を握っていたのが、浅草最多の劇場所有数を持つ老舗の根岸興行部だ。

まず三月、観音劇場に「原信子歌劇団」が出演。ただしこの時は作家の佐藤紅緑《こうろく》率いる「新日本劇団」の新派劇との二本立てだった。観音劇場は、喜劇役者で浅草興行界の名プロデューサーでもあった曽我廼家五九郎《そがのやごくろう》が根岸興行部から経営を任されていた小屋である。次いで五九郎は、自分が出演していた根岸興行部直営の金龍館でも、喜劇の合間に歌と踊りのショウを上演し始める。

四月、東京歌劇座が関西巡業に出ると日本館はその穴埋めに西本朝春《ちょうしゅん》、鈴木義康らの少女歌劇団「日本歌劇協会」を旭興行部専属の「旭歌劇団」と改めさせ、高木徳子、伊庭孝《いばたかし》らの「歌舞劇協会」と共演させるなど新機軸を打ち出しながら、オペラ常設館の看板を守る。

七月、原信子歌劇団が関西巡業へ出ると、これと入れ替わるように関西から戻った東京歌劇座が観音劇場に出演。さらに東京歌劇座は、巡業へ出る直前の原信子歌劇団から元ローシー・オペラの田谷《たや》力三《りきぞう》を引き抜く。原信子歌劇団や五九郎劇のショウの成功を見て、これが商売になると踏んだ根岸興行部の根岸吉之助と寛一が動き出すのは、この頃からだ。十月、根岸興行部の劇団囲い込みが功を奏し、東京歌劇座、原信子歌劇団、その他のメンバーを集めた「七声興行社」が、佐々紅華主宰、根岸興行部経営で誕生し、駒形劇場で公演を開始。これが発展して翌大正八年（一九一九）二月には、清水金太郎・静子夫妻、田谷力三、安藤文子ら元ローシー・オペラのメンバーを主体に「七声歌劇団」（のち「根岸大歌劇団」）が金龍館で再編成され〈金龍館時代〉が始まることになる。

一方、関西巡業から戻った石井漠と澤モリノは、東京歌劇座を脱退して日本館に戻り、岩間百合子、千賀海寿一《ちがみじゅいち》らに声を掛けて新たにオペラ座を組織、七声興行社に対抗するように同じ十月に第一回公

図③　オペラ座のメンバーとファンの記念写真。前列中央に石井漠と澤モリノ

演を行う［図③］。東京歌劇座と袂を別った理由を、石井は「私はやはり自分では舞踊の方をやりたかつたので[6]」としているが、つまりは清水金太郎夫妻に一座の主導権を奪われたことへの不満だろう。七声歌劇団へは、佐々紅華も参加していない。もともと佐々は、オペラの原語上演や翻訳オペラを理想とするローシー・オペラへの反発から東京歌劇座を組織し、自ら作詞・作曲した創作オペラを上演した。したがって、七声興行社内で清水、田谷を中心にローシー・オペラ復活の色が濃くなるのを嫌ったのだろう。東京音楽学校卒業の清水夫妻はローシーと共に帝劇歌劇部の教師を務め、田谷力三、石井漠、澤モリノはいずれもローシーの指導を受けた弟子である。七声興行社・七声歌劇団とオペラ座の二派は、ローシーの蒔いた種が、西洋オペラの直輸入的上演を理想とする清水、田谷の音楽グルー

プと、舞踊や石井、澤の舞踊グループにそれぞれ発展した形だ。

4――オペラ座と合同公演体制の確立

オペラ座旗揚げ後も「日本館は相変らずの人気で、またしても椅子が観客の頭の上を往来し、熱狂したファンが二階から落ちるという騒ぎであった。〔略〕なんでも一年ばかりの間に莫大な純益を収めたといわれ、私の月給も四十円から三百円に上った」(7)と石井が記すように、浅草オペラ熱はこの大正七年秋から八年にかけて、いよいよピークを迎えていく。

ただし、もはや単独の劇団では大きく膨れあがった観客の需要に応えることは不可能だった。浅草オペラの劇場は、正式な劇場ではなく「観物場」と呼ばれる見世物小屋に準拠する建物で、規制が緩い反面、収容数（最大で客席五百、立ち見を入れて七百前後）や入場料（劇場の半分から三分の二程度）の上限、一本興行ではなく必ず複数演目上演すること、演劇及び演劇類似の所作の禁止（多幕物は不可で最大「二場」以内、大道具や鬘の使用禁止等々）という警視庁の規則があった。こうした条件の下でオペラが上演できるのかと不思議に思えるが、建前上、オペラは音楽が主体であって物語や所作は二次的なもの、内容も異国の出来事なので見世物に準じるという理由によって、ある程度は寛容に許可された。当時の劇場と観物場を区別する目安の一つは小屋名で、劇場は「〇〇劇場」「△△座」、観物場は「××館」と称するのが一般的だ。つまり浅草オペラを代表した日本館も金龍館も、建物としては劇場ではなく観物場で、オペラは見世物だった。(8)

図④　美術家の斎藤佳三が脚本・音楽・舞台装置・衣裳を担当したオペラ座の舞台『王女メロ』。日本館の舞台間口の狭さが分かる（『歌舞』大正８年５月号）

浅草オペラの興行は、観物場らしく一回の演目が四〜六本、これを昼夜二〜三回、十日替わり、年中無休で行った。当然ながら演目数、稽古時間、人員あらゆるものが不足する。そこで根岸興行部は傘下に七声歌劇社を興して歌劇団合同公演を、旭興行部も専属の旭歌劇団（「アサヒ歌劇団」との表記も）とオペラ座による二派（のちにやはり旭興行部専属の「アサヒ歌劇座」を加えて三派）合同公演体制を確立し、これに対応する手段に出た。七声興行社が元ローシー・オペラの関係者を集めたのに対し、オペラ座が元少女歌劇の二座と合同しているところに互いの方向性の違いを見ることができる［図④］。

しかし組織が大きくなればそれに応じて出費は増え、集客に失敗した際のリスクも増える。観物場は劇場よりも収容数、入場料は低い。これを解決するには一日二回公演を三回に増やし、日曜はさらに回数を増やすしかない。――所詮は一過性の打開策にすぎなかった。

さて、新聞広告からオペラ座の公演内容を確認しよう。第一回は大正七年十月五日初日、「旭歌劇団・旭オペラ座秋季大興行」――旭興行部専属を謳うためか、第一回のみ「旭オペラ座」となっている――として喜劇『一時間の賭』一幕（池田大伍訳）、歌劇『故郷』二場（春風秋露作）、歌劇『沈鐘』二幕（ハウプトマン原作、伊庭孝編修、竹内平吉作曲）、歌劇『ベラ・エスパナ』一幕（西本朝春作・作曲）、歌劇『賤機山　後の乙鶴』一幕（鈴木康義作）の五作。(9) このうちオペラ座の演目は『沈鐘』のみだが、これは歌舞劇協会の伊庭孝の求めに応じて高木徳子主演、石井漠振付・共演で九月に有楽座で上演して好評を博した作品――「歌劇」というよりは「舞踊劇」が正しい――の再演だ。新聞広告には「登場者六十余名」「有楽座上演脚本」と明記され、帝劇・有楽座の〝高級芸術〟としての舞踊を浅草へ持って来る意欲的演目だったことが分かる。

第二回公演は十月十六日初日、喜劇『戦争と平和』、唱歌劇『むら雀』、社会劇『富？　愛？』、歌劇『ポカホンタ』、喜劇『求婚広告』の五作。(10) いずれも内容は不詳だが、オペラ座の演目は前回同様に『ポカホンタ』のみだったと思われる。

第三回公演は十月二十八日初日、「オペラ座・旭歌劇座大合同」――第三回からはオペラ座が先に記され、旭興行部内での人気が逆転したことが分かる――お伽歌劇『媾和』一場（鈴木康義作）、喜歌劇『ラ・カーニヴル』一場（西本朝春作）、喜歌劇『チヨコレート兵隊《ソルヂヤー》』二場（オスカー・ストラウス作曲、若松美鳥訳〔若松は小松耕輔の筆名〕、石井漠演出）、新舞踊『純潔』一場(12)（グリーク曲、石井漠作）、喜劇『塑像』一場（秋朗作）の五作(11)〔図⑤〕。第三回は新聞広告以外にプログラムで詳細な内容を確認することができた。プログラムによれば喜劇『塑像』は「番外」、新舞踊『純潔』は「特別番外」となっていた。「番外」とは時間の余裕に応じて上演する演目のことだ。オペラ座の演目は『チョコレート兵隊』『純潔』の二作で、『純潔』が「特別番外」なので実質的には『チョコレート兵隊』のみの上演である。

第一～三回いずれもオペラ座の演目は一本で、旭歌劇座に比べて負担が少ないように思われるが、一本当たりの時間はオペラ座が約六十～九十分と長く、興行全体の目玉だったことは確かだ。

第三回は日本館がオペラ常設館となってちょうど一年目にあたり、新聞広告では「一周年記念　大歌劇　記念品贈呈」、それまで病気休業中だった「澤モリノ嬢（全快出演）」が謳われている。「歌劇界の潜航艇」という宣伝文句は、三日前の二十五日に駒形劇場で初日を迎えた七声興行社の第一回興行を意識したものだろう。七声興行社は新聞でも早くから「歌劇の大合同」「百余名の大一座」と注目の的だった[13]。劇場や一座の規模では劣る日本館にあって、オペラ座が対抗策として考えたのが、小松耕輔翻訳、石井漠演出による名作オペラ、オペレッタの日本初演であった。第三回本公演の『チョコレート兵隊』は名作物シリーズの第一弾にあたる。

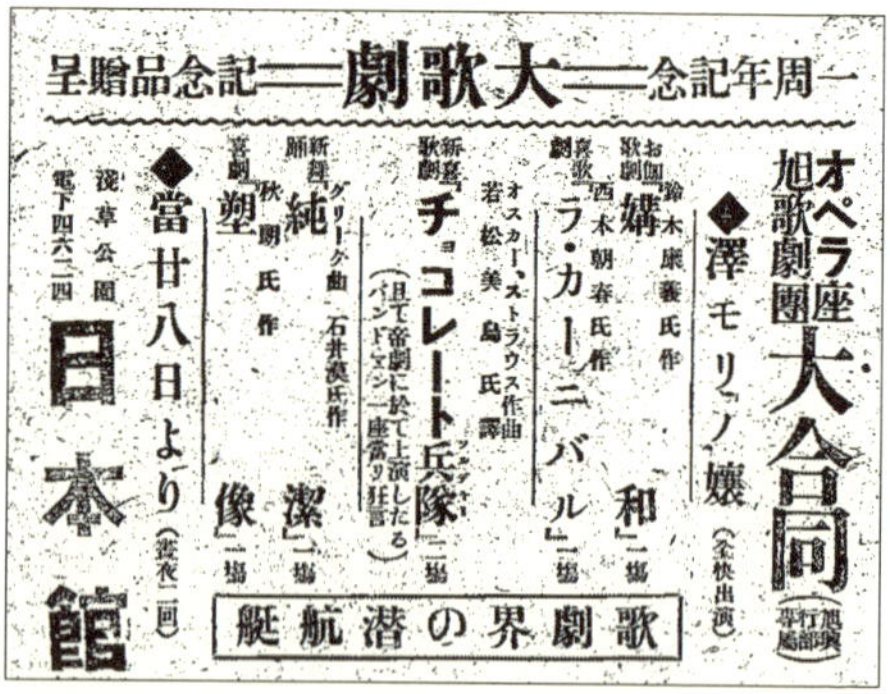

図⑤　オペラ座第三回公演の新聞広告（『読売新聞』大正7年10月28日付）

5——小松耕輔の仕事

小松耕輔は、明治十七年（一八八四）に秋田県由利郡で生まれた。十六歳で上京し、東京音楽学校（現・東京藝術大学音楽学部）へ入学、当時の東京音楽学校にはまだ作曲科が設置されておらず、作曲志望だった耕輔はピアノ科の教師ヘルマン・ハイドリッヒに師事して作曲を学ぶ。明治三十九年（一九〇六）、東京音楽学校卒業の年に山田源一郎、小林愛雄《あいゆう》らと日本語による創作オペラ上演を目的とする音楽団体「樂苑会」を組織して日本初の創作オペラ『羽衣』（小林愛雄作詞）を作曲したのをはじめ、唱歌の作詞・作曲、西洋音楽の評論・啓蒙書執筆など西洋音楽の普及に尽力し、昭和期には現在の合唱コンクールの前身である「合唱競演会」を興したり、音楽著作権の組織的管理を推進するなど音楽の社会化運動にも貢献している。教育家としては、東京音楽学校卒業後すぐに学習院大学の講師となり、西洋音楽やフランス語の授業を受け持っただけでなく、少年時代の昭和天皇や平成天皇の音楽指導も担当する。

創作活動にあたって小松耕輔は複数の名前を使い分けている。まず本名の「小松耕輔」で作曲や音楽評論を、「小松玉巌《ぎょくがん》」名義で作詞（と一部の翻訳）を、「若松美鳥《みどり》」(14)名義で翻訳を手掛けた。オペラ座ではもっぱら若松美鳥の名を用い、名作オペラの翻訳・脚色だけでなく創作も行った。時期的に考えて、若松美鳥は浅草オペラの仕事用に新しくつくった筆名だと思われる。

小松耕輔が浅草オペラに関わった経緯だが、彼には音楽の仕事に携わった三人の弟——バイオリニストの小松三樹三（一八九〇―一九二二）、作曲家の小松平五郎（一八九六―一九五三）、音楽家でフランス文学者の小松清（一八九九―一九七五）――がおり、六歳下の三樹三は帝国劇場管弦楽部の第一期生で第一バイオリンを担当、大正二年には帝劇歌劇部第一期生の澤モリノと結婚した。東京歌劇座旗揚げの際には三樹三は音楽顧問として参加、そして新たに石井、澤らがオペラ座を旗揚げすると三樹三も指揮者としてこれに加わり、夫婦でオペラ座の運営に本格的に関わるようになる。[15] 耕輔はこの弟夫婦に協力する形でオペラ座の「脚本部員」に名を連ねた。

ただしオペラ座以前から既に小松耕輔はオペラ興行と関わりを持っていた。最初はローヤル館のローシー・オペラで、ローシーの依頼により大正六年（一九一七）十二月にお伽歌劇『善の女神（シンデレラ）』[16]、翌七年二月にヴェルディ曲『椿姫』（小松玉巌名義）の二作を提供した。先述のように『椿姫』はローシー・オペラ最後の公演作だ。

小松耕輔が弟夫婦の仕事に協力した最初は東京歌劇座時代、ローシー・オペラ『椿姫』直前のことで、「〔大正七年〕一月十五日、私は日本館のためにドニゼッティの「レリジール・ダモーレ」（愛の薬）に訳詞を附した。併しこれは全訳でなくて、その中の有名な曲を歌うように訳詞を付け、他の部分を会話でつなぐように工風《ママ》したもの」[17]で、後に浅草オペラの主流となるダイジェスト版だったことが分かる。ローシー・オペラは主に小林愛雄が翻訳した全曲上演が基本で、東京歌劇座は佐々紅華や伊庭孝の創作物が中心だ。作風と時期を考えると、名作オペラのダイジェスト版の形式を確立したのは小松耕輔だった可能性が高い。少なくとも小松の手によるダイジェスト版が、その後の各歌劇団の手本となったのは確かだろう。

大正七年一月の東京歌劇座『愛の妙薬』と二月のローシー・オペラ『椿姫』を経て、十月に日本館でオペラ座初興行が行われるのだが、耕輔にとってオペラ座への参加は弟夫妻へ手を貸すだけでなく、中断を余儀なくされたオペラ運動を継続する意味が強かったのだろう。主宰の石井漠が同郷の秋田出身で耕輔の二歳下という気安さもあったと思われる。

小松耕輔がオペラ座に在籍したのは、大正七年十月四日の旗揚げ公演から大正九年九月にフランス留学するまでの約二年間だ。増井敬二『浅草オペラ物語』によれば、この間に小松は若松美鳥名義で二十本以上の名作オペラ、オペレッタの翻訳・構成（脚色）を手掛け、そのうち以下の十二本が日本初演だという。[18]オペラ座が小松耕輔の協力を得て意欲的に名作オペラ上演に取り組んだことがわかる。

大正七年十月二十八日から、オスカー・シュトラウス曲『チョコレート兵隊』

十二月四日から、ドニゼッティ曲『愛の薬（愛の妙薬）』（小松耕輔は一月に訳したと書いているが、増井はオペラ座の十二月が初演だとしている。本稿の調査では、東京歌劇座『愛の薬』の公演月は分からなかった）

十二月十六日から、グノー曲『ロミオとジュリエット』

大正八年三月二日から、オーベール曲『フラ・ディアボロ』

三月二十六日から、グノー曲『にわか医者（名医スガナレル）』

四月七日から、グノー曲『ファウスト』

五月十三日から、メンデルスゾーン曲『真夏の夜の夢』

十一月二十日から、サリヴァン曲『ペンザンスの海賊』

十二月十一日から、バルフ曲『夢の姫君』、C・ボーム曲『ジプシーの生活』
大正九年二月十三日から、作曲者不詳『コスモスホテル』
二月二十五日から、オッフェンバック曲『ホフマン物語』
三月二十日から、サリヴァン曲『魔法使い』

話を日本館一周年記念の『チョコレート兵隊』へ戻そう。これはオペラ座を他の浅草オペラ団と差別化し、自らの立ち位置を明確にアピールする狙いがあったと思われる。というのも、『チョコレート兵隊』は、作品成立の経緯、そして日本での受容の点でやや複雑な変遷があったからだ。(19)

6——喜劇『武器と人』とオペレッタ『チョコレート兵隊』

オペレッタ『チョコレート兵隊』は、元はイギリスの劇作家ジョージ・バーナード・ショーの喜劇『武器と人 *Arms and the Man*』三幕として一八九四年（明治二十七）にロンドンのアヴェニュー劇場で初演されて好評を博し、一八九八年（明治三十一）にロンドンの Constable 社から刊行されたショーの戯曲集 *Plays Pleasant and Unpleasant* に収載された。一九〇五年（明治三十八）、これをショー作品のドイツ語出版の代理人だったジークフリート・トレビッチが『英雄たち *Helden*』の題名でドイツ語版を刊行、そして一九〇八年（明治四十一）にウィーンでオスカー・シュトラウス作曲、レオポルト・ヤコブソンとルドルフ・ベルナウアーの共同台本でオペレッタ『勇敢な兵士 *Der Tapfere Soldat*』三幕として音楽劇化された。

当初、ショーはセルビア・ブルガリア戦争を諷刺したこの作品のオペレッタ化には反対で、登場人物の名前や台詞などを変更させると共に、上演に際してはこのオペレッタが原作戯曲と別物のパロディである旨を明記することを確約させ、代わりに一切の報酬は不要との約束を交わした。批評性よりも娯楽性を重視したオペレッタ化など当然失敗するものとショーは考えていたようだが、結果は全く逆で、『勇敢な兵士』はたちまち六十公演を数えるヒット作となり、翌一九〇九年にはニューヨークで、小説『クォ・ヴァディス』の舞台化で大成功を収めた劇作家兼俳優のスタニスラウス・スタンゲの英訳・脚色によってミュージカル・コメディ『チョコレート兵隊 *The Chocolate Soldier*』三幕として上演、さらにその翌年にはロンドンでも上演が始まり、それぞれ通算二百九十六公演と五百公演を数える大ヒットとなった。一九一五年には、サイレントながら、最初の映画化もされる。

日本での上演も早く、ロンドン公演の翌年、明治四十四年（一九一一）五月から六月にかけてインドに本拠地を持つイギリス系巡業団「バンドマン喜歌劇団」が横浜ゲーテ座他で『チョコレート兵隊』を日本初演、この時は主に在日外国人向けの公演だったが、翌明治四十五年（一九一二）六月には帝国劇場で東京初演を行い、ユーモラスで洒落た作品名や軽快な行進曲のリズムの親しみやすさもあって広く一般に知られる作品となる。

当時、イギリス近代劇の代表的作家で政治家、教育者としても著名なショーの作品は近代劇樹立の一つの指標であり、自然と次は日本人の手で上演しようという動きになった。まずバンドマン喜歌劇団の帝劇公演から半年後の十一月、雑誌『近代思想』（第一巻第二号）に堺利彦による『武装と人』（『武器と人』）梗概が掲載された。以後も『近代思想』誌上では、堺利彦訳『人と超人 *Man and*

Superman』連載など、堺を中心にたびたびショーが大きく取り上げられる。翌大正二年（一九一三）五月坪内逍遙と市川又彦の共訳『武器と人』（早稲田大学出版部）が刊行、十月に伊庭孝を中心とする新劇社が有楽座で伊庭訳・演出『チョコレエト兵隊』を上演、併せて伊庭孝訳『チョコレエト兵隊非武士道的三幕喜劇』（新劇社）が刊行された。当時の伊庭は作演出家兼俳優として新劇運動に身を投じ、その舞台活動を台詞劇から音楽劇へと拡大しようとしていた。

しかしここで捻れが生じることになる。初め伊庭は新劇社公演では逍遙・又彦共訳『武器と人』を考えていたが、逍遙の許可を得られず、新たに自分で訳した。[20]つまり伊庭の『チョコレエト兵隊』は、その内容は喜劇『武器と人』のままで、タイトルだけをオペレッタから採用したものだ。世間的によく知られている『チョコレエト兵隊』の名を使った方が、興行的な成功を収めやすいと考えたのだろう。

これ以降も、翌大正三年七月に文芸協会の流れを受けた無名会が逍遙・又彦共訳『武器と人』（池田大伍演出）を有楽座で上演、八月に島田青峰訳『武器と人　一名チョコレート兵隊』（アカギ叢書）刊行、九月からは近代劇松島千鳥一座が伊庭訳『チョコレエト兵隊』をもって地方巡業を開始、東京では伊庭が新たに組織したMP公演社が伊庭訳・演出『チョコレエト兵隊』を本郷座で上演……といった具合に、本来のオペレッタとは別物の『チョコレート兵隊』が各地に広まっていくことになった。日本館開館一周年記念でのオペラ座『チョコレート兵隊』上演は、こうした状況に対して正統な〝オペレッタ『チョコレート兵隊』〟上演をアピールする狙いがあった。

7――オペラ座版『チョコレート兵隊』

オペラ座の『チョコレート兵隊』は、シュトラウスのオペレッタに忠実な翻訳上演ではなく、浅草オペラ独自のダイジェスト版である。『チョコレート兵隊』は小松耕輔旧蔵の台本（以下「小松台本」）が、遺族の元に残っており、内容の詳細を知ることができる。小松台本は二百字詰原稿用紙を紐綴じ製本したもの二冊で、各表紙には手書きで「THE CHOCOLATE SOLDIER／AN OPERA BOUFFE IN THREE ACTS／MUSIC BY OSCAR STRAUS／喜歌劇　ゼ　チョコレエト　ソルヂヤア　全三幕」と題名が記され、一冊は「内第一場」（原稿用紙五十五枚）、もう一冊は「内貳、参場」（同七十六枚、二十七枚）となっている〔図⑥〕。小松台本には検閲印がなく、また所々に加筆修正があるため、実際の上演台本ではないが、内容から決定稿かそれに近いものと見て間違いない。

また小松旧蔵資料には、台本以外にニューヨークのJerome H. Remick & Co. 社刊行のピアノ譜も残っている。小松台本の歌の部分には「合唱　××頁より△△頁まで」という具合に、この楽譜の該当頁が記されており〔図⑦〕、譜面の方は英語歌詞の上に鉛筆で日本語の歌詞が書き加えられている。

当然だが楽譜は歌の部分のみであり、オペレッタの会話部分は掲載されていない。小松耕輔がこの楽譜以上に詳細なリブレットを所有していたか不明だが、台本を読む限り何らかのリブレットを底本とはせず、楽譜と伊庭孝訳『チョコレエト兵隊』、そしておそらく観劇したであろうバンドマン喜歌劇団の帝劇公演をもとに独自に台本を作成したようだ。小松台本のト書きや台詞には伊庭訳を参考に

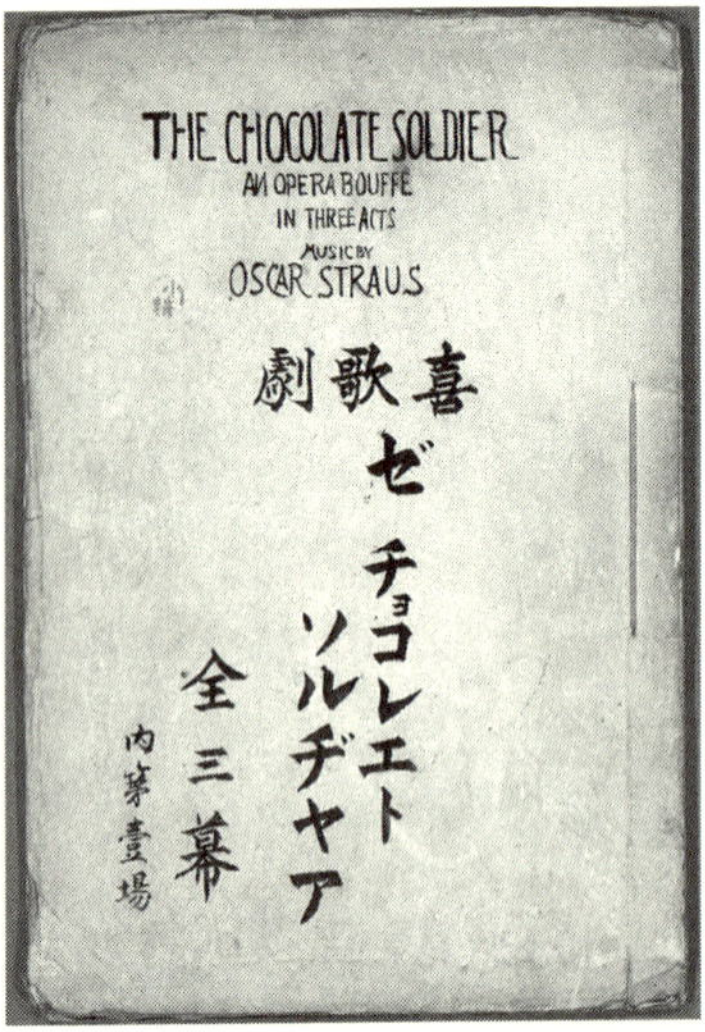

図⑥　小松台本表紙

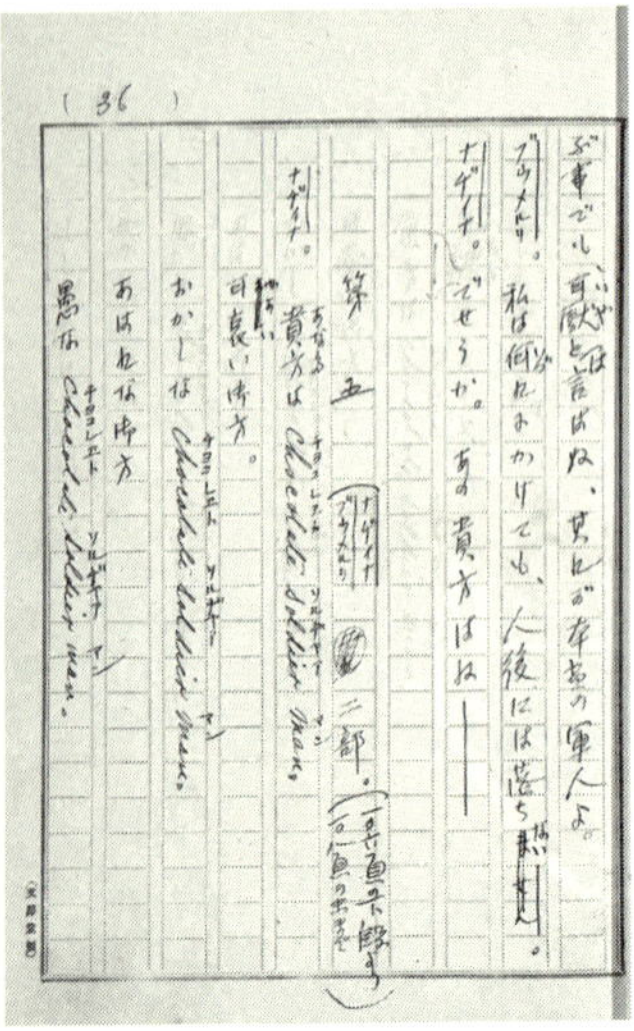

図⑦　小松台本は歌の部分が楽譜頁と対応させてある

したと思われる部分が散見される。

　詳細な底本リブレットに拠らなかったことは、登場人物からも推察される。Jerome H. Remick & Co. 社の楽譜には、登場人物表として初演時の配役表が掲載されており、ポポフ大佐の召使いとしてStephan, Mermosk, Jecko, Laska, Marinska, Poski, Mermitz の名が記されている。ただしこれらの召使いは歌のパートがないため、楽譜からは舞台上の入退場や所作等が分からない。小松台本の登場人物表及びオペラ座の公演プログラムにも、これらの召使いの名は記されているのだが、小松台本では彼らの登場場面が書かれていない。これは小松が楽譜の配役表をそのまま踏襲した結果だろう。おそらくオペラ座の舞台では、演出の石井漠が場面に応じて各自に指示を与えたと思われる。

　国内未発売の楽譜やリブレットの存在は重

要で、小松耕輔が数多くの名作オペラの翻訳・初演ができたのは、彼が貴重な楽譜やリブレットを個人で所有していたからである。それは帝劇、ローシー・オペラ、七声歌劇団、根岸歌劇団の場合も同様で、七声歌劇団や根岸歌劇団がローシー・オペラの台本をそのまま焼き直して使ったのは、レパートリーの問題だけではなく、新作を出すための楽譜等がなかったからでもあった。原信子の場合は、貸した楽譜の返却を求めてローシーを裁判で訴えている。[21] 楽譜を持たない、あるいは楽譜を持つ人物の協力を得られない歌劇団は、国内で市販されているいくつかの歌の楽譜を寄せ集め、他の歌劇団の舞台を真似、さらに簡略化して上演を行うしかなかった。

小松台本で、浅草オペラ独自の特徴があらわれているのは構成と歌の改変だ。シュトラウス曲『チョコレート兵隊』は「全三幕」だが、小松台本では「全三場」に変更されている。これは観物場取締規則の「演目は全て一幕物とし、場数は二場以内に収めること」という規則に従い、形式的に「幕」を「場」と改めたことによる。さらに実際の公演では台本の一場を第一場、二場・三場を第二場と仕切り直し、全二場として上演している。

東京歌劇座にドニゼッティ曲『愛の妙薬』の翻訳を提供する際、小松は「有名な曲を歌うように訳詞を付け、他の部分を会話でつなぐように工風した」というが、それは本作も同様で左記のように全二十三曲（第一幕十曲、二幕七曲、三幕六曲）のうち「＊」印の五曲が完全に会話の台詞に書き換えられている。

“We Are Marching Through the Night” – Soldiers

“We Too, Are Lonely” – Nadina, Aurelia, Mascha

“We Are Searching for the Foe” – Soldiers

*“What Can We Do Without a Man?” – Nadina, Aurelia, Mascha

*“Say Good Night” – Nadina, Aurelia, Mascha

*“Melodrama” – Nadina, Aurelia, Mascha

“My Hero” – Nadina

“Sympathy” – Bumerli, Nadina

“Seek the Spy” – Massakroff, Nadina, Aurelia, Macha, Bumerli, Soldiers

Final Act1 – Nadina, Aurelia, Mascha

Act2

“The Fatherland is Free” – Company

“Alexius the Hero” – Nadina, Aurelia, Mascha, Poppoff, Alexius, Bumerli, Ensemble

*“Never Was There Such a Lover” – Alexius, Nadina

“Chocolate Soldier” – Bumerli, Nadina

“The Tale of the Coat” – Nadina, Aurelia, Mascha, Poppoff, Alexius, Bumerli

“That Would Be Lovely” – Bumerli, Nadina

Final Act2 – Nadina, Aurelia, Mascha, Poppoff, Alexius, Bumerli, Ensemble

Act3

Opening Chorus – Ensemble

"Falling in Love" – Alexius, Mascha

"The Letter Song" – Nadina

*"Melodrama" – Bumerli

"The Letter Song" (reprise) – Bumerli, Nadina

Finale – Company

台詞への書き換えが一番多いのは第一幕で、"What Can We Do Without a Man?" ほか三曲だ。いずれも三重唱だが、小松台本を見る限り、オペラ座で歌われるのは基本的に二重唱までで、それ以上は歌の部分を短くするか、二重唱に編曲するか、台詞に書き換えるかの改変がされている。浅草オペラ団の中でオペラ座の技術は上位に位置し、作品によっては三重唱や三部合唱もこなしているので、これは技術の未熟というよりは人員、体力、練習時間の不足に主な原因があったのだろう。芝居として見た場合、第一幕の曲数を減らし台詞に書き換えることで、物語の背景や人物についての情報量を増やしつつテンポ良く導入部を進めることに成功している。西洋の生活や文化に疎い観客に対して、まず物語そのものに興味が持てるようにとの配慮だろう。

＊印以外の歌も、歌われるのは聴かせどころの一部分のみで、歌詞の半分以上が台詞に書き換えられている。たとえば『チョコレート兵隊』の中で最も有名なアリア "My Hero" の場合、以下のよう

に前半のアリアは全て台詞に書き換えられ、歌うのは後半のワルツのテンポに乗せた部分のみとなっている。女主人公ナディナが出征した婚約者の写真を見つめながら愛を歌う場面だが、英語版と小松台本を比較すると、小松台本は前半部分の韻を踏んだ修飾表現を大幅に省略しながら芝居のテンポを詰め、素早く後半の歌へと繋げている。

〔原文〕

How handsome is this hero mine, The tears with in my eyes are burning,
How true and brave that face divine, my heart for him is every yearning.
That fore head so high, the chin firm and strong, The eagle like eye, For him how I long.
How graceful his carriage, How noble and free, The day of our marrage, happy be,
I have a true and noble lover, He is my sweet heart, all may own!
His like on earth who shall discover? His heart is mine and mine alone.
We pledged our troth, each to the other, And for our happy-ness I pray;
Our lives belong to one another, Oh happy, happy wedding day, Oh, happy, happy weddingday!

Come! Come! I love you only, My heart is true,
Come! Come! My life is lonly, I long for you;
Come! Come! Naught can efface you, My arms are aching now to embrace you,Thou art divine!

Come! Come! I love you only, Come, hero mine!
It is my duty to bow before thee, It is may duty to love, adore thee!
It is my duty to love thee ever, To love thee forever, forever,
We pledged our troth each to the other, And for our happy-ness I pray;
Our live belong to one another, Oh, happy, happy, wedding day,Oh, happy, happy, happy wedding day!
Come! Come! I love you only, my hert is true,
Come! Come! My life is lonly, I long for you;
Come! Come! Naught can efface you, My arms are aching now to embrace you,Thou art divine!
Come! Come! I love you only, Come, hero mine!

〔小松台本〕
何て言ふ立派な方だらう！　男らしい、きび〳〵として、本当になつかしい！　あの広い額！　あゝ、きりッとした口元！　鋭い目！　そして加え何処か大様で気高く、物事に頓着しない！　あゝ、私達の結婚の日は何んなに幸福な事だらう！

あゝ。あゝ。恋ひしきはかの君。
あゝ。あゝ。日毎われはこがるゝ。
あゝ。あゝ。此の腕にやさしき君が姿、抱かば……。

あゝ。あゝ。あはれ君恋しや。
君がため、身をすて、愛すこそ、わが務め。
末永く誠実《まこと》もて愛すこそ務めよ。
互ひの幸せ。いざ〳〵祈らん。
互ひの生命《いのち》は両人《ふたり》のものよ。両人のものよ。
あゝ。あゝ。恋ひしきはかの君。
あゝ。あゝ。日毎われはこがるゝ。
あゝ。あゝ。此の腕にやさしき君が姿抱かば!
あゝ。あゝ。あはれ、君恋ひしや。

歌の大部分を台詞へ書き換え、全体として台詞の比重を増やす方法は、オペラのオペレッタ化、オペレッタの再オペレッタ化、あるいは演劇化と言うことができるだろう。歌と歌の間を台詞でつなぐオペレッタ本来の方法ではなく、台詞と台詞の間に歌が挿入される歌入り芝居への変換である。この過剰なまでの歌の台詞への書き換えこそが、小松耕輔の浅草オペラ翻訳の最大の特徴である。帝劇やローシー・オペラを多く手掛けた小林愛雄の翻訳では、全曲上演が基本なので、ここまで大幅な歌の削除や部分的な短縮・簡略化はなかったとされる。作詞家・小林愛雄と作曲家・小松耕輔の仕事の違いを見ることができる。

翻訳で注目されるのは、歌と台詞の文体の違いで、台詞が口語なのに対し、歌は文語・雅語で訳

図⑧　楽譜に鉛筆書きされた日本語歌詞

されている。譜面を見ると、英語は一音符に一音節《シラブル》が、小松台本は一音符に一語《モーラ》が当てられており、訳し方の違いは、歌の音節への乗せやすさと、会話での台詞の聞きとりやすさを考慮した区別だったことが分かる［図⑧］。小林愛雄の場合、歌の文語、台詞の口語といった訳し分けだけでなく、全曲を口語で統一するといった試みがされているが、小松耕輔にはそうした工夫は見られず、機械的に音符に日本語を当てている感じだ。結果として『チョコレート兵隊』では若い娘のナディアが自分のことを台詞では「わたし」と言いつつ、歌になると「われ」と言うような自称の食い違い、それによる人物像のブレが複数生じている。

　翻訳では英語・ドイツ語の併用も注目される。たとえばナディアナとブメルリのデュエット “Chocolate Soldier” では歌詞を「貴方はChocolate Soldier Man／可愛い御方／おかしな

Chocolate Soldier Man」と、「チョコレート兵隊」ではなく「Chocolate Soldier Man」と英語のままに歌わせている。他にも「No」「many thanks」「one, two, three」など簡単な英語をそのまま使用したり、ブメルリがナディナに誓いを立ててみせる場面では「Hand aufs Herz!（と手を以つて胸をうち）本当ですとも」とドイツ語も使われている。口語、文語に加えて日本語、英語、ドイツ語の混在した舞台は、いたずらに観客を混乱させるようにも思われるが、現在の歌謡曲同様に、この程度の混在は逆に異国の雰囲気を漂わせるのに適していたのだろう。

　もっとも複雑な処理がされているのが、第二幕の“Final”だ。以下のように、ここでは七人の登場人物による独唱や合唱の全て、または一部が台詞へその都度書き換えられているだけでなく、部分的に歌と台詞の両方が記され演出家に選択が任されている。歌についても、七人の人物による七重唱《セプテット》がナディナの独唱に、それと被さる娘と兵士達の合唱（ソプラノ、アルト、テノール、バス）は兵士のみに簡略化（以下の引用の「第十三」の部分）されている。

　ブウメルリ。まア、容《ゆる》して呉れ玉へ。あの夜は、実際、何うにかして生きのびたかつた。兵隊は大勢追ひかけて来る。鉄砲は後からぽん〱はなたれる。なアに逃げて見やうと思へば、逃げて見せる！　と言ふ気になつた。何時の間にか或る家のバルコニイへ挙ぢ登つた。そして隠れ処《が》を求めた。其れは御宅であつた。御嬢さん始め、情深くも私を匿くして、救つて下さつたのだ。容して呉れ玉へ。容して呉れ玉へ。

第十二　合唱（一六四頁より一六五頁中央まで）
ゆるせ！
敵に追はれし男をゆるせよ。
その身をかばひし男をゆるせ。
彼をばゆるせ。

（次の処は歌かセリフで）

（歌の方）

ブウメルリ。あはれの此身、助けし人は、君が娘よ。ゆるされよ君。

アレキシウス。（ナディナに）昔は夢と消えぬ。今ははかなき身ぞや。あざむかれし此身こそ口惜しや。口惜しや。

ナディナ。昔は君は恋人。今ははや恋心もさめぬ。

ブウメルリ。（ナディナに）来れやわれに、われこそは君を愛す。


（セリフの方）

ブウメルリ。然す言ふ理《わけ》です。お蔭で、お嬢さん方のお蔭で、あの晩、生命を助かりました。何うか容して下さい。容して下さい。

アレキシウス。あ、、以前には、ずつと以前には、私は貴女の理想の人だつた。だが今は何でもありますまい。分つてます。貴女は私を狼狽さした。私を欺いた。騙した。私を裏切つた。あゝ、私が愛したは——私は貴女許り愛したのに。

ナディナ。貴方が?!　私も貴方を理想の人と思つたわ。ずつと以前には。でも今は、もう何でもないわ。えゝ、然うですとも。

ブウメルリ。(ナディナに)さア!　アレキシウスは貴女を辱しめる。私は愛する。私を抱擁して下さい。私が愛するのは、貴女ばかりですから。

　第十三　合唱(一六九頁より一七一頁まで)

ナディナ。

　いづこに　我恋人

兵士合唱。

　見よ〳〵恋人。

　おかしな婚礼、

　気の毒な婚礼、

　おかしな婚礼、

　気の毒な婚礼。

(歌の方)

ナディナ。いまは君が（アレキシウスに向ひ）自由ぞ。

アレキシウス。自由とや、すべてはをはりしか。

（セリフの方）

ナディナ。其りや、直《すぐ》に分ります。（アレキシウスに向ひ）貴方勝手にお振舞なさい。私は何も言ひますまいから。

アレキシウス。私の勝手に……!? ううむ。両人の間の関係は、これが最後なのか？


歌と台詞が選択できるようになっていることからも分かるように、小松耕輔が改変にあたって重視したのは、音楽性よりも物語性、芝居としてのテンポの良さである。合唱の簡略化についても、当然ながら技術的な問題もあるだろうが、それ以上に合唱隊の人数を揃えることや狭い舞台に大人数をあげることが不可能だという現実的問題、そして芝居の進行を考えた上での工夫だったと考えられる。

8――グランド・オペラへの挑戦

『チョコレート兵隊』以降、小松耕輔は同様の方法でオペレッタだけでなくオペラ、グランド・オペラへと翻訳の幅を広げ、オーベール曲『フラ・ディアボロ』、グノー曲『ロミオとジュリエット』『ファウスト』などの初演を手掛け、一回の公演に収まらないものは二、三回の連続形式に分け、全曲扱うようになる。定説では「金龍館時代の終りに近い大正十一年に入ってからであるが、そうした名作ものの上演を前後二回に分けて、ほぼ全曲を扱うというケースが増える」[22]とされてきたが、実際には既に〈日本館時代〉のオペラ座から恒常的に用いられていた方法だ。

なかでも興味深いのはローシー・オペラへ提供したヴェルディ曲『椿姫』の再翻訳である。[23]『椿姫』に関しても小松台本が残されており、ローシー版では全て文語による逐語訳だったものを、再翻訳では、歌やレチタティーボなど全体の三分の二以上を口語の台詞に書き換え、場面によって歌／台詞、あるいはレチタティーボ／台詞の両バージョンの訳を併記し、公演の状況に応じて変更可能なように工夫されている。また卜書きでは役の心情や動作が細かく指示され、驚くことにオリジナルにはない人物や場面の追加、さらに内容の新解釈とも言うべき脚色がなされている。たとえば終幕のヴィオレッタの臨終の場面では、

〔ローシー版〕

ギオレッタ　　これを与へよ。

アンニナ及医師　神は召します、憂世はなれ、神のそばに！

アルフレッド　神召したまはれば我も共にゆかめ、われも共にゆかめ。

ジエルモン　神は召します、憂世はなれ、神のみ側に。

ギオレッタ　我は祈らん、ふたりが幸を、天の彼方に。

（気がついて）不思議！

一同　あゝ。
ギオレツタ　（話すごとく）いたみは消えはて、苦しみいま去りぬ、生命《いのち》またも復活《かへり》くるか、おゝいま、おゝいま新なる命　（ソファの上に倒る）(24)

と、このままヴィオレッタは絶命し、幕となる。最後の最後に幸福な奇跡が起きたかと観客に思わせ、直後に死を迎えさせることで、より悲劇性を高めようという演出だ。オペラ座版ではこの一瞬の奇跡にある決定的な違いが存在する。

〔オペラ座版〕
ギオレツタ　遺物《かたみ》に。そして新しい奥様をお迎えになつた時、それをおあげ下さいまし、私は草場《〔ママ〕》の蔭でその方の幸福をお祈り申しませう。
アルフレツド　お前は何を云ふのだ。わたしは永久に、死んでもお前と別れはしない。ギオレツタ、お前はわたしのものなのだ。永久にわたしのものだ。
ジエルモン　何も彼も罪はこのわしにある。ギオレツタさん、更めてこのわしの娘になつてほしい。
ギオレツタ　おとうさま〳〵
　深い微笑をたゝへ、此の言葉を云つて、おき上らうとしてまた倒れる。
アンニナ　奥様、しつかり遊ばせ、皆様がこゝについてお出でになります。

またおき上らうとしてそのまゝ倒れる。
医者、脈をとり
医師　もはや御臨終のやうに見うけられます。
アンニナ　奥様、奥様。
アルフレッド　（しばらくその顔を見つめてゐたが思切れずに）
ギオレッタ！
と抱きつく、一同宜しき思入りにて　（幕）[25]

ローシー版はオリジナルに忠実で、人々の祈りの声に反応したヴィオレッタが一瞬回復をみせるのだが、オペラ座版ではアルフレッドの父ジェルモンの謝罪の言葉に反応している。ヴィオレッタの献身的愛情が恋人アルフレッドの誤解を解き、神にも許されて昇天するのではなく、その父ジェルモンによって彼女の献身が追認されることで幸福を得るという、まるで新派劇のような家族愛の道徳劇に書き換えられている。作品のテーマである道を踏み外した彼女の贖罪が日本の観客にも劇的に響くようにとの工夫だろう。ここまで来ると、ダイジェスト版と言うよりは、再構築と呼んだ方が適切である。

9――終わりに――現実に足を置くオペラ運動

浅草オペラで上演されたダイジェスト版とは、オペラの持つ音楽的要素を演劇的要素に置き換え、〝オペラという妙なもの〟を日本人が慣れ親しんだ芝居の形式に転じてみせたものだった。

　小松耕輔の手によるダイジェスト版は、音楽家としては随分と割り切った改変がなされている。もちろん、彼がこれを理想のオペラの形式だと考えていた訳ではない。では、なぜここまで大胆な改変を行ったかに関して、小松は詳しい文章を残していないので推測する他ない。一番の理由として考えられるのは、東京音楽学校卒業後の彼が仕事の中心に据えた唱歌と学校教育の影響だろう。

　先にも記したように、小松は東京音楽学校卒業と同時に樂苑会を組織して創作オペラ運動に従事すると同時に、学習院大学の講師となり音楽教育にも携わるようになる。なかでも明治四十一年（一九〇八）、学習院初等科に入学した昭和天皇の唱歌科の担当を任されたことの意味は大きく、これ以降小松は唱歌やお伽歌劇の研究、作詞・作曲に本腰を入れ、大正四年（一九一五）にはその最初の研究成果として葛原𦺁《しげる》、梁田貞《やなだただし》との共著で『大正幼年唱歌』全二巻（目黒書店）を刊行している。小松の浅草オペラのダイジェスト版は、全体の構成や、歌と台詞の配分がお伽歌劇の形式とよく似ており、参考にした可能性は高い。

　小林愛雄など同時代のアカデミックなオペラ運動家に比べて、小松耕輔はオペラを民衆芸術の視点から捉える傾向が強かった。大正デモクラシーに支えられた民衆芸術の台頭は、浅草オペラを正統な芸術運動に繋ぐ理論的支柱の一つだったが、小松の場合、それが慰安を目的とした民主娯楽論に近いニュアンスを持って語られている。

世の中は日に増し忙しくなる。〔略〕日本の芝居なども昔のやうに一番鶏に目をさまして、白々夜明に蠟燭のあかりで三番叟を見るなんてことは想像も出来なくなつた。帝劇の四時開幕でさへ、暇人の吾々にも早すぎる。西洋の芝居は大抵夜の八時過からである。此時間から二三時間を芝居のボックスにすわつて一日の労苦を休めようとするのだから、シェークスピアやイブセン《ママ》では一般の観客にはチト困る。〔略〕観客は短時間にして充実した、訓練された、甘美な、豊麗な芝居を要求するのである。これが日に増し歌劇を要求する極めて自然な理由である。(26)

つづけて小松耕輔は「日本は昔から歌劇の国である」とし、能楽、歌舞伎につづく「第三の日本の歌劇」としてオペラを推奨する。音楽家としての小松耕輔の姿勢は、理想に邁進する芸術家というよりは、現実に片足を置く啓蒙家・教育家と言った方が相応しく、それが浅草オペラに向き合う態度にも繋がったのだろう。

その意味では、石井漠も現実に片足を置きつつ浅草オペラの仕事をした。石井にとって浅草オペラの仕事は、新舞踊運動を定着させるための通過点だった。オペラ座の中心が石井漠でなく清水金太郎だったら、ここまで音楽要素を除いたダイジェスト版がシリーズ化されることは難しかっただろう。ローシーの思想に共鳴し、可能な限りオリジナルに忠実な上演を理想とした清水にとって、小松のダイジェスト版は容易には承服できなかったはずだ。

オペラ座と小松耕輔の仕事は〝オペラという妙なもの〟に驚く浅草の観客の水準を考慮し、彼らの期待の地平に従って、音楽劇から日本的な芝居の形式へと変換する演劇的再構築だったと言ってよい。

当時にあってこれが理想に片足を、現実にもう一方の足を置く堅実なオペラ運動の一つの正解だったことは、浅草でのオペラ熱の高まりとその後の〈金龍館時代〉でも同じ方法が用いられるようになったことからも明らかだ。

一つ皮肉だったことは、こうした現実主義を興行主もまた採用したということだ。

第一次世界大戦中にヨーロッパ映画に代わって輸出映画数を伸ばしたアメリカ映画は、大戦終結後、日本国内でのシェア拡大にも積極的な攻勢に出る。浅草興行界もその動きを受け「伝へ聞く所に拠れば〔略〕帝国館が新に伊太利映画の封切館となり、ユ社〔ユニバーサル映画社〕は日活と相提携して日本館を買収改築の上、其処でユ社映画を封切り、焼失せる吾妻座は新築後日活の新映画封切館になるとの噂専らである」（〈活動写真界〉「日活対国活」、『読売新聞』大正九年三月二十日夕刊）との報道そのままに、日本館は大正九年（一九二〇）四月から映画上映を開始し、オペラは映画の添え物となる。

これを不服とした石井漠はオペラ座を率いて地方巡業へ出た。しかし日本館はそれをものともせず、夏に館内を大幅に改造して完全に映画館へ転身、さらに十月には大阪の新興映画会社の帝国キネマ演芸株式会社と提携し直し、桜井藤太郎は興行一切を帝キネに委ねる。そしてオペラ座の方も、秋に小松耕輔が海外へ渡ったのとほぼ同時に解散となった。

これ以後は根岸興行部が浅草オペラを独占する〈金龍館時代〉となるのだが、その根岸興行部が観音劇場や駒形劇場といった正規の劇場ではなく、観物場の金龍館を拠点としたことは、これも興行の現実に片足を置いた結果だろう。金龍館は根岸独自の「三館共通制度」（隣接するオペラの金龍館、芝居の常盤座、映画の東京倶楽部の建物の廊下を繋げ、一館分の入場料を払えば三館の興行物全てを見ることができる格安システム）の小屋で、とりもなおさずこれは経費的に浅草オペラが劇場の興行物へ昇格することの難しさを物語っていた。作品の質や人気以前の採算の壁は決して小さくはなかった。
わずか短期間の隆盛だったが、浅草オペラにおける名作オペラのダイジェスト版は、この国でオペラが大衆の娯楽物と成り得る可能性とその限界を示す一つの成果だった。

1――日本館の映画興行については田中純一郎『日本映画発達史』第一、二巻（中央公論社、一九五七年）が詳しい。
2――桜井源一郎と内海正性、行貴の兄弟およびカジノ・フォーリー開場の経緯については拙著『ムーラン・ルージュ新宿座』（森話社、二〇一一年）の第一章を参照のこと。
3――石井漠『私の舞踊生活』大日本雄弁会講談社、一九五一年、四七頁。
4――同書、四七頁。
5――同書、五〇頁。
6――同書、六一頁。
7――同書、六〇頁。
8――浅草オペラと観物場については、拙稿「オペラという見世物――大正期浅草オペラと観物場興行」（早稲田大学演劇博物館グローバルCOE紀要『演劇映像学二〇一一』第三集、二〇一一年）を参照のこと。
9――『読売新聞』大正七年（一九一八）十月五日付、広告。
10――『読売新聞』同年十月十六日付、広告。
11――『読売新聞』同年十月二十八日付、広告。

12――第三回公演プログラムは神保朋世「浅草オペラへの哀歓」（浅草の会編『浅草双紙』未来社、一九七八年）に掲載。

13――『都新聞』大正七年（一九一八）十月二十日付。

14――浅草オペラ関係の雑誌では「美鳥」に「びちょう」と振り仮名をふったものが多いが、小松耕輔の著作では「みどり」となっており、こちらが正しいようだ。

15――小松三樹三は帝劇内では人望があったようで、内山惣十郎『浅草オペラの生活』（雄山閣出版、一九六七年）では、伊庭孝が歌舞劇協会を組織する際にも帝劇歌劇部からの引き抜きに協力したとある（四七頁）。

16――お伽歌劇『善の女神（シンデレラ）』の訳者は、新聞・雑誌等では高橋乙治とされているが、小松耕輔『音楽之花ひらく頃』には小松が頼まれて訳した（一二五頁）とあり、増井敬二も「小松耕輔が訳した台本で曲はサリヴァンその他の既成曲の音楽を利用した」（『浅草オペラ物語』七〇頁）としている。

17――小松耕輔『音楽之花ひらく頃』音楽之友社、一九五二年、一二七頁。

18――増井敬二『浅草オペラ物語――歴史、スター、上演記録のすべて』芸術現代社、一九九〇年、一三二～一三三頁。

19――『チョコレート兵隊』の成立過程と日本上演史については大浦龍一「バーナード・ショーと浅草オペラ」（日本演劇学会二〇一六年度全国大会・研究発表）が詳細に扱っており、本稿もこれらを参考とした。また伊庭孝翻訳の『チョコレート兵隊』については、伊藤直子「新劇社における伊庭孝の活動――『チョコレート兵隊』上演を中心に」（跡見学園女子大学『コミュニケーション文化』第九号、二〇一五年）が詳しく、これを参考とした。

20――伊庭孝「『出発時間前』と『チヨコレエト兵隊』との上演に就いて」、『歌舞伎』大正二年（一九一三）十月号。

21――「ローシーを訴ふ／原告は原信子」、『都新聞』大正七年（一九一八）二月二十七日。

22――増井敬二『浅草オペラ物語』一三九頁。

23――オペラ座の『椿姫』については、拙稿「歌劇『椿姫（La Traviata）』検閲台本にみる浅草オペラの演劇性」（早稲田大学演劇博物館グローバルCOE紀要『演劇映像学二〇〇八』第二集、二〇〇八年）を参照のこと。またローシー・オペラ『椿姫』については、公演リブレットを拙稿「翻刻　ローシー・オペラ歌劇『椿姫』」明治大学文学部紀要『文芸研究』（第一二一号、二〇一三年）で全文翻刻した。

24――前掲、拙稿「翻刻　ローシー・オペラ歌劇『椿姫』」。

25――前掲、拙稿「歌劇『椿姫（La Traviata）』検閲台本にみる浅草オペラの演劇性」。

26――小松玉巌「歌劇を愛する人々へ」、『演芸画報』大正八年（一九一九）四月号。

付記――本稿はＪＳＰＳ科研費、課題番号２４５２０１８３および２６３７０１１４の助成を受けた研究成果の一部である。

8——歌劇雑誌と浅草オペラ・ファン

京谷啓徳

1――はじめに

大正時代に一世を風靡した浅草オペラの受容のあり方を知るにあたり、同時代の証言が封じ込められた歌劇雑誌はきわめて貴重な資料である。浅草での歌劇上演は大正六年（一九一七）一月、常盤座における歌舞劇協会公演をもって本格的に開始されるが、浅草オペラを専門に扱う雑誌『オペラ』［図①］や『オペラ評論』『歌舞』等が創刊されたのはその歴史の三年目、大正八年（一九一九）のことだった（前二誌は大正八年十二月号より合同し、雑誌名は『オペラ』を採用する(1)）。

『オペラ』や『歌舞』は、歌劇の研究や紹介、公演評、興行主や歌劇俳優への提言といった「真面目」な記事を中心とした雑誌であることを標榜し、実際そうでもあったのだが(2)、なにぶん雑誌は売れなくては商売にならず、読者受けを狙った記事・企画も少なくなかった。本稿では、とりわけそれら通俗的とも思われる記事・企画が、浅草オペラ・ファンのオペラ受容において果たした役割について考えてみたい。

2――読者投稿欄にみる読者像

浅草オペラの観衆は、現代のオペラの観衆とはおおいに異なっていたことが知られる。ほぼ七年間の公演期間中、次第に観客層が変化したことが指摘されており、後の金龍館時代になると女性のファンも増えたというが、当初は男子大学生が多く、いずれにせよ若者が中心であった。[3] 歌劇雑誌購読者の多くも、当然これらの若者たちであった。『オペラ』は大正十二年に、三回に分けて「歌劇愛好家名簿」を掲載している（一月号、一一八―一一九頁、三月号、八六―八七頁、四月号、七四―七五頁）。そこには各愛好家の年齢も記されているので、少なくともこの時点での読者の年齢層を知ることができ、そこからわかる男女の愛読者は、大方が十八、九から二十歳過ぎの若者であった。

微細な文字で埋め尽くされた雑誌末尾の読者投稿欄、すなわち『オペラ』であれば「オペラクラブ」や「緑の部屋」、『歌舞』であれば「読者通信欄」といった欄に目を通してみることによって、我々は読者たちが歌劇雑誌に何を期待していたのかを知ることができる。そしてそれらの投稿欄から感じられるのは、オペラそれ自体への関心というよりは、歌劇俳優・女優へのファンの視線である。しばしば指摘されるように、浅草でオペラが流行した大きな理由は女優のエロティシズムやエキゾティシズムにあったと考えられるが、[4] さらにそこには現代の若者がアイドルに寄せるまなざしと同様のものがあって、歌劇雑誌はそれを受け止め、方向性を与えるためのメディアとしての役割が大きかったのである。

図①　『オペラ』大正９年10月号表紙

また、読者投稿欄における投稿者の中で目につくのは、地方の読者の存在である。全国津々浦々、さらに台湾や朝鮮、果てはシベリアやジャワの読者からの投書も見出される。浅草オペラを受容したのは、浅草公園でオペラを経験した観衆だけではなく、歌劇雑誌でオペラなるものに触れ、まだ見ぬオペラに憧れるファンたちも少なくなかった。また、京阪神に九州、東北と浅草オペラは地方巡業も多かったため、地方の読者にも浅草オペラに触れる機会は与えられていた。

読者投稿欄を読むと、地方の読者が浅草のオペラに憧れ、上京の折に浅草に足を運び、あるいは自分の住む土地への巡業を首を長くして待ち、それが実現した場合にはその感想を投稿している様が見られる。『オペラ』『歌舞』ともに大阪、京都、名古屋にそれぞれ支局を置き、地方公演の情報を掲載したが、そのような記事も地方の読者には貴重なものであったろうし、自分の見たオペラが東京のオペラとつながっていることも実感できたのであろう。

3――ファン心理を刺激する様々な企画

冒頭にも述べたように、これらの歌劇雑誌は、オペラの研究、紹介、批評を第一としたが、それに加えて、歌劇俳優・女優の身辺記事や、楽屋内を垣間見せるような記事を掲載し、オペラ・ファンたちを喜ばせた。加えて歌劇雑誌では、同様にファンの気持ちをかきたてる様々の企画がなされた。

第一に挙げられるのはファン投票である。『オペラ』では当初は年に数回、そして特に大正十年（一九二一）七月号からは十ヶ月連続で毎月「人気俳優投票」がおこなわれた。この大正十〜十一年の人気投票は、当初は官製葉書に必要事項を記入というかたちだったが、第五回投票より投票用紙が雑誌に添付されるようになり、投票結果における形勢が一転したという。この間の事情について、「某氏は某優の後援者として本社を訪れ記者に面接を求め、厚誼を低ふし、一時に二百票を投じ、また某氏は遠く地方より寄せて百票を投じる如き、活気横溢を示してくれた」(『オペラ』大正十年十一月号、九八頁)とある。これは一人が大量に投票してもよいということで、第四回投票までは「投票の厳正さを期するために必ず一人一票のこと」(『オペラ』大正十年七月号、七七頁)と但し書きがあったのに比べると大きな方向転換である。第五回以降の投票規定にはご丁寧にも「投票用紙は本紙刷込のものに限る。葉書は絶対に無効。一人で何票投票するも可」と記される。投票用紙欲しさに雑誌が売れるわけで、うまいことを考えたものである。

さて、『歌舞』において宝塚少女歌劇のファン投票が企画されたこともあった。その折には、宝塚音楽歌劇学校校長であった小林一三《いちぞう》より、「宝塚少女歌劇の公演は当校生徒の平素習得せる技芸の発表機関」であり、「人気投票の如きは生徒に対して決して好感化を与えざる」ことから計画を中止して欲しいとの申し入れがあり、投票は取りやめとなった(『歌舞』大正十年八月号、八三頁)。本来性格の異なる宝塚少女歌劇を浅草オペラ流に受容しようとしたことからおこった事態として興味深い。

さらに『オペラ』では、歌劇俳優・女優たちの肉声を聞くことができた。俳優のインタヴューを集めた特集としては、たとえば、「俳優告白号」(大正九年六月号)、「楽屋夜話号」(大正九年八月号)、「人気男女優号」(大正十年十一月号)などがある。特別なものとしては、関東大震災後の復刊時に、俳優たちの罹災体験談を集めたこともあった(「大震災と歌劇俳優」大正十二年十一月号、二〇―二四頁)。俳優の肉声といっても、たわいもない発言が大方であるが、「歌劇俳優不平号」(大正八年十二月号)で

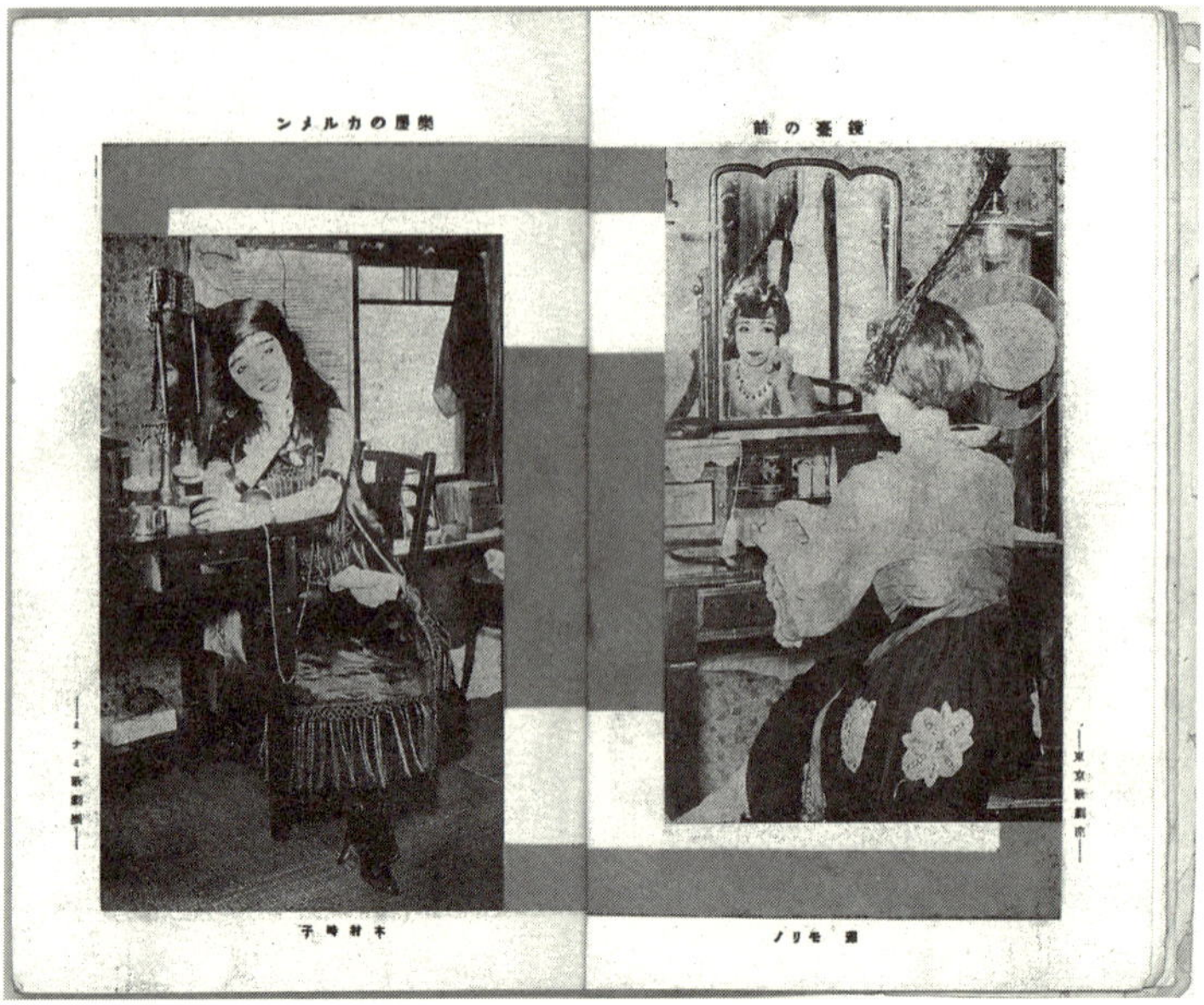

図②　『オペラ』大正10年1月号口絵写真

はそれなりに率直な気持ちを述べている俳優もあり、たとえばオペラの現状に対する不平不満なども見出される。ちなみに同号での田谷力三《たやりきぞう》の不平は、「僕は決して色魔ではありません。舞台をフザケて居りません。女の客がワアワア騒いで呉れるだけなのです」というほほえましいものである。また当時、歌劇女優たちはしばしば性的堕落と結び付けられたが、そのことへの反論も見られる。特に「俳優発展号」（大正九年十一月号）や「恋愛号」（大正九年七月号）にそのような発言が多い。

歌劇俳優の肉声とともに、ファンを喜ばせたのが、俳優たちの写真である。毎号、表紙と口絵に彼らの写真が並んだ。それは『演芸画報』に掲載された帝劇の歌劇上演の写真のように、舞台全体の様

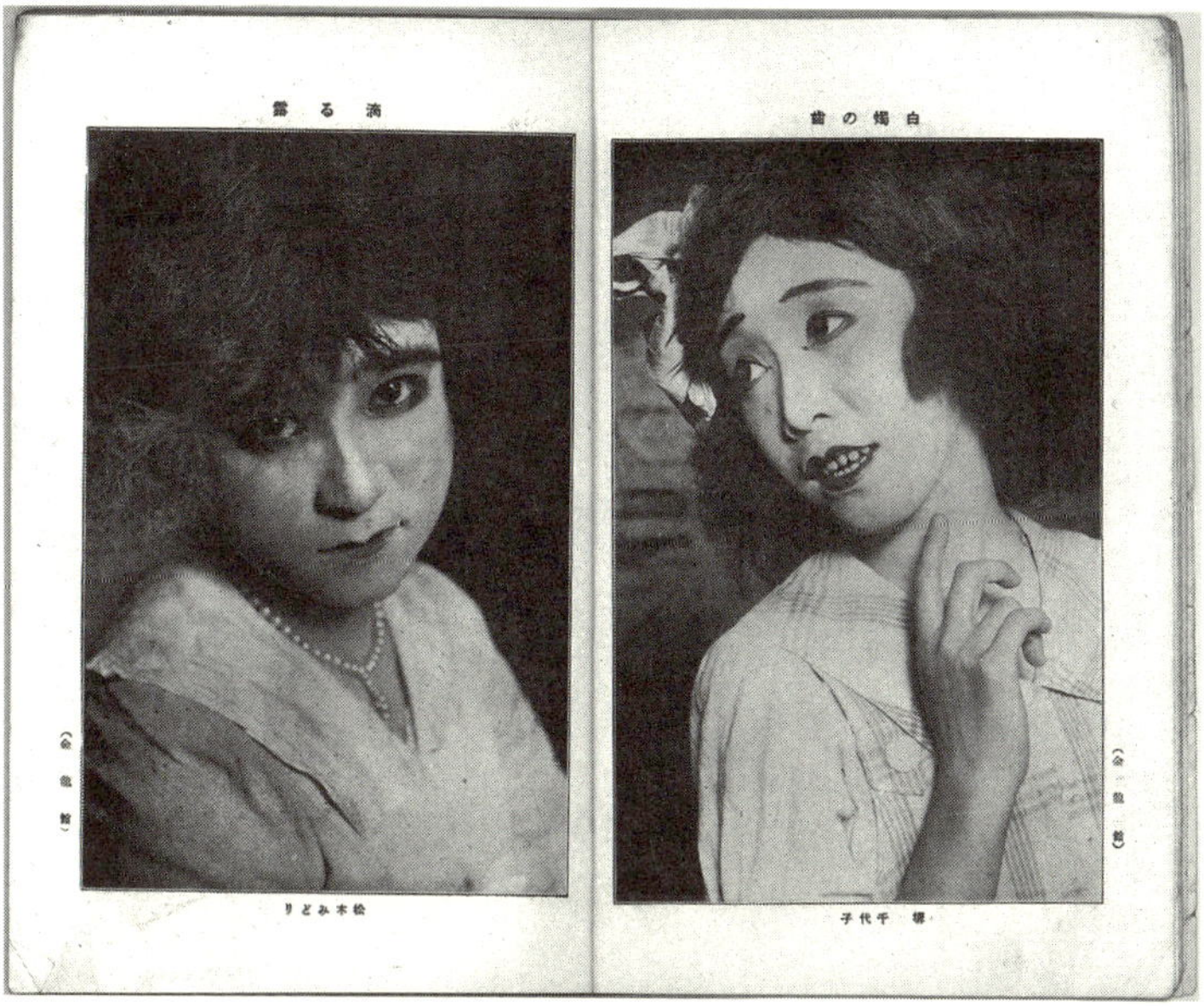

図③　『オペラ』大正9年11月号口絵写真

子を写した記録的価値のあるものは少なく、もっぱらブロマイド的なものが多かった。さらには楽屋の様子など舞台裏を垣間見せるものも多く含まれた［図②］。「白燭の歯　堺千代子」［図③右頁］、「滴る露　松木みどり」［同左頁］といったキャプションが、それらの写真にファンが寄せたまなざしを代弁している（『オペラ』大正九年十一月号）。『オペラ』の読者投稿欄である「オペラクラブ」には、写真掲載の希望や、希望の俳優の写真が掲載されたことへの礼などがしばしば見られ、これらの写真が読者の購買意欲をかきたてていた様子が偲ばれる。実際、歌劇雑誌の側が写真掲載を重要なものと考えていたことは、たとえば『歌舞』が読者に雑誌のあり方について意見を徴したときに写真に関する質問事項があった

ことからもわかる。(5)

また『オペラ』では、表紙の写真に関して、「この人は誰でしょう?」「このお顔の持主は誰ですか?」といった企画がなされた。毎号表紙の写真にキャプションはなく、それが誰であるか読者からの答えが募集されたのだ。これなどは地方のファン向けの企画かと思われ、当選者には地方の読者が多いようである。ただし地方のファンによる、次のようなもっともな投書もあった。「表紙のお顔の持主は? なんてそんなむづかしい事がどうして我々にわかるものですか。毎月解答の葉書は出すもののとにかく浅草の女優さんに一度も接した事のないものには非常にむづかしい。記者様どう思し召す? (名古屋K生)」(『オペラ』大正九年九月号、七九頁)。

さて、これらの俳優写真は評判が高かったため、口絵写真配布がおこなわれるようになった。『オペラ』大正八年九月号に広告が出ているが、各月の口絵を配布するというものである。またオペラ絵葉書の販売もおこなわれた。これは口絵写真のブロマイドを絵はがきとしたもので、大正九年四月号に最初の広告がある。(6) 帝劇の歌劇上演でも、公演毎に複数枚の絵葉書が発行され、それは舞台の様子を偲ぶ貴重な資料となっているが、それに比べると『オペラ』の発行したオペラ絵葉書は、先に述べたようにまさにブロマイドであった。ファンたちはそれを机の上に飾ったり、手帳にしのばせたりしたのだろう。口絵写真の配布やオペラ絵葉書の販売は、雑誌の口絵を切り取らずに済むことからも歓迎されたに違いない。実際、筆者の所蔵する『オペラ』には、口絵写真の部分が切り抜かれたものが含まれている。

このように俳優の肉声と写真によって、歌劇雑誌は、俳優への親近感をファンの心に芽生えさせた。

俳優の出演する舞台に接するとき以外にも、歌劇雑誌の読者であることによって、ファンは俳優を身近に感じることができたのだ。地方の読者にとってはなおさらであったろう。

さらに、歌劇雑誌は俳優のプライベートを知りたいという読者心理を刺激するべく、様々の特集を組んだ。特に『オペラ』では、現在の我々が目を疑うような特集が次から次へと企画されている。「恋愛号」（大正九年七月号）や「ローマンス号」（大正九年四月号）などというのはまだおとなしい方で、「誘惑号」（大正九年十月号）、「歌劇俳優と性的生活」（大正十二年四月号〔図④〕）といった露骨な特集もあった。

図④『オペラ』大正12年4月号（歌劇俳優と性的生活）表紙

「誘惑号」の宣伝文句を見てみよう。「誘惑号!!! 堕落か向上か?! 幻影を追ふ青年と紅灯のもとに泣く女優。／胸に耳をあつれば血潮の流るる音がする。／美しき青年の半生と婉麗なる女優の裏面。／甘きサタンの酒の交互より誘惑は生る。／誘惑号!!! 生命の叫を聞け!!!」と凄まじい。そして特集「歌劇俳優と性的生活」である。想像される通りのゴシップ談のオン・パレードで、前沢末彌「雪は冷たく情欲燃ゆる」、都村健「蠟燭の灯に性欲は燃えて」、伊東漂流「性に悩む歌劇女優の群れ」といった刺激的な記事が並ぶ。

「俳優発展号」（大正九年十一月号）という

図⑤ 『オペラ』大正９年11月号（俳優発展号）表紙

特集号もあった［図⑤］。当時女優の「淫蕩的発展」が問題視され、事実幾多の女優が「発展女優」の称号を得ていた。(7) よって性的な方面での「発展」談がファンの購買意欲をそそったのであろうが、蓋を開けてみれば何のことはない、歌劇の「発展」について俳優たちが意見を述べるというものであった。「俳優発展号」ではなく「歌劇発展号」ならば看板に偽りなしだったのだが、誤解を想定した広告を打つのは、今も変わらぬ雑誌の手口ともいえる。「俳優発展号」に掲載されたカット「発展女優の図」（『オペラ』大正九年十一月号、二五頁）が編集者の魂胆を物語っている［図⑥］。カットに付された書き込みによれば、髪飾りは「某大学生より贈られしもの（但しレターの返事を出したる故）」、胸元のアクセサリーは「ペラゴロにねだって買はせしもの（但し写真にサインしてやったり）」、「着物は××の倅に三日運動して買はせたり（但し同席して写真を二度まで撮らされたり）」、ハンドバッグは「株屋の爺3（さん）が呉れしもの（但し一ト晩労働させられたり）」ということで、発展女優の生態を彷彿とさせる。

「歌劇俳優と性的生活」同様の身も蓋もない企画としては、これは『歌舞』であるが、「歌劇女優肉体美番付」（大正九年四月号）、「歌劇女優発展番付」（大正十二年八月号）といった付録が付けられた。肉体美番付では東の大関は安藤文子、西の大関が川田貴美子となっている。女性奇術師の松旭斎天《しょうきょくさいてん》華《んか》が小結で幕内入りを果たしているのも面白い（当時天華の一座は歌劇ブームに乗じて歌劇を組み込んだ奇術ショウをおこなっていた）。

おなじく『歌舞』大正八年八月号の「現代歌劇女優四十星点取表」でも、採点項目が、容貌、技芸、舞踊、声唱、熱、魅力、肉体美、品行、艶聞、人気、そして総点となっている。容貌はともかく肉体美、品行、艶聞までが入っているところが浅草オペラならではというところか(8)。

先に触れたようにゴシップ記事が多いのが歌劇雑誌の特徴だ。そもそも「下らない素破抜は、それをやりたがる連中にまかせて置けば好いのです」といいつつも、「ただしかし、真実なる意味に於ける生活と芸術との間には密接なるリレーションの存在する以上、俳優の彼及び彼女等の芸術を向上せ

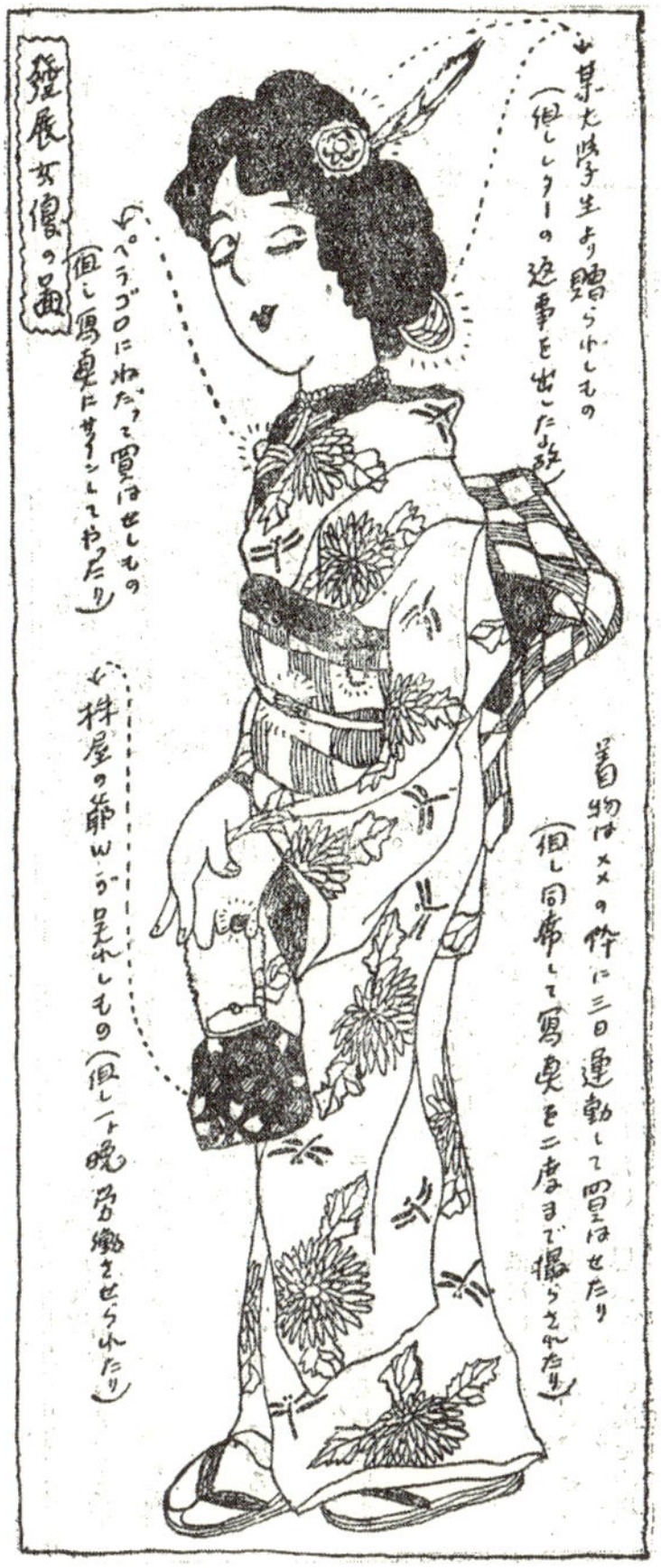

図⑥「発展女優の図」（『オペラ』大正9年11月号、25頁）

しめ、完成せしめる為めに、俳優の彼及び彼女等の生活の指導にまで我等が筆を及ぼさねばならないこともあるかも知れないのであります」（『オペラ』大正九年一月号、二九頁）と予防線を張り、かなり露骨な記事が書かれた。その有様は現代の週刊誌のゴシップ記事とさほど変わらないが、読者がまさにそれを求めていたということであろう。

4――ペラゴロとペラゴリーナ

浅草オペラの熱狂的なファンは「ペラゴロ」と呼ばれた(9)。ペラゴロの語源には「オペラのゴロツキ」と「オペラのジゴロ」の二説があるというが、歌劇雑誌には残念ながらその語源に関する証言記事は見出せなかった。ペラゴロたちはオペラの楽屋に出入りし、上演中は客席から大声で声援をかけた。彼らの声援が上演の妨げになることもあったという(10)。

ただし歌劇雑誌の誌上においては、ペラゴロの意味するものが少々異なっている。歌劇雑誌では、熱心な常連寄稿家がペラゴロと呼ばれているのだ。女性寄稿家についてはイタリア語風の女性形縮小辞をつけてペラゴリーナの呼称が用いられた。ペラゴロとは、浅草公園に日参する者たちばかりではなかったのだ。当然、誌上のペラゴロが現実に浅草公園や劇場内部でもペラゴロを演じていたかもしれないが、劇場に出かけるペラゴロのすべてが寄稿していたわけではないだろう。誌上のペラゴロは、最初は葉書一枚の投稿欄の常連であり、次第に読者論壇といった記事スペースを与えられ、長文の記事も書くようになる。中には『オペラ』同人に出世する者もいた。

『歌舞』大正十二年七月号に、「ペラゴロ　ペラゴリーナ番附」なるものが掲載されている［図⑦］。これを眺めてみても明らかなように、ペラゴロの多くはペン・ネームを使った。相良愛子ファンの相

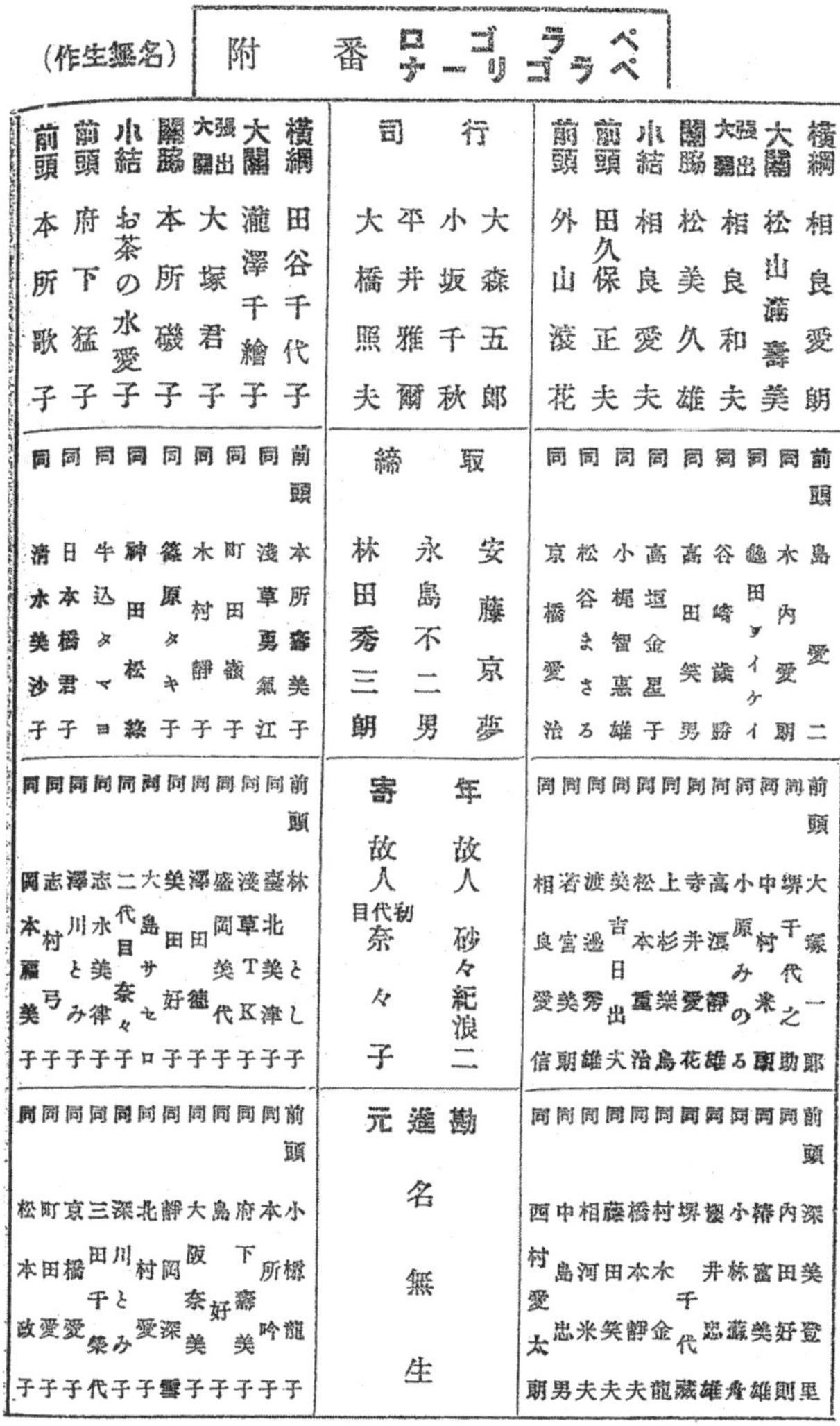

ペラゴロ ペラゴリーナ 番附 （無名生作）

横綱 相良愛朗
大関 松山滿壽美
張出大関 相良和夫
関脇 松美久雄
小結 相良愛夫
前頭 田久保正夫
前頭 外山潑花

行司 大森五郎 小坂千秋 平井雅爾 大橋照夫

横綱 田谷千代子
大関 瀧澤千繪子
張出大関 大塚君子
関脇 本所磯子
小結 お茶の水愛子
前頭 府下猛子
前頭 本所歌子

前頭 島愛二　同 水内愛朗　同 龜田ヲイケイ　同 谷崎讃勝　同 高田笑男　同 高垣金星子　同 小梶智惠雄　同 松谷まさろ　同 京橋愛治

取締 安藤京夢 永島不二男 林田秀三朗

前頭 本所壽美子　同 淺草勇氣江　同 町田嶺子　同 木村靜子　同 篠原タキ子　同 神田松絲　同 牛込タマヨ　同 日本橋君子　同 清水美沙子

前頭 大塚一郎　同 堺千代之助　同 中村米朗　同 小原みのる　同 高瀬靜雄　同 寺井愛花　同 上杉樂鳥　同 松本重治　同 美吉日出夫　同 渡邊秀雄　同 若宮美朗　同 相良愛信

年寄 故人 砂々紀浪二
故人 初代目奈々子

前頭 林とし子　同 臺北美津子　同 淺草TK子　同 盛岡美代子　同 澤田德子　同 美田好子　同 大島サセロ　同 二代目奈々子　同 志水美律子　同 澤川とみ子　同 志村弓子　同 岡本羅美子

前頭 深美登里　同 内田好則　同 椿富美雄　同 小林蘇舟　同 櫻井忠雄　同 堺千代藏　同 村木金龍　同 橋本靜夫　同 藤田笑夫　同 相河米夫　同 中島忠男　同 西村愛太朗

勧進元 名無生

前頭 小樽龍子　同 本所吟子　同 府下壽美子　同 島好子　同 大阪奈美子　同 靜岡深響　同 北村愛子　同 深川とみ子　同 三田千榮代　同 京橋愛子　同 町田愛子　同 松本政子

図⑦「ペラゴロ　ペラゴリーナ番附」(『歌舞』大正12年7月号、58頁)

良愛朗、松山浪子ファンの松山浪夫、田谷力三ファンの田谷千代子と、場合によっては贔屓の俳優の名前に手を加えたものを使用したようだ。男性が女性と偽って投稿する場合や、その逆もあった。彼らは特定歌手にのろけたり、悪口を言ったりし、あるいはペラゴロ同士の舌戦もしばしば繰り広げられた。その様子は、劇場内での声援合戦、あるいは歌劇がはねた後の浅草公園でのペラゴロ同士の小競り合いが、誌上に場を移したかのごとくである。

そのような状況を嘆き、ペラゴロを名指しで非難する「公開文　オペラ寄稿家へ」（『オペラ』大正十二年五月号、六四頁）、「葬るべきペラゴロの群に」（『オペラ』大正十二年九月号、五九―六〇頁）、「歌舞春秋（一名斬捨御免）」（『歌舞』大正十二年六月号、三八―三九頁）といった記事も見出されるが、それはあるいは華やかなペラゴロへの憧れの裏返しであったようにも見える。『オペラ』の読者はペラゴロに憧れ、ペラゴロの意見に左右されていた。誌上のペラゴロが浅草オペラ・ファンのファン意識に雛形を与え、誌上世論を形成し、それを牽引していたようだ。

5――歌劇愛好家の核としての歌劇雑誌

これらのペラゴロを手本と仰ぎながら、読者たちは投稿欄で気炎を吐いた。『オペラ』では「オペラクラブ」が葉書一枚の短いものを集める欄であり、「緑の部屋」「読者論壇」と次第に長いものとなった。また時には「好きな俳優への注文」（大正八年六月号、九二―九八頁）のように独立した特集を組むこともあった。読者たちは自分の投稿を誌面に見つけては、歌劇とのつながりを認識したことだろう。読者投稿欄としては他に「オペラ歌壇」なる欄もあり、力作の数々を眺めていると、よくオペラをネタに短歌が作れたものだと感心してしまう。

また、読者投稿にはしばしば編集者がコメントを付したが、そのコメントを目当てに投稿する者もあったようだ。編集者のコメントが親しみやすさを感じさせたのだろう。ただし編集者のコメントには、ずいぶんふざけたものや過激なものも散見された。事実、歌劇雑誌の編集部員には素行不良の社員もあったようで、しばしば、「以下の者は今後当社と関係あらず云々」といった社告が見られる。彼らは雑誌として非難しているオペラの芸術的ならざる面を助長しているきらいがあった。

雑誌と読者のつながりの密接さという点では、歌劇雑誌は読者の意見を大切にする雑誌であるという方針を貫き、しばしば読者の意見を徴した。『オペラ』と『オペラ評論』が合同した際には、「従来の題号「オペラ評論」を改めて、「オペラ」とすべきか、若しくは又新たに題号を求めて、それに変えるべきか。この事について広く諸君のご意見を伺いたいと思うのです」という告知が出た（『オペラ評論』大正八年十一月号、九二―九三頁）。雑誌名を読者の意見で決しようとしたのである。その他にも誌面作りのためにしばしば読者の意見を徴している。

歌劇雑誌はこのようにして読者とつながるとともに、読者と俳優の間に橋を渡すメディアでもあった。『オペラ』は誌上の企画以外にも、歌劇ファンと歌劇あるいは歌劇俳優をつなげる様々の周辺事業をおこなっていたのだ。ファンと俳優のつながりの演出という点では、『オペラ』主催の総見がおこなわれたことが挙げられる。先にも触れたように、同誌では人気投票がおこなわれたが、その第一位となった俳優の出演する公演を読者が総見した。田谷力三総見の様子が「本社主催田谷力三君総見

図⑧　『オペラ』主催田谷力三君総見の様子（『オペラ』大正８年８月号口絵写真）

雑記」（大正八年八月号、一八—二四頁）として紹介されており、掲載された写真〔図⑧—⑩〕には、「人気投票第一回当選者　田谷力三君」と書かれた花輪が写っている〔図⑩〕。

歌劇雑誌はファンと俳優の直接的なつながりのためのツールも提供した。『日本歌劇俳優名鑑』の発行である。『オペラ』を発行する活動倶楽部社では既に『世界活動写真俳優名鑑』（英文手紙の書き方付き）を出版しており、『日本歌劇俳優名鑑』はその歌劇版となるはずであった。この名鑑は難産であり、大正九年三月号に最初の広告が出たのだが、なかなか完成せず、しばしば遅延に関する謝罪広告が出された。大正十年一月号の遅延謝罪広告は、「近く本社から出版する筈の日本歌劇俳優名鑑の発行が今日まで遅延して申訳が御座いません。最近俳優の移動が激しく行われ、訂正すべき点も多く、なお本書編纂の責任者に止むを得ない支障があったり

図⑨　同

図⑩　同

して、今日まで遅れた次第で御座います。〔略〕名鑑は来春早々出来する運びでは御座いますが念の為謹告いたします」と弁明する。この広告は、つとに知られる浅草オペラにおける離合集散のはなはだしさを証するものとして興味深いものであるが、結局、大正十年十月の発行となった。大正十二年三月号には、『日本歌劇俳優名鑑』再版発売の広告（新たに新進花形俳優数十名を追加、住所改訂）が見られる。

名鑑には俳優の「住所及芸名」「生年月日」「本名及略歴」が掲載され、贔屓の俳優のことは何でも知りたいファンの渇望を癒すものであるとともに、住所を公表することにより、ファンはファン・レターという形で俳優に直接的に接触することができるようになった。ただしこの点については、現在でいうストーカー行為、あるいは俳優とファンが簡単に「発展」する素地を提供することになってしまうという批判もあった。

『歌舞』の歌舞雑誌社も、『オペラ』に先立ち、同様の『日本歌劇俳優写真名鑑』（大正九年八月）を出しており、こちらも「男女俳優の本名、芸名、現住所、出身地、生年月日、学歴、師匠、初舞台、趣味、芸歴其他」を写真とともに掲載した。その後絶版になった後、『歌舞』大正十二年五月号に「日本歌劇女優名鑑」として、女優に関してのみ情報が再掲載されている。

『オペラ』主催のオペラ研究会も設立された。発会式の広告が大正十年十一月号に掲載されているが、そこでは「読者相互の懇談と諸家の講演其他。当日は黒田達人君相良愛子嬢其他の独唱及独奏あり」とされる。要するに評論家や記者による講演を含むオペラ・ファンの懇親会のようなものであったようだ。諸家の講演としては、社主の森富太をはじめ、権田保之助のような学者、澤田柳吉、高田雅夫、石井漠《ばく》、西本朝春《ちょうしゅん》といった幕内の者など十二名もの名が予告されている。対して『歌舞』は、コスモス会という同様の会を主催し、こちらも青柳有美の講演およびファン談義の会であった。コスモス会については、『歌舞』大正十二年五月号八三頁に報告があり、その様子がわかる。

また、個々の俳優・女優の後援会も歌劇雑誌を足がかりとしていた。代表的なものとしては、相良愛子と須田笑子の後援会である愛笑会、松木みどりの松栄会、中村米子後援会などが挙げられ、その会合の様子が誌上に掲載された。

オペラ研究会や特定俳優の後援会はファン同士の連携の演出であったといえるが、さらに同様の範疇に分類できる事業として、本稿冒頭でも触れた、『オペラ』における「歌劇愛好家名簿」の掲載があった（大正十二年一、三、四月号）。そこには約二百名にのぼるペラゴロ、ペラゴリーナたちの姓名、住所、年齢、誌上名（雅号）、好きな女優、好きな男優が掲載されている。

このように当時のオペラ・ファンは、歌劇雑誌読者、歌劇愛好家、特定歌劇俳優のファンといった複数のアイデンティティーをもってオペラに接していた。そして、雑誌と読者、読者と俳優、読者同士と、読者が歌劇と関わりをもつ際の様々なつながりを提供・演出した歌劇雑誌は、歌劇ファンの一つの核として機能していた。そのような機能は、雑誌の公言する発行目的からすれば本質的なものではなかったが、大衆に対し新たな娯楽への接し方を提案したという点で、一定の評価を与えるべきものといえよう。

6――おわりに

『オペラ』では毎号、巻頭で社主・森富太がオペラ観を謳い上げ、現状を嘆き、歌劇の改革を求めて興行主や歌劇俳優に意見することが吉例となっていたが、そのような社主の高邁なる意見と雑誌編集の現実のあり方にはずいぶん齟齬があった。森は大正十一年（一九二二）の年頭に次のように述べる。

断言す、『オペラ』は単に歌劇俳優のみの紹介に止まる低調なる娯楽誌に非ざる事を。女優の写真を飾りて劣等心を釣るものと軽視する勿れ、吾社は実に、旧来の陋習を破り天地の公道に基き、自由、正義、愛に充てる民衆芸術の意義ある補助機関として堂々設立したる也。爾来、四ヶ年を経たり。

（森富太「本紙の態度を闡明す」、『オペラ』大正十一年一月号、二七頁）

森の高邁なる論調とは裏腹に、創刊四年目にしていまだ「低調なる娯楽誌」「劣等心を釣るもの」との声があったことがわかり、現に歌劇雑誌に本稿で紹介したような側面があったことをふまえるならば、それらの声も納得のいくものである。ただし、本稿ではことさらそのような側面に焦点を定めて論じてきたわけで、これらの雑誌にはオペラ紹介や公演評、そして、とりわけ歌劇向上のための提言も多数掲載されたことを忘れてはならない。

さて、森の唱道した浅草オペラの改革は実現することなく、関東大震災によって浅草オペラ自体が壊滅してしまう。大正十三年（一九二四）四月、森が根岸大歌劇団の残党を引き受けてオペラ館に森歌劇団を旗揚げしたとき、彼は『オペラ』誌上で常々主張していたことを実現しようとしたのかもしれない。しかしそのときすでに、オペラは大方の大衆からほぼ見放された状態となっていた。

歌劇雑誌には、最後まで通俗的な記事が残った。残ったというより、多くのオペラ・ファンにとって、それこそが歌劇雑誌の要であった。社主の思いはともかく、歌劇雑誌はその通俗的な記事・企画によって、大衆娯楽のメディアとしての機能を十二分に果たしていたのである。

1――『オペラ』は大正八年（一九一九）四月創刊、発行はオペラ社。『オペラ評論』は大正八年六月創刊、発行は活動評論社。両誌は大正八年十二月号より合同する。十二月号の表紙には『オペラ評論オペラ合同　オペラ評論』、大正九年一月号には『オペラ評論改題　オペラ』とある。大正九年一月号から雑誌名として『オペラ』を採用したのは、本文中に述べるように読者アンケートの結果による。大正九年一月号からの発行は、活動評論社より改称した活動倶楽部社。関東大震災のため大正十二年（一九二三）十月号は休刊、十一月号で復刊するもまた休刊、大正十三年六月号より再復刊。『オペラ』の刊行は大正十四年まで続くが、早稲田大学演劇博物館には大正十三年十一月号までが、阪急池田文庫には同年七月号までが所蔵されている。

『オペラ』の表紙に記される表記の変遷を追いかけてみるならば、『歌劇雑誌　オペラ』（大正九年二月号）、『劇と音楽　オペラ』（大正十年七月号）、『劇と音楽舞踊　オペラ』（大正十年十月号）、『演劇・舞踊・音楽・雑誌　オペラ』（大正十年十一月号）、『演劇・音楽・文学・雑誌　オペラ』（大正十一年五月号）となるが、「歌劇雑誌」「劇と音楽」「劇と音楽舞踊」と微妙に変化し、一定しないのは、この時代の歌劇上演の実態を表している。当時の浅草の劇場では、純粋の芝居、歌劇、喜歌劇、舞踊など様々な出し物を組み合わせて番組が作られていたからだ。

なお『オペラ』の出版元である活動倶楽部社は、映画雑誌『活動倶楽部』を先行して出版していた。よって『オペラ』の誌面づくりにはそのノウハウがいかされたことが推測され、事実、『活動倶楽部』と『オペラ』は、その誌面がよく似ていることが確認できる。表紙などはほとんど同じレイアウトであり、また両誌で特集を合わせることもあった。たとえば、『活動倶楽部』大正九年四月号「春期特別女優ローマンス号」に対して、『オペラ』大正九年四月号「春期特別女優ローマンス号」といった具合である。『歌舞』(歌舞雑誌社、大正八―十二年)は、もうひとつの代表的な歌劇雑誌である。大正九年七月号より、表紙には『vaudeville magazine 歌舞』とある。この vaudeville magazine という表記も、先に述べた浅草オペラの上演のあり方を示唆していると考えられる。

また『花形』(玄文社、大正八年二月―大正九年)はオペラのみならず、浅草公園の劇場の様々な芸能を扱った。

現物を確認していないが、『オペラ』の広告を見る限り、ほかにも以下のような東京以外で出版された歌劇雑誌が存在したようである。『歌劇雑誌　歌劇界』芸術倶楽部、大阪難波稲荷町三上中家内(『オペラ』大正十年一月号に広告)、『歌劇週報』歌劇週報会取扱、名古屋市西区泥町純美堂(『オペラ』大正十年五月号の広告に「歌劇に関する新事件新上演新異動の通信機関として生まれました本紙の主命は新しき記事を以て全生命として各地の歌劇団上演中の芸題及役割を週間内に御報します」とある)。

2――『オペラ』創刊号に掲載された以下の記事は当時のジャーナリズムにおける浅草オペラの取り上げられ方と同誌への期待を感じ取ることができる。

「現在の雑誌・新聞紙の歌劇に関する記事は歌劇俳優及観客を堕落せしめ且歌劇の発達を阻害して居ると云っても決して過言でないと信ずる。〔略〕幸い本誌の如き機関雑誌が率先して真面目な記事を載せられるのは何よりな事である。尚進んで他の雑誌新聞紙の悪影響である記事を打破せられん事を切望する」(高原よしを「歌劇に関する記事と其影響に就きて」、『オペラ』大正八年五月号、一〇二―一〇三頁)。

3――増井敬二『浅草オペラ物語――歴史、スター、上演記録のすべて』芸術現代社、一九九〇年、三五―三八頁。

4――曽田秀彦「デカダンスの輪舞――浅草オペラ女優・河合澄子」、『大正の演劇と都市』武蔵野書房、一九九一年、五七―八〇頁。

5――「（一）お気に召した記事、又は写真、同時にお気に召さなかった記事と写真（二）どんな所を撮した写真をお望みですか又記事はどんなのを掲載して欲しいか」（『歌舞』大正十一年八月号、三一頁）。

6――「皆様の机辺の伴侶に美しきオペラの絵葉書！　愛読者諸賢からの御希望が余り多いので月を追うて益々発展していく本社は、茲に本紙の口絵になった写真を、鮮明なブロマイドの絵葉書にして発売することに致しました。諸賢の書斎や、アルバムを飾る絶好の佳品と信じます。多少に係らず、どしどし本社営業部宛に御注文を願います」（『オペラ』大正十年二月号）。

7――特に河合澄子や木村時子が槍玉にあがった。東武郎「問題の女　木村時子に絡まる醜聞」（『オペラ』大正十二年三月号、四二―四五頁）は、「赤裸々な時子の生い立ち／区役所の女給から女優／狸のやうに嘘をつく時子／狐のやうに男を欺す女／ユダヤ人のやうな守銭奴／素寒貧飛行家との珍聞」を縷々語った後、「兎に角時子が余りの発展で婦人病に罹ったことだけは事実のことである」としめくくる。

8――「品行」の項目のみマイナス点のつく者がいる。ちなみに河合澄子がマイナス一〇点である。総点における高得点者は、上位から順に、木村時子（六一二点）、河合澄子（五九三点）、岡村文子（五五七点）、澤モリノ（五五一点）、白川澄子（五四六点）、天野喜久子（五三六点）の面々である。

9――ペラゴロについては以下を参照。増井敬二、前掲書、三五―三八頁、および、小針侑起『あゝ浅草オペラ――写真でたどる魅惑の「インチキ」歌劇』えにし書房、二〇一六年、八―一四頁。

10――「駒形〔劇場〕が無くなったので、御常連のペラゴロ閣下が皆押しかけてきて、騒ぐは野次るは、大変だ。初日のこととて、あまりの野次り方に林君が楽屋から顔を出して「お静かに願います」と言った。しかし野次はやまなかった。為にグノー、ゲーテの訳作、木村甲午氏の苦心した歌詞もよく聞きとれなかった。僕はあまりの事に失礼とは知りながら安藤氏のソプラノを後に出た。あゝ憤慨する。ペラゴロの横暴。(本所原田生)」(『オペラ』大正九年五月号、七八頁)。「いつでも金龍館に行って痛切に感ずるのは、あまりに野次の猛烈そして低級なことである。出演俳優に拍手をしたり、名を称んだりするのは応援の一方法かもしれぬが飛んでも無い時大声を張揚げたり、観客同志で喧嘩をしたり、大事な場面で悪洒落を言って笑せたり劇の進行を妨げること夥しい。十月中旬狂言の『クリスピーノ』の時余りの見物の暴言に清金さんが二場目を初めからやり直したことを、あの時行って居た諸君は知ってるだろう、其の他若い女優さんたちを当惑させ、立往生させる事はしばしばである。所謂サ草(浅草)観客あるが為に、サ草オペラたらしめられるのである」(森岡夢夫「サ草オペラもオペラで御座る」、『オペラ』大正十一年一月号、一一七頁)。

ただし地方公演では浅草におけるような騒がしいペラゴロは少なかったらしい。「(略)それに観衆も非常に真面目で、浅草などの様なドースル連の悪騒ぎもなく、極めて静粛に聞かれていたことは私等に如何程快い感を与えたことでせう」(「弁天座のボッカチオ」、『オペラ評論』大正八年十一月号、八一頁)。弁天座は大阪道頓堀五座の一つ。

付記——本稿は以下の拙論に加筆・訂正を施したものである。京谷啓徳「歌劇雑誌にみる浅草オペラ受容の一断面」、『芸術受容者の研究——観者、聴衆、観客、読者の鑑賞行動』(平成二十—二十二年度科学研究費補助金(基盤研究(B))研究成果報告書)四五—五三頁。

9——浅草オペラから舞踊小唄まで

佐々紅華の楽歴

毛利眞人

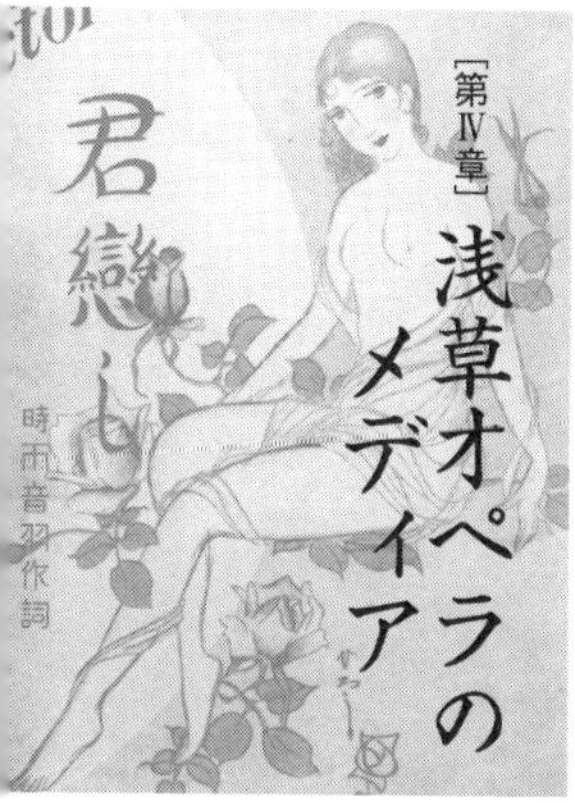

［第Ⅳ章］浅草オペラのメディア

浅草オペラは、大正初期から関東大震災にかけて浅草を本拠として栄えた演劇活動である。その浅草オペラのフィクサーとして重陽な役割を果たし、その興亡を一から十まで見届けた人物が、佐々紅《さっさこう》華《か》（一八八六―一九六一〔図①〕）であった。佐々紅華は今日では「君恋し」や「祇園小唄」の作曲者として知られているが、生涯を通じて音楽への新しいアプローチを試み、時代のひとつ先へ商業音楽のレールを敷いた先覚者であった。ここでは佐々紅華が浅草オペラと昭和前期の流行音楽に果たした役割を述べたい。

1――佐々紅華が作曲家となるまで

佐々紅華は本名・佐々一郎。東京市下谷区（現・台東区）に生まれ、その後に移り住んだ横浜で音楽家を志すようになる。神奈川一中を卒業した彼は東京音楽学校の試験を受けて合格するが、父親の助言に従って蔵前の東京高等工業学校に進学し、工業図案（インダストリアルデザイン）を学んだ。もっとも在学中に学内でコーラス部を組織したり、歌舞伎座の「露営の夢」（北村季晴《すえはる》作）上演に合唱と独唱で参加したりしているので、音楽の道を諦めたという訳ではなかった。明治四十年（一九〇七）に蔵前を卒業すると印刷会社に勤務するが、仲介する人があって明治四十三年（一九一〇）に日本蓄音器商会（日蓄）の図案室に入社した。日蓄では大仏が蓄音器のラッパに耳を傾けるニッポノホンの商標図案や、ポスターなどのデザインを手掛けている。佐々一郎が佐々紅華を名乗るのはこの時以来ということである。[1]

のちの作曲家への道の萌芽を示すのは、大正元年（一九一二）に日蓄から出版した『平円盤楽譜』である。これはニッポノホンで諸名人によってレコード化された長唄を忠実に五線譜に起こす試みで、「五條橋」「筑摩川」「秋の色種」など五篇を出したあと、北村季晴にシリーズが受け継がれた。次いで佐々は、当時、新しい音楽形式であったお伽歌劇の創作を志した。彼が範としたのは、自身が出演者としてつぶさに触れた北村季晴の歌劇『露営の夢』や、ニッポノホンでレコード化された同じ北村のお伽歌劇『ドンブラコ』、本居長世のお伽歌劇『うかれ達磨』などの諸作であった。北村や本居は、文部省唱歌に代表される初等教育における西洋音楽教育に疑念を抱き、自身の理念に基づいた教育目的の歌劇を提唱していたのである。佐々はその理念に共鳴し、三絃とピアノの伴奏によるお伽歌劇『太田道灌と一少女』をレコード用に構成した。しかしフェリス女学院の学芸会で発表する直前、明治天皇の崩御により中止された。佐々紅華にとっての転機はその翌年に訪れた。

図①　佐々紅華（『レコード』創刊号、1930年9月）

日蓄の広告部長であった米山正が大正二年（一九一三）、独立して東京蓄音器株式会社（東京レコード）を設立した。その折り、佐々紅華も行動を共にして東京レコードの文芸部長となった。もともと日本郵船に勤めていた米山はレコード企画に対して、世間で流行している芸を積極的に取り入れてこそ社会の進歩や発展につながると考えていた。旧来の邦楽をカタログのメインとしていたニッポノホンに対抗する形で、演劇、喜劇、歌劇、お伽歌劇、童話、声楽、器楽、洋楽伴奏小唄など新しい芸能に力を注いだ。米山はレコード制作を佐々の裁量に任せ、佐々はここで念願だった自作のお伽歌劇のレコード化を実現することができたのである。

大正四年（一九一五）、佐々は東京蓄音器株式会社の吹込主任（ディレクター）を務めながら、自作のお伽歌劇『ウサウサ兎』『テレテレ坊主』『目無し達磨』などを次々にレコード化する。レコーディングにあたって佐々は天野喜久代、花房静子、河合磯代、南部邦彦ら帝劇歌劇部（のち洋劇部）の俳優をお伽歌劇の配役に応じて集め、「フォノプレー協会」と名づけた。その帝劇が佐々とオペラを繋いだのであろう。大正六年（一九一七）、佐々は帝劇洋劇部出身の石井漠《ばく》や「歌舞劇協会」の伊庭孝《いばたかし》らとともに「東京歌劇座」を組織する。このオペラ団は浅草の日本館で公演を開始し、浅草オペラのブームに火をつけるのであるが、ここで浅草に至るまでの本邦におけるオペラ史を辿ってみよう。

2——浅草オペラと佐々紅華

オペラというのは舞台の演出家、振付師、声楽を修めた歌手、合唱団、洋舞、伴奏のオーケストラ、舞台装置と多岐にわたって高度な成熟を要求される総合芸術である。いわばその国の音楽芸術の水準を示すバロメーターだといえるだろう。洋楽黎明期の日本にあって帝国劇場は果敢にオペラを目指した。帝劇は明治四十三年の開場前から技芸学校を設けて声楽とダンスのできる女優を育成し、管絃楽部を組織した。開場の半年後、歌劇部が設けられて、とにかく断片的ながら曲がりなりにもオペラの上演を始めたのである。その覚束ない足取りを一変させたのが、大正元年（一九一二）八月に帝劇がロンドンから招いたジョヴァンニ・ヴィットリオ・ローシーである。ローシーが帝劇歌劇部を指導し始めた頃、西欧のグランドオペラは移植したくともまだできなかった。東京音楽学校は既にあったが、まずオペラに使える歌手が絶対的に足りない。テナー歌手すら一人もおらず、やむなくバリトン歌手の原田潤を起用した。人材が足りないのを承知で上演したモーツァルトの『魔笛』などは散々な批評を受け、これに懲りた帝劇オペラは差し当たって当時の日本でも上演が可能なオペレッタに方向転換した。テナー歌手が不可欠なグランドオペラと異なって、喜劇的性格の強いオペレッタであればバリトンが活躍する余地が多い。オペラでアリアの前に歌われるレシタティーヴォも当時の日本人歌手には困難であったが、ストーリーの単純なオペレッタであればレシタティーヴォを割愛して科白とアリアに単純化する上で都合が良かった。また、短めの演目を何幕も提供する当時の興行形態に合わせて作品を短縮するのにもオペレッタは都合が良かった。しかし、それでも日本の聴衆には洋劇は不慣れで、充分に集客することができなかったのである。

ローシーは雇用契約の終了とともに帝劇を去り、赤坂のローヤル館でオペレッタ興行を始めた。このときローシーの許には原信子や安藤文子、清水金太郎など実力のある歌手がついてきたが、大多数の旧帝劇スタッフは離散してしまい、ローシーは新たに歌手やスタッフを育成せねばならなかった。この第二の帝劇ともいうべきローヤル館は、ローシーの極めて厳しい指導の下でオペレッタを旺盛に上演し、それらはのちのちまで浅草オペラの宝となった。また、人手不足から必要に迫られて新たな人材を育成したことによって、浅草オペラを支える多くの歌手やスタッフが生み出された。しかしローシーの性格の激しさや高額な入場料による客の不入りがたたってローヤル館オペラは解散し、ローシーも離日してしまう。帝劇、ローヤル館と受け渡されたバトンに根が生えたのが、浅草という地である。

浅草はもともと花屋敷や見世物小屋があったり、十二階の凌雲閣が建てられたりという興行街であったが、高木徳子一座の公演（大正五年五月）や西本朝春《ちょうしゅん》の「日本歌劇協会」の公演をきっかけとして、この地で帝劇オペラの系譜を継ぐ舞踏やオペレッタの興行が行われるようになった。さらに浅草でのオペレッタ興行に道を開いたのは、伊庭孝が高木徳子を看板として澤モリノや田辺若男らで組織した一座（のちに歌舞劇協会を名乗った）による『女軍出征』の成功であった。これらの人々が充分に素地を作ったところに登場したのが、プロデュースに長けた佐々紅華であった。佐々は石井漠、澤モリノ、天野喜久代、杉寛、河合澄子ら新旧混合の俳優・ダンサーを集めて「東京歌劇座」を組織し、日本館を本拠としてオペレッタ上演を始めた。大正六年（一九一七）十月、その第一回の演目である伊庭孝作の『女軍出征』と佐々紅華作『カフェーの夜』が大いに当たったことにより、浅草オペラは華々しく幕を開けたのであった。

『女軍出征』は折からの第一次世界大戦をテーマに採った時事風刺劇で、男の兵隊が足りないので女性が軍隊を組織して出征する、という荒唐無稽なストーリーである。その劇中には大戦で米英の兵士に好んで歌われた「ティッペラリーへは遠い遠い *It's a long Way to Tipperary*」（一九一二年）や「ダブリン湾 *I'm on my way to Dublin bay*」（一九一五年）、「君が代」など、この世界大戦に関わった各国を象徴する楽曲が挿入されている。

佐々紅華にとって浅草で初のヒット作となった『カフェーの夜』は、佐々の構成ではあるが、その一景に益田太郎冠者作の「おてくさん」や「コロッケの唄」を含んでいる。そうしてこれら益田太郎冠者の歌は、そもそも大正六年五月に帝劇で上演されてたいへん評判となった喜劇『ドッチャダンネ』を構成する楽曲であった。そのうえ、シンプルな芝居仕立てになっている「おてくさん」は、オーストリアのシュランメル音楽「ウィーンはいつもウィーン *Wien bleibt Wien*」やナポリ民謡の「フニクリ・フニクラ *Funiculi Funicla*」、フロトウ作曲の歌劇『マルタ *Martha*』より「夏の名残の薔薇 *The last rose of summer*」に自由に日本語の歌詞が当てられて、メドレーのように歌われている。このように『カフェーの夜』は二重三重の入れ子構造になった舞台作品であった。舞台作品に既存の流行曲を取り込む手法は十九世紀からロンドンで流行したボードビル・ショウに影響されたもので、浅草オペラはその濫觴から大衆の好みに投ずるショーの要素を持っていたといえよう。

「東京歌劇座」が浅草に多くの観客を集めたのとほぼ同じタイミングで、大正七年（一九一八）二月に瓦解したローヤル館のベテラン歌手も浅草に蝟集し、『ボッカチオ』『古城の鐘』『フラ・ディアボロ』『ブン大将（ジェロルスティン大公妃殿下）』などヨーロッパのオペレッタや、不完全な形ではあるが『カルメン』や『リゴレット』のようなグランドオペラまでも上演した。オペラは、浅草で安価に提供されることによって大衆に門戸を開き、広く人気を集めることができた。オペラ界は日本バンドマン一座、原信子歌劇団、歌舞劇協会、と激しく離合集散し、松竹資本による新星歌劇団を経て、大正十年（一九二一）暮れに至って根岸大歌劇団に収束する。関東大震災後には、根岸歌劇団のあとを森歌劇団が継いだり、佐々紅華の主宰する五彩会が派生したり、離合集散を繰り返しつつ浅草オペラは消滅していった。

浅草オペラには、帝劇やローヤル館のオペラ上演にはない、際立った違いがあった。それは原信子や清水金太郎などローシーの薫陶を受けた歌手たちの本格オペラ路線に加えて新しく台頭した、若い肢体の放つ色気を武器とするスター女優たちである。河合澄子や澤モリノ、一條久子、木村時子といった少女スターを目当てに、学生を中心とした若いオペラ・ファンが浅草に蝟集した。日本館の観衆が河合澄子と澤モリノに人気を二分して沸騰するような応援合戦を繰り広げたことはつとに有名であり、彼女たちにつづいて各オペラ団に相良愛子、一條久子といったアイドルが生まれてさらに多くのファンを浅草に吸引した。この新しいタレント群は、ファンとの一線を越えた交際や劇場外での素行、オペラ女優の歓心を買おうとして悪事に身を染める学生が現れたりなどして物議を醸し、時の識者から批判されながらも、旧来の本格派と共存しながら浅草オペラの主流を形づくっていったのである。浅草オペラには伊庭孝や石井漠など有能なブレーンが集ったが、東京歌劇座のプロデュースをし、それをオペラ最大手の根岸歌劇団にまで発展させ、全国巡演を手配したり、奈良の生駒山頂で歌劇運動を展開したり、しかもそれらの傍ら喜歌劇の創作と指導をしてレコードにも吹き込む、という八面六臂の大車輪で動いたのは、なんといっても佐々紅華であった。

3——喜歌劇『地獄祭り』

東京歌劇座が日本館で公演を始めた時期から、舞台でのヒット作は頻繁にレコード化された。たとえば先述した『カフェーの夜』などは初期の当たり狂言の音声記録である。しかし多くの浅草オペラの演目はそのままの長さでは収録できず、ＳＰレコード10インチ両面に短縮してレコード化されるのが常であった。ＳＰレコードは片面の収録時間が三分前後なので、聴きどころを抜萃するのがせいぜいである。オペレッタの演目をまともに録音すれば十枚二十面以上を必要とし、当然ながら価格も庶民の手に届かない高額となるからだ。大正期はレコード文化が大衆に浸透する時代であるが、浅草オペラはその大衆性ゆえに手頃な一枚ものとしてレコード化された。とりわけ多かったのは、帝劇時代からの実力派俳優らによる西欧オペレッタのアリアの録音である。たとえば原信子、田谷力三《たやりきぞう》、安藤文子らは東京レコードやニッポノホンに通俗なオペレッタのアリアを録音し、それらがオペラ・ファンによく売れた。レコードが発売された当時は現実に浅草オペラが旺盛に興行していた訳であり、オペラ・ファンは舞台を彷彿とさせる音声記録をスーベニール（記念品）として購入したのである。

　浅草オペラの録音は、そうしたスーベニール的な一枚二面のダイジェスト版がほとんどであった。すなわち人気のあるアリアを一曲ずつ片面に収録するか、極端に短縮したオペレッタをレコード両面に収録するか、という体裁のレコードが夥しく制作されたのであるが、大正十年前後の浅草オペラ全盛期には、『およか達磨』（大正十三年十月、ニッポノホン）などの当たり狂言は時としてＳＰ盤二枚四面で構成された。時間にして十二、三分程度であるが、浅草オペラの実際の舞台を伝えるには充分な長さであった。浅草オペラ史上、最大の組物は、大正十二年（一九二三）一月、大阪のニットーレコードからリリースされた佐々紅華作『杵響誉《きねのひびきほまれ》の仇討　カチカチ山後日譚』（井上起久子・堀田金星・高井ルビーその他）である。この演目は関東大震災が起こったまさにそのとき上演されていたことで特別な意義を持っている。このセットが録音された当時、佐々紅華は伊庭孝らと共に奈良・生駒山頂で「生駒山歌劇団」を経営していたので、近在のニットーレコードに録音が遺されたわけである。ニットーは関西の実業家が財力を結集して創設したレコード会社で、それまで抜粋で録音されていた義太夫や長唄を一段まるごと名人の芸でレコード化するという快挙を遂げている。そのようなニットーであったからこそ、浅草オペラの演目を五枚組という規模で残そうと考えたのであった。

この五枚組ほどの規模ではないが、浅草オペラ時代を通して最大のヒット作といえる当たり狂言がSP盤二枚に記録されている。大正十二年七月二十四日から根岸歌劇団によって金龍館で初演された喜歌劇『地獄祭り』（佐々木杢郎＝原作　佐々紅華＝脚色・作曲）は、関東大震災を挟んで五彩会や佐々の関わった地方巡演で繰り返し上演された。佐々の女婿・清島利典氏の許には複数の浄写台本が現存し、愛知県での公演に際して検閲を受けた台本も残されている。(2) レコードは大震災の直前に録音され、大正十二年十二月に発売された［図②］。

第一場「極楽の憂鬱」、第二場「地獄の祭礼」の一幕二場から成る『地獄祭り』は、人々の信仰心が薄れて極楽が寂れ、逆に物質文明を極めて栄耀栄華、まさに極楽となった地獄を描く。地獄には交通整理の鬼の役人がおり、閻魔はガマの油売りのような調子のよい施政方針演説で地獄の住民の機嫌を取る。閻魔がハイカラな踊りを所望すると、当時浅草で流行っていた「安来節」が披露される。最後に、寂れた極楽から忍び込んできた女菩薩が発見されてあえなく成敗されるが、血の池の火炎のなかにすっくと女菩薩が姿を現すと、地獄の住民一同は礼拝して南無阿弥陀仏を唱えるのである。一般常識をひっくり返してみせた、なんとも皮肉な作品である。このストーリーのうち、地獄の豊かな文明が描かれた第二部が抜粋されてレコード化されている。とはいっても十一分弱のダイジェスト版なので、かなり大胆に編集されている。レコードの内容を次に示そう。なお、本作の脚本は清島利典著『日本ミュージカル事始め——佐々紅華と浅草オペレッタ』に全文が掲載されている。

一、四部合唱「酒の合唱」
二、赤鬼・青鬼のシーン（ここで脚本の第二部冒頭に出てくるエピソードが挿入されている）
三、閻魔の行進曲
四、閻魔の演説
五、安来節
六、「地獄よいとこ皆さんおいで」
七、終曲

出演者はラベルには「根岸歌劇団」と記されているのみだが、ベテランの柳田貞一とオペラの少女スターだった相良愛子、経歴がまだ浅い二村定一《ていいち》その他と八名程度の混声コーラスが出演している。伴奏はピアノを基調として、時おりコルネットと弦楽が加わる簡素な編成である。全編を通じて出てくる女性役は十七歳の相良愛子が潑剌と演じ、歌う。柳田貞一は軽妙な閻魔の役である。前半部で重要な役を果たす赤鬼はオペラデビューして四年目の二村定一（二十三歳）で、これがレコードデビューであった。二村は前年、『カルメン』のモラレスという大役を成功させ、注目株の歌手であった。

図②　『地獄祭り』レコードラベル（ニッポノホン、1923年12月新譜）

多くのオペラ男優がオペラティックな発声を目指すなかで、二村は豊かな個性を全面に押し出し、声量と明瞭な発音を武器とした。『地獄祭り』への起用は、すでに彼がかなり目立つ存在であったことを示している。

『地獄祭り』は音楽的に見るところの多い作品である。第二場イントロの「酒の合唱」にはアダージョの四部合唱が用いられている。浅草オペラで本格的なグランドオペラ上演を志す人々は、ビゼーの『カルメン』に出てくる四部合唱をこなす水準を目標としていたという。イントロの四部合唱は、そのようなオペラ人の願望に応えた構成であった。重厚なイントロに対して劇中に挿入されるコーラスや劇中歌は、ストーリーに即して親しみやすい旋律で作られている。閻魔大王は地獄の住民の歓心を得るため、地獄経営をバナナ売りや蝦蟇の油のような口上に乗せて軽妙にアピールする。「これこれ娘、なにかハイカラな踊りを見せてくれ」という閻魔大王の請いに応じて娘が踊るのは、浅草オペラの衰退と時を同じくして浅草で人気を博していた「安来節」である。フィナーレはソプラノ合唱を伴うコーラスでクライマックスを形作っており、挿入歌「地獄よいとこ」（脚本では登場人物の掛け合いだがレコードでは相良愛子の独唱）から終曲のコーラス（脚本では男女二名のコーラスだがレコードでは合唱）へ流れ込むくだりは、浅草オペラ特有の官能的な情熱が最高潮に達する瞬間が留められている。その半面、本来は最終シーンを締めくくるはずであった女菩薩の出現と地獄住民の礼拝はすっぱりとカットされている。レコード上の効果を考えてのことだろう。このように不完全な形ではあるが、『地獄祭り』がさまざまな笑いの工夫とよく練られた構成、多彩な曲想によってバラエティー豊かなオペレッタであったことは、充分に伝わるのである。この作品のヒットは佐々にとっても忘れがたいものであったのか、後述するように劇中歌はのちに形を変えて再利用されることとなる。[3]

4――お伽歌劇と佐々紅華

ところで帝劇が生み出したオペラ運動にはもうひとつの産物があった。お伽歌劇である。北村季晴や本居長世が音楽教育の改良を志して作ったお伽歌劇というジャンルは、宝塚少女歌劇や浅草オペラで独自の発展を遂げた。佐々は、浅草オペラでもしばしば『およか達磨』『音平の羽子板』など自作のお伽歌劇をプログラムに加え、好評であった。

佐々紅華にとってのお伽歌劇とは、ただ単に子供の感情に訴えるお子向けオペレッタにとどまらず、大人も楽しめるエンターテインメントであったように筆者には思える。佐々紅華の脚本や作曲は奇想に富み、日常生活の中からおよそ非現実的な空想世界を展開する。そうかと思えば、今日では不適切とされるような毒を含んだ表現が大正時代の現実社会を今日に伝える。たとえば『浅草遊覧』(高井ルビー・二村定一、ニッポノホン、大正十五年二月)ではお銭を乞う乞食に対して父親が「なんだいお菰さんかい。十銭なんかやれないから二銭あげよう。あーあー、そばへ寄っちゃいけないな」と突き放す。『ちょいとお待ち』(高井ルビー・柳田貞一、ニッポノホン、大正十三年九月)は関東大震災を題材としており、不謹慎を問われてもしかたのない内容だが、震災後の荒れた世相が端々からリアルに伝わる。劇中、電車に乗り合わせた女が乗客の男に荷物を託して自分は先に降りて行ってしまう。男が荷物を開けると、死んだ猫が入っていた、という事件はおそらく現実にあったのだろう。[4] のちに『泊り番』（二村定一・相良愛子、ニッポノホン、大正十四年六月）でも同じネタが踏襲され、そちらは猫ではなく死んだ赤ん坊になっている。お伽歌劇という学芸会的なネーミングではあるが、現実社会に根ざしたミュージカル作りが佐々の本意だったのではないだろうか。

佐々のお伽歌劇はやがてレコードを主な発表の場に移す。東京レコードで『ウサウサ兎』『テレテレ坊主』『目無し達磨』をレコード化したことは前述したが、浅草オペラが軌道に乗ってからは、佐々の古巣のニッポノホンで『茶目子の一日』（木村時子・天野喜久代・加藤清、大正八年十月）、『毬ちゃんの絵本』（木村時子・天野喜久代、大正八年十二月）という代表作が制作された。以降、大正末期に至るまで毎月のようにお伽歌劇レコードが各レーベルから発売されるほどレコード市場に定着した。興味深いことに、海外もののオペレッタやアリアの録音を残した原信子や清水金太郎、田谷力三らいわゆる本格派のオペラ俳優たちは、お伽歌劇の録音には加わっていない。お伽歌劇を吹き込んだのは井上起久子や天野喜久代、河合澄子、相良愛子、岩間百合子、柳田貞一、二村定一など中堅どころの歌手や少女スター、自己のキャラクターを売りにする俳優たちであった。お伽歌劇に求められたのは高度な声楽的技巧や美声よりも、口跡が明晰でさまざまなキャラクターを演じ分けられる演劇的な要素だったのである。このようなオペラ人材の使い分けにも、プロデューサー佐々紅華がお伽歌劇を新しいエンターテインメントと捉えていたことが窺える。

5――二村定一の発掘

関東大震災の後、浅草オペラが衰退してゆくと、大所帯の根岸歌劇団は分裂や合体をくりかえすが、その終わりごろにはオペラ出身の俳優、舞踏家たちによるバラエティー形式のショーに落ち着いた。佐々紅華は二村定一〔図③〕を看板にすえて「赤坂フォーリー」を立ち上げたが、その内容は、安来節があるかと思うと二村定一が出て来て寸劇を交えて歌う、次には松山浪子のサロメダンスがある、というふうであった。また浅草・玉木座（当時は御園座）でも二村を中心とした一幕もののオペレッタを脚色して、安来節の間に出す舞台を行なった。大正末期の佐々紅華はこのように浅草オペラでは有望な若手であった二村定一の才能に注目し、その才能を大きく伸ばすべくプロデュースしていた。二村定一が大正期、リサイタルのために用い、のちに小林千代子に贈った「キャラバン *Karavan*」の楽譜は明らかに市販前の試し刷りの楽譜で、セノオ出版との関わりを推測させるが、そこには佐々紅華が介在していた可能性もある。[5] 二村定一は浅草オペラが終焉を迎えた時期には幹部俳優に名を連ねていたが、佐々紅華が拾い上げてボードビルショーに出したときは極貧のなかにあったのである。大正十四年（一九二五）から二村定一はニッポノホンに佐々作のお伽歌劇や新小唄、海外のポピュラーソングの翻案をさかんに吹き込み始めるが、そのレールは佐々紅華が敷いたものである。

図③　二村定一（1920年代か）

佐々紅華が二村定一を起用して考えていたもの

は何か。それは日本の音楽的なエンターテインメント、特に流行小唄の新しい形の模索であった。ニッポノホンからリリースされた流行小唄「笑ひ薬」（二村定一、大正十四年六月）、「泊まり番」（二村定一・相良愛子、同）、漫画童謡「大っきな蛙」（二村定一・岩間百合子、大正十四年七月）は、佐々紅華作並指導と表記されているが、いずれも原型があって、それを翻案・編曲した楽曲である。すなわち「笑ひ薬」はビリー・ゴールデン歌唱の *"Turkey in the Straw"* がオリジナルである。ミンストレル歌手のビリー・ゴールデンは、一八九〇年代から一九二〇年代にかけてさまざまなレコード会社で繰り返し同曲を吹き込んでいる(6)。

一方、「泊り番」はアーサー・コリンズとバイロン・G・ハーランの掛け合いによる *"Nigger Loves his Possum"* を翻案したコミックソングである。面白おかしいコリンズとハーランの掛け合いを佐々はそっくりそのまま二村定一と相良愛子の掛け合いに置き換えた。この作品はさらに昭和期になって「夜中の銀ブラ」（天野喜久代、バートン・クレーン、昭和六年十月新譜）にも転用された。

"Turkey in the Straw" と *"Nigger Loves his Possum"* のカップリングによるビクター盤（一九〇五年）は何度もプレスを重ねたロングセラー・レコードで、ニッポノホンで翻案するに当たって佐々もこのビクター盤からヒントを得たものに違いない。それは、佐々がビクターのオリジナル曲と同じカップリングで「笑ひ薬」「泊り番」を制作していることからも推察されよう。「笑ひ薬」と同様、「泊り番」の構成もオリジナルにかなり忠実であり、海外のコミックソングを日本流に取り込もうとした試みが窺われる。また「大っきな蛙」は、フランスの作曲家レオナール・ゴーティエのピアノ小品「秘密 *Le Secret*」（一九〇四年）に面白おかしい歌詞を当て嵌めた漫画童謡である。漫画童謡という不思議

な名称も佐々紅華の創案になるもので、コミカルな情景描写を伴った童謡という意味で用いられた。

二村定一はこの時期、

「スパニッシュセレナーデ」（大正十四年十一月　ニッポノホン）

「テルミー *Tell me*」（同）

「イエス、ウィー・ハブ・アー・ノー・バナナ *Yes, we have no Banana*」（大正十四年十二月　ニッポノホン）

「ヴァンプ *The Vamp*」（同）

「ドリゴのセレナーデ」（大正十五年二月　ニッポノホン）

「スエズ *Suez*」（同）

「冬来たりなば *If Winter Comes*」（大正十五年五月　ニットー）

と、矢継ぎ早にセミクラシックの歌曲やアメリカ製ポピュラーソングを吹き込んでいる。昭和初期に一大ブームとなるジャズソングの魁となるこれらの吹き込みも、ニッポノホンで吹込ディレクターの任に当たり、海外の音楽にも明るい佐々紅華の示唆があったと考えられる。「テルミー」「スパニッシュセレナーデ」が発売された大正十四年十一月新譜のニッポノホン月報には、

音楽芸術の過渡期にあるわが日本は一歩都市を離れて足を地方に踏み入れるならば、伝統的な義太夫や、浪花節から脱して、新鮮な洋曲物への趣味傾向が若人の間に、奔流の如く漲って、軽快な流行唄の如きものが、実にめまぐるしい迄に、流行の変遷を重ねて居ります。

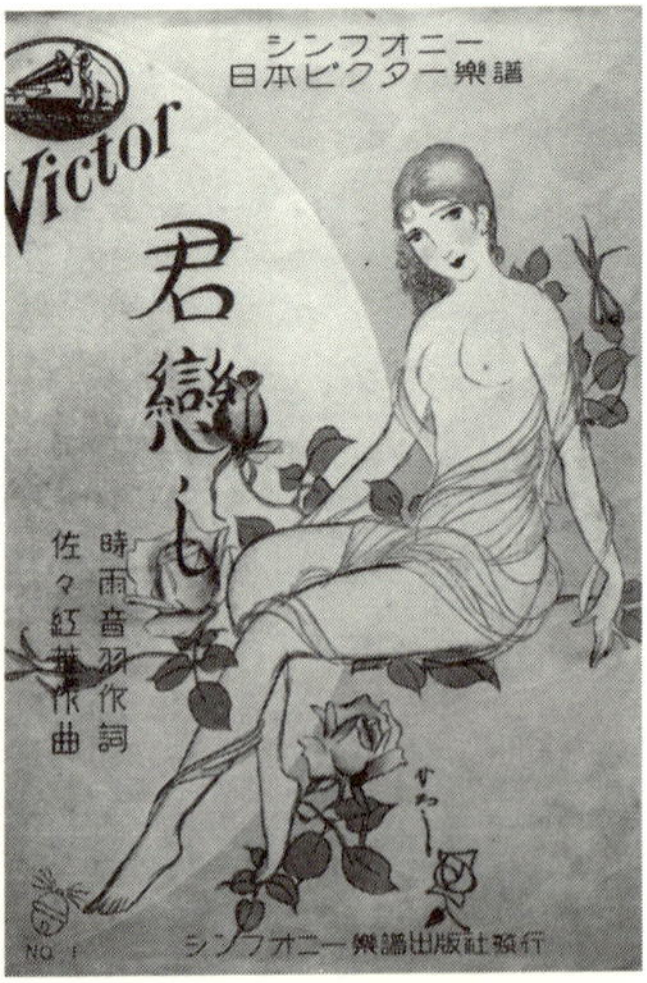

図④　須山ひろし装画「君恋し」シンフォニー楽譜（1929年3月発行）

とレコード紹介文が記されている。無署名の記事ではあるが、これは浅草オペラの一団を率いて日本全国を巡演した佐々紅華自身の見聞であろう。二村定一の独唱レコードに限らず、洋楽の趣味を取り入れたレコード制作を佐々はニッポノホンで積極的に進めており、その背景には洋楽に対する大衆の反応の良さがあった。

こうした佐々の進取の精神は、高井ルビーが吹き込んだ「君恋し」（大正十五年十二月新譜［図④］）のニッポノホン月報での紹介文にも強く反映している。

> 流行歌はみなさんにうんと唄っていただいてうんと流行させなければなりません。今月の君恋しや、枯れ枯れなぞは素敵に面白い歌詞で誰でもすぐ唄えますから、どんどん流行らせてください、会社も負けずに後から後からどんどん変わったものをご披露します。

一般的には商業音楽としてのレコード流行歌は、外資系のレコード会社、ビクターやコロムビアが日本に入ってきて、昭和になってから始まったといわれるが、この紹介文や佐々紅華のレコード企画を見るかぎり、大正末期にはすでに「レコードから流行らせる音楽」を佐々が意識していたことが窺われる。「君恋し」は大正十四年ごろから二村定一が舞台で歌っていたが、レコードは前述の高井ルビーが吹き込んだ。時代が昭和を迎えると、佐々紅華の引いたレールを二村は走ることになる。(7)

昭和三年(一九二八)十月五日、二村定一は新しいジャズ編曲バージョンの「君恋し」をビクターで録音した。歌詞は佐々紅華の作った旧作(ニッポノホン版)から〽君恋し、というフレーズのみを活かして時雨音羽が新作し、原曲を井田一郎がフォックストロットに編曲した。旧作がイントロでワンコーラスをのどかに演奏したのに対して、井田一郎はイントロを僅か十一秒に短縮した。この刹那的なジャズソング版「君恋し」は爆発的にヒットし、二村定一の人気を不動のものとした。(8)

6――大正から昭和へ

浅草オペラで培われた興行のノウハウや大衆的な人気は、おなじ浅草で始まったレヴューにそのまま引き継がれたといってよい。昭和四年二月から浅草の電気館ではじまった「電気館レヴュー」は浅草オペラ時代に最大手のオペラ団であった根岸歌劇団の系統の俳優を多く含んでいたし、日活映画の封切館であった浅草・富士館に出演する「日活レヴュー」は東京少女歌劇団のメンバーが中心となっていた。オペラ出身の俳優たちは、あるいはレヴュー団を主宰し、あるいはレヴュー団の一員となって、浅草をはじめ全国のレヴューで活躍し続けたのである。

昭和期に入ってからの佐々紅華は舞台興行にはほとんど関係せず、サイレント映画の伴奏音楽(の

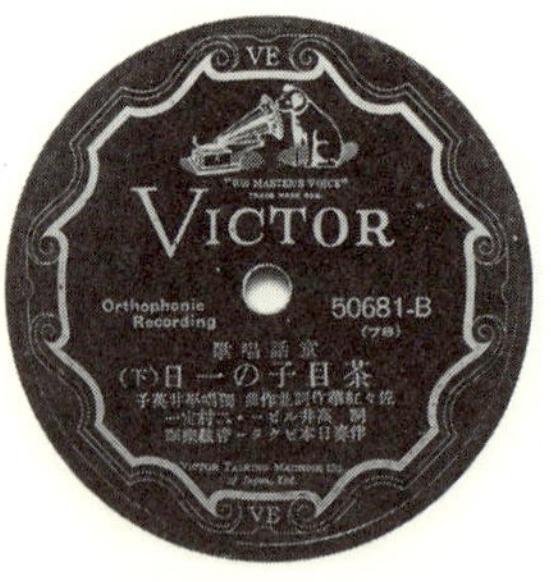

図⑤　『茶目子の一日』レコードラベル（ビクター、1929年4月新譜）

ちにレコード化）を手がけたりしつつ、作品発表の場をレコードに移していった。昭和三年、佐々はビクター蓄音器株式会社の文芸部長となっていた米山正の誘いでビクター専属作曲家となった。二村定一や佐藤千夜子を歌手に起用して新曲を次々に発表したが、大正期の旧作に負うところも多々あった。

たとえば昭和三年、佐々紅華作詞・作曲の新流行歌「春の宵」が山村豊子（五月新譜、ビクター）と天野喜久代（十月新譜、ビクター）によって立て続けに発売されているが、これらは大正十五年に日本蓄音器商会の系列で発売された「春の宵」（二村定一、ニッポノホン）、「歓楽の夜」（鳥取春陽、オリエント）の焼き直しであった。[9] また平井英子の歌う童謡「ホイ坂エン坂」（昭和四年八月新譜）も、古く大正十四年七月新譜の漫画童謡「エンサカホイ」（二村定一・岩間百合子）を、歌詞を付け足してリレコードした作品である。少女童謡歌手として一時代を築いた平井英子を得て佐々紅華が再録音した作品はこれに留まらず、ニッポノホンで制作したお伽歌劇『茶目子の一日』『毬ちゃんの絵本』も、童話唱歌という新名称で新たにリレコードされた。ビクター版の『茶目子の一日』（昭和四年四月新譜［図⑤］）は平井英子、高井ルビー、二村定一によって、『毬ちゃんの絵本』（昭和四年十月新譜）は平井英子、松山浪子その他という顔ぶれで録音されたが、いずれも再録音時の社会環境に合わせた改変が施されている。『茶目子の一日』はニッポノホン版では終段に活動弁士が登場して「エ、お馴染のチャップリン先生酔っ払いの巻は是を以て全編の終りを告げます」と弁じるが、ビクター版では弁士の科白は流行を反映して「エ、だまし討ちとは卑怯のしれもの、よらば斬るぞ。腰をひねれば紫電一閃、闇にひらめく剣撃のひゞき」と剣戟映画に変わっている。『毬ちゃんの絵本』は劇中で列記される唱歌の「浦島太郎にもしもし亀よ」（ニッポノホン版）が、ビクター版では「南京言葉にペタコに風鈴」と、平井英子が吹き込んで好評だったレコード童謡に置き換えられている。これらの例のように、自作を時代に即した形に自在に変えていった点は佐々紅華作品のひとつの特徴である。

この種の旧作焼き直しで特に大きな変貌を遂げた作品がある。ジャズソング「モダン節」（二村定一・葭町二三吉、昭和四年十一月新譜）と漫謡「チャキチャキ雀」（羽衣歌子、昭和五年五月新譜）はいずれも先述の喜歌劇『地獄祭り』の挿入曲で、いずれもソプラノ独唱用のアリアであったものを、時雨音羽が全く内容の異なる歌詞に書き換えて流行歌化した。佐々はこうした過去の作品を新しい歌詞とアレンジで再生産することによって、昭和初期の音楽シーンを豊かにした。いわば、大正期から昭和期への音楽の渡し役を果たしたといえよう。

7――邦楽への回帰

昭和五年（一九三〇）夏、佐々紅華はビクターからコロムビアへ移籍した。コロムビアへ佐々を招いたのは日本蓄音器商会の図案室時代からの上司で、ビクター文芸部長を経て昭和五年当時コロムビア文芸部長であった米山正である。佐々と同時に作詞家の時雨音羽、歌手の二村定一もコロムビアに移り、ビクター時代に引き続いて流行小唄、映画主題歌、新民謡、童話唱歌などのレコードが制作された。二村定一のコロムビア移籍後の初録音は時雨音羽作詞、佐々紅華作曲の新小唄「豆の枝づる」（十月新譜）であった。このレコードは佐々紅華の記念すべきコロムビア移籍第一作のレコードでもあったが、二村の新譜レコードがビクターにまだ残されている兼ね合いから、ラベル上では名前が記されていない[10]。

ところで、かつての喜歌劇への郷愁を思わせる楽曲も僅かながらある。「恋の二人連」（菊田一夫作詞、佐々紅華作曲、奥山貞吉編曲、水町昌子・二村定一、コロムビアオーケストラ、昭和七年九月新譜）はナンセンスソングというカテゴリーでレコード化された。

〔一番〕
〔両人〕山崎街道、宵しぐれ
　駕籠でゆくのはお軽じゃないか
　駕籠でゆくのはお軽じゃないか
〔淡谷〕ネエ、勘平さん……私しゃ売られてゆくわいな
〔二村〕もはやお立ちか、可愛いお軽
　このまま売られてゆくのなら、も一度キッスをさせとくれ、アーー
〔淡谷〕アイよ、わたしの勘平さん
　わたしゃ本牧ホテルの女

イノシシかついで来ておくれ
〔二村〕なんで行かずにいらりょうか。縞の財布に五十両
ポッポにおさめて、行くわいな
〔両人〕アー雨が降る降る、宵闇に。恋の旅路をゆく影ふたつ

〔二番〕
〔両人〕月さえ霞む大磯に、散るは悲しき恋の花
散るははかなき恋の花
〔二村〕ネエ、泣かないで。微笑みながら死にましょう
〔淡谷〕わたし死んでもあなたとならば
決して泣きはしないけど、処女で死ぬのが悲しいの。アー
〔二村〕そりゃもっともだ、無理もない
とはいえどうせ死ぬ身なら、処女はあの世へ手土産に
〔淡谷〕アーラ、うれしい二人連。ランプの火影で手をつなぎ
託して渡して頂戴な
〔両人〕アー風が吹く吹く松風が、悲しい二人のあの亡骸に

この歌詞に描かれているように、一番で『仮名手本忠臣蔵』のお軽勘平を、二番では昭和七年五月

に神奈川県の大磯町で起きた「坂田山心中」をテーマとして扱っている。歌舞伎のパロディやニュースを扱った時事風刺はレヴューの舞台を彷彿とさせる要素であるが、それもそのはず、作詞者の菊田一夫は当時、浅草のレヴュー界で脚本家として活動していた。菊田は昭和五年十一月に新カジノ・フォーリーで上演された『阿呆疑士迷々伝』でデビューしたが、同作は講談の『赤穂義士銘々伝』のパロディであった。この本場レヴュー仕込みの歌詞に佐々がつけた曲は紛いもなくオペレッタ調である。語り歌いを挟んで緩急の変化に富んだ曲想には、佐々の大正期のオペラ作品やお伽歌劇と同質のエンターテインメントが息づいている。また、お伽歌劇『目無し達磨』(二村定一・飯島綾子ほか一名、コロムビア/柳田貞一・飯島綾子・三好久子、ヒコーキ、共に昭和七年一月新譜)や、『茶目子の一日』(飯島綾子・中野忠晴・三好久子、コロムビア、昭和八年二月新譜)の再録音も、佐々紅華の浅草オペラ時代の遺産が昭和初期になっても依然として現役商品として人気があったことを伝える。ニッポノホン版とビクター版の『茶目子の一日』では終盤に活動弁士が登場するのに対し、コロムビア版の『茶目子の一日』では、サイレント映画から時代が進んで映画がトーキー時代を迎えていたことを踏まえ、活動弁士そのものが出てこない。

コロムビア時代の佐々は、従来のような流行歌や映画主題歌を作り続けるかたわら、実験的なレコードも手がけている。その一つは管絃楽伴奏附長唄であった。三味線と囃子のみの伴奏にオーケストラを加えて、立体的な音響を長唄「勧進帳」に与えようというこの試みは、(三世)並木五瓶《ごへい》作詞、(四世)杵屋《きねや》六三郎作曲に佐々紅華の管絃楽編曲と指揮、芳村伊久四郎・松島庄三九の唄、杵屋栄二郎ほか三名の三味線、囃子・鳴物連中、コロムビアオーケストラによってレコード化され、昭和五年十二月新譜として発売されたのであった。この洋楽化長唄の試みは昭和六年（一九三一）に東京音楽学校教師の橋本国彦が作曲・発表した管絃楽伴奏附長唄「曙」〔図⑥〕に先駆しており、作曲者の杵屋六三郎が両作に共通している点から、あるいは何らかの動機を東京音楽学校に与えた可能性がある。「曙」は東京音楽学校長・乗杉嘉寿の委嘱により作られた。高野辰之作詞、吉住小三郎・杵屋六四郎作曲、橋本国彦編曲による新作長唄で、昭和六年十一月十四日、日比谷公会堂で初演された。演奏は大塚淳指揮、住吉小三郎、九十余名から成る東京音楽学校邦楽科生徒、東京音楽学校管弦楽団および海軍軍楽隊五十余名という大規模な編成であった。この試みは牛山充（音楽評論家）の批判をはじめ、洋楽壇に賛否両論を引き起こしたのであった。

このような邦楽と洋楽の融合という実験に、佐々自身の邦楽の素養が大きく投影されていることはいうまでもない。佐々紅華はビクター時代から葭町《よしちょう》（藤本）二三吉を多く登用して、三味線伴奏の新小唄や三味線・邦楽器と洋楽器を組み合わせた伴奏の新作小唄をレコードで発表していた。たとえば「祇園小唄」（長田幹彦作詞、葭町二三吉、昭和五年一月新譜）は大成功をおさめた一例である。この傾向はコロムビアに移籍してからさらに強くなる。先に述べた佐々のコロムビア移籍第一作「豆の枝づる」を端緒として、

長唄新曲「曙」の編曲に就いて
橋本國彦

自分は、可なり以前から三味線や箏等の日本特有の楽器を應用して、従来にない形式の創作を試みたいとの宿望をもつてゐた。

偶々この夏の初め、乗杉校長から今度長唄の新作曲を發表するについては、是非とも西洋楽器を加味して新しい試みをなし、大いにその批判を問ふて見てはどうかと思ふので、[illegible]近くその原稿が出来上るから、君に洋楽器の方を受持つてもらひたいと切望されたのであつた。

そもそも長唄は相當に長い演奏時間を要するものであることは萬々承知はして居たものの、さてやつと九月上旬その原稿を見た時、流石にその量に驚いた。その原稿は唄と三味線のみの組合せによるもので、約廿五頁程ある。之を九月一杯に管絃楽を混合せる編曲にすることは自分として少からず重荷であつた。從つて今更ら甚だ負け惜しみがましい事を述べる様ではあるが、今回の編曲には充分な責任をはたす事が出来なかつたのを遺憾に思ふ次第なのである。

扨て、鹽入氏の御切望もあること故、この編曲

図⑥　橋本国彦（『音楽世界』1931年12月号）

昭和八年（一九三三）から佐々は「米山くづし・肩車・蝙蝠・待てと云ふたら」（藤本二三吉、昭和八年八月新譜）など民謡の編曲や、「下田のお吉」（西條八十作詞、藤本二三吉、昭和八年十一月）、「新祇園小唄」（南風原朝成作詞、藤本二三吉、昭和九年五月新譜）、「柳散る日」（松村又一作詞、藤本二三吉、昭和十年十月新譜）など邦楽の素養に基づいた流行小唄を手がけ、昭和十一年（一九三六）秋には新作小唄の連作を発表した（上段に曲名・作詞者名を、下段に歌手名・レコード会社・レコード番号・新譜月を示した）。

「お吉ざんげ」（高橋掬太郎）　音丸　コロムビア　二九〇二〇　九月新譜
「まつり」（高橋掬太郎）　藤本二三吉・分山田和香　コロムビア　二九〇二〇　九月新譜
「薄野」（高橋掬太郎）　豆千代　コロムビア　二九〇二一　九月新譜
「伊達奴」（萩原素人）　藤本二三吉　コロムビア　二九〇二一　九月新譜
「博多小女郎」（高橋掬太郎）　藤本二三吉　コロムビア　二九〇五六　十月新譜
「女馬子」（高橋掬太郎）　音丸　コロムビア　二九〇五六　十月新譜
「うかれ狸」（高橋掬太郎）　藤本二三吉　コロムビア　二九〇五七　十月新譜
「絵島生島」（佐藤惣之助）　音丸　コロムビア　二九〇五七　十月新譜

この一連の新作小唄は、佐々紅華のレコード上の活動に大きな転機をもたらした。昭和十二年から十八年まで足掛け六年間かけて制作された『佐々紅華新作　舞踊小唄名曲集』は、さまざまな詩人による作詞、佐々紅華の作曲・編曲で総計百二十六曲が作られ、一曲ずつ現役の舞踏家による振り付けが附された。振付の顔ぶれは藤蔭静枝、吾妻春枝、藤間勘素娥《かんそが》、西崎緑、栗島すみ子（水木歌江）、藤間喜與恵、河野たつろ、花柳徳太郎、林きむ子、藤間勘若《かんじゃく》、若柳吉美津、花柳壽美《すみ》、花柳徳兵衛、藤間勘右衛門、江口隆也・宮操子《みさこ》、西川司津、高田せい子、花柳壽輔、楳茂都陸平《うめもとりくへい》、若柳吉三郎、藤間勘四郎、藤間壽右衛門、という多流派の錚々たる顔ぶれにわたる。洋舞の高田せい子や江口隆也・宮操子が含まれるのが、いかにも新作舞踊小唄らしく[11]モダンだ。

『佐々紅華新作　舞踊小唄名曲集』は、第一集が昭和十二年八月〜九月、第二集が昭和十三年八月、第三集が昭和十四年九月、第四集が昭和十五年十一月、第五集が昭和十六年七月、第六集が昭和十七年三月、第七集が昭和十八年十一月に発売されている。アルバムは一集につき十二枚二十四面（第五集・第六集は六枚十二面、第八集は三枚六面）が収録され、当初は予約限定頒布されたが、需要に応えてのちに一枚ずつバラ売りに切り替えられた。その内容は文末の付表のとおりである。

　このように佐々紅華は小唄に質の高いレパートリーを数多く提供し、邦楽界に新境地を切り開いた。そのなかには戦後まで歌い継がれた新作小唄も少なくない。ここに詳細を述べるだけの紙幅はないが、戦前から戦後にかけて全国各地の新民謡や新作音頭を手がけたのも、この邦楽志向の一連と捉えることができよう。

　佐々紅華は昭和三十六年（一九六一）一月十八日に没したが、その最晩年、フランク永井による「君恋し」のリメイク録音を希望していた。その希望は佐々の没後に叶えられ、同年八月新譜として発売された「君恋し」はその年の「第三回日本レコード大賞」を受賞した。

　日本的な音階や旋法を研究し尽くした佐々紅華の作品は、大正期の浅草オペラ時代から、洋楽を積極的に取り込みつつも耳に親しみやすい平易さを持っていた。佐々の振り子は洋楽と邦楽の間を大きく行き来しながら、時を刻んだ。常に大衆に寄り添った彼の感性は大正から昭和という大きな時代の変化に即応し、その時代時代に沿った感覚で再生産されたり、新たな音楽を生み出したりしたのである。

1――略歴については清島利典『日本ミュージカル事始め』(刊行社、一九八二年)ほか音楽年鑑などを参照した。

2――検閲済み台本には「大正十五年四月六日　愛知県・支障ナシ」という書き込みが見られる。

3――喜歌劇『地獄祭り』の全編はCD『和製オペレッタの黎明　浅草オペラからお伽歌劇まで』(ぐらもくらぶ、G10026-27)に収録されている。

4――お伽歌劇『浅草遊覧』『ちょいとお待ち』は前掲のCD『和製オペレッタの黎明　浅草オペラからお伽歌劇まで』に収録されている。

5――毛利眞人『沙漠に陽が落ちて――二村定一伝』(講談社、二〇一二年)参照。

6――判明しただけでも、コンソリデーテッド社のシリンダー管(一八九〇年代)、エジソンのシリンダー管(一九〇五年、一九〇八年十二月)、ベルリナー平円盤(一八九九年)、コロムビア平円盤(一九〇三年、一九〇五年、一九〇六年、一九一二年、一九一八年、一九二二年)、ビクター平円盤(一九〇一年、一九〇三年、一九〇五年、一九〇六年)、オーケー平円盤(一九二〇年)という録音例があり、あたかもレコード産業初期の歴史を辿っている趣がある。また他社でもタイトルを変えて同工異曲のレコードを制作した。

7――二村定一が東京レコードに録音した「君恋し」が存在するという説が旧来唱えられているが、発売記録や実物が現存せず、その真偽は新資料の発見が待たれる。

8――ただし井田一郎による佐々作品の編曲は決して多くはなく、原則として自作の編曲は佐々紅華自身が行なった。たとえばビクター時代においては「新銀座行進曲」「悲しき踊子」「黒ゆりの花」「満洲前衛の歌」「浪花小唄」「金座金座」「モダン節」「都会交響楽」「銀座セレナーデ」など、主要なヒットレコードの多くを自ら編曲し、「君恋し」（昭和四年十月新譜）も佐藤千夜子バージョンを制作する際には佐々が編曲を施している。

9――天野喜久代バージョンは「新銀座行進曲」のタイトルでレコード化された。また「春の宵」はこのほか、大阪のニットーレコードからも井上起久子（昭和三年六月新譜）バージョンが発売された。楽譜、歌本によっては鳥取春陽の作品と記されることがあるが、佐々紅華の作詞・作曲である。

10――二村定一のビクター専属期の最後の録音は昭和五年七月二日に録音された「青春小唄」で、十一月新譜（十月二十五日発売）として発売された。

11――アルバムの「舞踊名曲集」と並行して単発の新作小唄レコードも若干数制作されたが、本稿では割愛した。

（参考文献）

内山惣十郎『浅草オペラの生活』雄山閣、一九六七年
倉田喜弘『日本レコード文化史』東京書籍、一九七九年
大日本音楽協会編『音楽年鑑』共益商社書店、一九三七年
日本コロムビア『総目録』『月報』一九三〇―一九四三年

付表『佐々紅華新作　舞踊小唄名曲集』

曲名	作詞	歌手	レコード会社	レコード番号
第一集				
初出姿	佐藤惣之助	藤本二三吉	コロムビア	二九四四〇
お染	西條八十	山里せつ子	コロムビア	二九四四〇
飛梅の賦	赤染歌恵	山里せつ子	コロムビア	二九四四一
うかれ獅子	高橋掬太郎	藤本二三吉・分山田和香	コロムビア	二九四四一
桜禿	中内蝶二	豆千代	コロムビア	二九四四二
聚楽舞	高橋掬太郎	藤本二三吉・分山田和香	コロムビア	二九四四二
弥次喜多狐	佐藤惣之助	藤本二三吉	コロムビア	二九四四三
むらさき	中内蝶二	豆千代	コロムビア	二九四四三
鍾馗	平山蘆江	藤本二三吉	コロムビア	二九四四四
大原女	赤染歌恵	山里せつ子	コロムビア	二九四四四
身代り座禅	平山蘆江	藤本二三吉・分山田和香	コロムビア	二九四四五
踊ゆかた	萩原素人	赤坂小梅・赤坂百太郎・分山田和香	コロムビア	二九四四五
神楽面	平山蘆江	藤本二三吉	コロムビア	二九四四六
ほたる	佐藤惣之助	豆千代	コロムビア	二九四四六
両国夜景	平山蘆江	藤本二三吉	コロムビア	二九四四七
玉菊燈籠	平山蘆江	豆千代	コロムビア	二九四四七

お富	西條八十	藤本二三吉	コロムビア	一九四八
歌麿ゑがく	佐藤惣之助	千代丸	コロムビア	一九四八
三輪の里	佐藤惣之助	藤本二三吉	コロムビア	一九四九
子守	佐藤惣之助	赤坂小梅	コロムビア	一九四九
俳聖芭蕉	西條八十	藤本二三吉	コロムビア	一九五〇
仏蘭西人形	西條八十	二葉あき子・霧島昇	コロムビア	一九五〇
お伝情史	邦枝完二	藤本二三吉	コロムビア	一九五一
雪夜	高橋掬太郎	千代丸	コロムビア	一九五一
第二集				
柳二題	西條八十	藤本二三吉・豆千代	コロムビア	一九六一
狐島田	西條八十	藤本二三吉・豆千代	コロムビア	一九六一
正行	西條八十	藤本二三吉	コロムビア	一九六二
忘れな草	西條八十	藤本二三吉・豆千代	コロムビア	一九六二
東京三番叟	西條八十	藤本二三吉・赤坂小梅	コロムビア	一九六三
蛸をどり	西條八十	藤本二三吉	コロムビア	一九六三
新唐人お吉	西條八十	藤本二三吉	コロムビア	一九六四
沖のかもめ	西條八十	音丸	コロムビア	一九六四
梅暦	西條八十	藤本二三吉	コロムビア	一九六五
春雨獅子	西條八十	豆千代・山里せつ子	コロムビア	一九六五
島の朝比奈	西條八十	藤本二三吉・千代丸	コロムビア	一九六六

乙女椿	西條八十	音丸	コロムビア	二九八六六
霊峰富士	西條八十	藤本二三吉	コロムビア	二九八六七
紀文	西條八十	藤本二三吉・山里せつ子	コロムビア	二九八六七
金魚	西條八十	豆千代	コロムビア	二九八六八
白衣の乙女	西條八十	豆千代・二葉あき子	コロムビア	二九八六八
源氏物語（夕顔の巻）	西條八十	山里せつ子	コロムビア	二九八六九
源氏物語（須磨の巻）	西條八十	山里せつ子	コロムビア	二九八六九
浦島	西條八十	藤本二三吉	コロムビア	二九八七〇
孝女白菊	西條八十	豆千代	コロムビア	二九八七〇
お七人形振	西條八十	山里せつ子・豆千代	コロムビア	二九八七一
紅日傘	西條八十	豆千代	コロムビア	二九八七一
舞踏会への招待	西條八十	豆千代	コロムビア	二九八七二
あやめ娘	西條八十	豆千代	コロムビア	二九八七二
第三集				
壽三番	平山蘆江	藤本二三吉・三島庸子	コロムビア	三〇三一一
扇かざして	平山蘆江	三島庸子・藤本二三吉	コロムビア	三〇三一一
峠	佐藤惣之助	藤本二三吉・赤坂小梅	コロムビア	三〇三一二
舞妓	高橋掬太郎	藤本二三吉・三島庸子	コロムビア	三〇三一二
菊がさね	佐藤惣之助	豆千代	コロムビア	三〇三一三
櫛巻	松村又一	三島庸子・藤本二三吉	コロムビア	三〇三一三

隅田川	高橋掬太郎	三島庸子・藤本二三吉	コロムビア	三〇三一四
辰巳草紙	高橋掬太郎	藤本二三吉	コロムビア	三〇三一四
藤袴	平山蘆江	藤本二三吉	コロムビア	三〇三一五
文楽	平山蘆江	三島庸子・藤本二三吉	コロムビア	三〇三一五
桜盃	高橋掬太郎	三島庸子	コロムビア	三〇三一六
芽ふき柳	西條八十	三島庸子・藤本二三吉	コロムビア	三〇三一六
土橋の雨	平山蘆江	清水三子	コロムビア	三〇三一七
紅小袖	平山蘆江	藤本二三吉・鶴賀梅太夫	コロムビア	三〇三一七
おもかげ	平山蘆江	藤本二三吉・清水三子	コロムビア	三〇三一八
水鏡	平山蘆江	藤本二三吉・清水三子	コロムビア	三〇三一八
浮名小唄	平山蘆江	清水三子・富士松長門	コロムビア	三〇三一九
かすみ	平山蘆江	藤本二三吉	コロムビア	三〇三一九
緋鹿の子	佐藤惣之助	清水三子	コロムビア	三〇三二〇
松葉かんざし	佐藤惣之助	藤本二三吉	コロムビア	三〇三二〇
せゝらぎ	西條八十	三島庸子	コロムビア	三〇三二一
七五三	久保田宵二	藤本二三吉・三島庸子	コロムビア	三〇三二一
龍田流し	松村又一	藤本二三吉・音丸	コロムビア	三〇三二二
江戸むらさき	西條八十	豆千代・三島庸子	コロムビア	三〇三二二
第四集				
河童	平山蘆江	藤本二三吉	コロムビア	三〇五六三

花笠	平山蘆江	夏川佳子・豆千代	コロムビア	三〇五六三
利根の夜船	西條八十	藤本二三吉	コロムビア	三〇五六四
凱旋	平山蘆江	赤坂小梅・豆千代	コロムビア	三〇五六四
伴内	平山蘆江	藤本二三吉	コロムビア	三〇五六五
つく羽根	平山蘆江	夏川佳子	コロムビア	三〇五六五
お初	平山蘆江	藤本二三吉	コロムビア	三〇五六六
醍醐の花道	長田幹彦	夏川佳子・田村さだ葉	コロムビア	三〇五六六
とろろ	平山蘆江	藤本二三吉	コロムビア	三〇五六七
今様手習字	平山蘆江	夏川佳子・奥山彩子	コロムビア	三〇五六七
丹次郎	平山蘆江	藤本二三吉・夏川佳子	コロムビア	三〇五六八
村そだち	平山蘆江	清水三子	コロムビア	三〇五六八
夏木立	西條八十	藤本二三吉・夏川佳子・甲芝百合子	コロムビア	三〇五六九
男髷	平山蘆江	清水三子	コロムビア	三〇五六九
対の編笠	平山蘆江	藤本二三吉・夏川佳子	コロムビア	三〇五七〇
手児奈	西條八十	夏川佳子	コロムビア	三〇五七〇
雨やどり	平山蘆江	藤本二三吉	コロムビア	三〇五七一
孫悟空	平山蘆江	藤本二三吉・夏川佳子	コロムビア	三〇五七一
新鳥羽絵	平山蘆江	藤本二三吉	コロムビア	三〇五七二
日の丸	平山蘆江	藤本二三吉・夏川佳子	コロムビア	三〇五七二
能因法師	平山蘆江	藤本二三吉・夏川佳子	コロムビア	三〇五七三

もらい水	西條八十	豆千代	コロムビア	三〇五七三
縄手夜桜	長田幹彦	藤本二三吉・赤坂小梅	コロムビア	三〇五七四
かるた会	平山蘆江	豆千代・二葉あき子	コロムビア	三〇五七四
第五集				
東亜の光	長田幹彦	藤本二三吉・夏川佳子・塚本光代	コロムビア	一〇〇二八七
田植唄	長田幹彦	藤本二三吉・夏川佳子・塚本光代	コロムビア	一〇〇二八七
大文字	長田幹彦	夏川佳子・塚本光代	コロムビア	一〇〇二八八
都鳥	長田幹彦	夏川佳子・塚本光代	コロムビア	一〇〇二八八
二宮金次郎	岡鬼太郎	藤本二三吉・塚本光代	コロムビア	一〇〇二八九
織姫	長田幹彦	塚本光代・夏川佳子	コロムビア	一〇〇二八九
お兼	長田幹彦	藤本二三吉・塚本光代	コロムビア	一〇〇二九〇
奴の小万	萩原素人	藤本二三吉・塚本光代	コロムビア	一〇〇二九〇
水芸	佐藤惣之助	藤本二三吉・塚本光代	コロムビア	一〇〇二九一
弥次郎兵衛	萩原素人	藤本二三吉・塚本光代・夏川佳子	コロムビア	一〇〇二九一
鯉うり	平山蘆江	藤本二三吉・塚本光代	コロムビア	一〇〇二九二
祇園会	長田幹彦	藤本二三吉・菊池章子・塚本光代	コロムビア	一〇〇二九二
第六集				
御朱印船	長田幹彦	夏川佳子・塚本光代・甲斐百合子	コロムビア	一〇〇四一三
傘	森暁紅	夏川佳子・塚本光代	コロムビア	一〇〇四一三
酒仙	長田幹彦	藤本二三吉・塚本光代	コロムビア	一〇〇四一四

柳花画舫	佐藤惣之助	夏川佳子・菊池章子	コロムビア	一〇〇四一四
旅絵師	長田幹彦	藤本二三吉・塚本光代	コロムビア	一〇〇四一五
豊国好み	長田幹彦	豆千代	コロムビア	一〇〇四一五
猿楽	森暁紅	藤本二三吉・塚本光代	コロムビア	一〇〇四一六
真珠採り	佐藤惣之助	菊池章子・夏川佳子	コロムビア	一〇〇四一六
芹摘み	佐藤惣之助	藤本二三吉・甲斐百合子	コロムビア	一〇〇四一七
那覇おどり	佐藤惣之助	菊池章子	コロムビア	一〇〇四一七
親子獅子	岡鬼太郎	夏川佳子・塚本光代	コロムビア	一〇〇四一八
夕立	岡鬼太郎	藤本二三吉・塚本光代	コロムビア	一〇〇四一八
第七集				
新槍をどり	平山蘆江	藤本二三吉・鉄本政子	ニッチク	一〇〇七八一
老松	高沢初風	藤本二三吉・鉄本政子	ニッチク	一〇〇七八一
新山がへり	平山蘆江	藤本二三吉・三島儷子	ニッチク	一〇〇七八二
さくら娘	平山蘆江	藤本二三吉・三島儷子	ニッチク	一〇〇七八二
蛇の目傘	長田幹彦	豆千代・三島儷子	ニッチク	一〇〇七八三
月の船頭	平山蘆江	藤本二三吉・豆千代	ニッチク	一〇〇七八三

2016年）

小針侑起（こばり ゆうき）
芸能史評論家
専攻：浅草オペラ史全般
『想ひ出の浅草』（ぐらもくらぶCD、2014年）、『あゝ浅草オペラ』（えにし書房、2016年）

京谷啓徳（きょうたに よしのり）
九州大学大学院人文科学研究院准教授
専攻：西洋美術史
『ボルソ・デステとスキファノイア壁画』（中央公論美術出版、2003年）、『もっと知りたいボッティチェッリ』（東京美術、2009年）

毛利眞人（もうり まさと）
音楽評論家
専攻：日本洋楽史・レコード史
『貴志康一　永遠の青年音楽家』（国書刊行会、2006年）、『ニッポン　エロ・グロ・ナンセンス――昭和モダン歌謡の光と影』（講談社、2016年）

［編者］

杉山千鶴（すぎやま ちづる）

早稲田大学スポーツ科学学術院教授

専攻：近代日本洋舞史、舞踊技法研究（モダンダンス）

「文字の世界で踊り続ける―― 1920年代浅草の女王・河合澄子」（瀬戸邦弘・杉山千鶴編『近代日本の身体表象――演じる身体・競う身体』森話社、2013年）、「小森敏――静けさを愛する心を糧に」（片岡康子監修『日本の現代舞踊のパイオニア――創造の自由がもたらした革新性を照射する』新国立劇場情報センター、2015年）

中野正昭（なかの まさあき）

早稲田大学演劇博物館招聘研究員、明治大学ほか兼任講師

専攻：日本近現代演劇・演芸

『ムーラン・ルージュ新宿座――軽演劇の昭和小史』（森話社、2011年）、"Modern Comedy and Musical Review Show" ほかを分担執筆（Jonah Salz ed., *A History of Japanese Theatre,* Cambridge University Press, 2016）

［執筆者］（掲載順）

上野房子（うえの ふさこ）

ダンス評論家、明治大学・明治学院大学講師

専攻：ダンス評論、ジョージ・バランシンおよびアメリカ・ダンス史

「日本初のバレエ教師Ｇ・Ｖ・ローシー　来日前の歩みを探る」（『舞踊学』第14号、1992年）、スキ・ショーラー『バランシン・テクニック』（翻訳、大修館書店、2013年）

大西由紀（おおにし ゆき）

東京大学大学院総合文化研究科助教

専攻：比較文学、翻訳論

「オペラと歌舞伎と「叙事唱歌」の距離――北村季晴『露営の夢』」（執筆名：伊藤由紀、『超域文化科学紀要』第19号、2014年10月）、「小林愛雄の歌劇翻訳――《ボッカチオ》の方法」（同、『比較文学』第51巻、2009年3月）

笹山敬輔（ささやま けいすけ）

演劇研究者

専攻：日本近代演劇

『演技術の日本近代』（森話社、2012年）、『昭和芸人　七人の最期』（文藝春秋、

浅草オペラ　舞台芸術と娯楽の近代

発行日……………………………2017 年 2 月 22 日・初版第 1 刷発行

編者………………………………杉山千鶴・中野正昭

発行者……………………………大石良則

発行所……………………………株式会社森話社
〒 101-0064 東京都千代田区猿楽町 1-2-3
Tel 03-3292-2636
Fax 03-3292-2638
振替 00130-2-149068

印刷………………………………株式会社シナノ

製本………………………………榎本製本株式会社

ISBN 978-4-86405-108-8 C1074